JN175316

小田部雄次

昭和天皇実録評解

2

大元帥・昭和天皇はいかに戦ったか

敬文舎

昭和天皇実録評解②

大元帥・昭和天皇はいかに戦ったか

小田部雄次

敬文舎

昭和天皇実録評解❷［目次］

はじめに

本書は『昭和天皇実録評解』全3巻のうちの第2巻である。『昭和天皇実録評解』は、宮内庁が編纂した『昭和天皇実録』を底本として、その要約と脚注などで再構成し、昭和天皇の生涯をよりわかりやすく、かつ深く理解できるようにしたものである。

すでに第1巻を刊行し、本巻はその続編となる。第1巻は「裕仁はいかにして昭和天皇になったか」の副題で、１９０１年の生誕から26年の大正天皇崩御までの25年間をまとめた。第1巻では、昭和天皇が明治天皇の皇孫であった時代を第1部、大正天皇の皇太子であった時代を第2部として、のちの昭和天皇の土台や基礎がどのように築かれたのかを、具体的に追ってみた。また、あわせて明治・大正期の世界情勢と皇室のライフスタイルも描いた。

第2巻の本書では、１９２６年の践祚《せんそ》から45年8月15日の第2次世界大戦終結までの20年間をまとめた。これをさらに3区分して、１９２６年から37年6月までを「昭和改元から盧溝橋事件へ」、37年7月から41年12月までを「盧溝橋事件から対米英開戦へ」、42年から45年8月15日までを「開戦から敗戦へ」とし、世界戦争の時代の昭和天皇の言動やライフスタイルを具体的に描いた。

その際に心掛けたのは、第1に、激動の時代といわれる昭和戦前期のそれぞれの歴史的瞬間に、昭和天皇自身はどのような場所で、どのような身の処し方をしたのだろうかの記事を、ていねいに拾うことであった。たとえば、大正天皇崩御後の践祚と昭和への改元は以下のようにまとめられる。

皇太子裕仁は１９２６年12月25日、大正天皇崩御につき皇室典範第10条の規定により皇位を継承し、午前3時15分、九条道実《くじょうみちざね》典長は賢所《かしこどころ》に進み、祝詞を奏した。同じころ葉山御用邸附属邸内謁見所で剣璽《けんじ》渡《と》御《ぎょ》の儀がなされた。元帥大勲位伯爵東郷平八郎以下、軍人や政治家・官僚らが並ぶなか、裕仁は陸軍通常礼装で弟の高松宮宣仁《のぶひと》ら皇族男子などを従えて着席した。そして同日午前3時30分、若槻礼次郎首相らは御用邸本邸にて緊急閣議を開き、元号案を可決した。天皇が裁可して午前10時20分に「昭和」と定まり、官報号外で公布された。この元号は大正天皇の病中から一木《いつき》喜《き》徳郎《とくろう》宮相が宮内省図書寮編修官の吉田増蔵に命じた10案、若槻首相が内閣官房総務課事務嘱託の国府種徳に命じた5案が作成され、吉田案の「昭和」が最終決定したのである。

これらの記事は、今後の践祚や改元の参考ともなり重要である。その後も、張作霖《ちようさくりん》爆殺事件、満州事変、天皇機関説問題、2・26事件、盧溝橋事件、張鼓峰《ちようこほう》事件、ノモンハン事件、対米英開戦、相次ぐ特攻と「玉砕」、戦争終結への模索と「玉音放送」など、昭和戦前史の重要事項に対する昭和天皇の言動を中心に収録した。

第2に、第1の作業を前提に、第1次世界大戦後の世界平和に協調していた昭和天皇が、どのようにして戦争に巻き込まれていったのか、そしてどのようにして戦争を指導し、悲惨な焦土を歩む結果になったのかを追った。

昭和天皇の戦争への思いがつねに一貫していたわけではなく、世界情勢の変化のなかで、ときに和平的となり、ときに攻撃的となった。そうした天皇自身の方針の揺れや、その揺れを引きおこしたものが何であるかを、『昭和天皇実録』は詳細に描いており、本書でもその流れを大事に再現した。そこから昭和天皇の大元帥としての軍務や、元首としての政務などの具体像がつかみとれるだろう。

たとえば、1931年9月18日に満州事変が勃発すると、天皇は翌19日午前9時30分に第一報を得た。そして、奈良武次《ならたけじ》侍従武官長より、昨18日夜に満州奉天付近において発生した日中両軍の衝突事件について報告を受けた。奈良は19日朝の新聞号外にて事件発生を知り、事件があまり拡張しないことを信じる旨を天皇に述べたのである。当初、天皇は若槻礼次郎首相に「事態の不拡大」の貫徹を求め、南次郎《みなみじろう》陸相にも伝えるように命じた。しかし、1か月後の10月9日、二宮治重《にのみやはるしげ》御用掛の軍事学定例進講の終了後、天皇は二宮に対して関東軍の錦州爆撃について、現今の状況上当然のことと思われる旨を述べる。さらに退下した二宮に、奈良武官長を通じて、関東軍の目下の兵力は少なくないかと質問し、錦州付近において張学良《ちょうがくりょう》軍が再組織された場合には事変の拡大はやむを得ないかもしれず、もし必要であれば事件の拡大に同意することも可であり、このため閑院宮載仁《かんいんのみやことひと》参謀総長の意見を聞き置くべし、と伝えさせた。

この日の新聞には、錦州付近において中国軍の敗残兵が集結しつつあり、残留部隊と呼応して日本軍を挟撃するが如き企図があるとして、8日午後、自衛上策源地である錦州を爆撃するに至ったことが報じられていた。そうした日本軍不利の情報が天皇の軍事判断に影響を与えていたのである。戦線拡大を懸念しつつも、日本軍や現地の邦人保護のための軍事進攻を辞すわけにはいかないという元首としての立場は、以後の対米英戦争開始から終結までの、大元帥昭和天皇の軍事判断の大きな要素となった。

本巻にある昭和天皇の言動などについては、すでに黒田勝弘・畑好秀編『昭和天皇語録』（講談社学術文庫）や防衛庁防衛研究所戦史部監修・中尾裕次編『昭和天皇発言記録集成』上下（芙蓉書房）などで紹介されているものもあるが、歴史事象の流れのなかでの位置づけが読みとりにくいうらみがあった。本巻と重ねることで、より立体的な把握ができるようになろう。

第3に、大元帥・元首としての昭和天皇と軍務や政務を論じた側近や軍人・政治家たちの言動も描いた。天皇の最終決断にだれがどのような影響を与え、またはだれにどのような影響を与えたのかのダイナミズムをくみとれるだろう。

1937年7月の盧溝橋事件以後の一例をあげれば、7月11日に、閑院宮参謀総長より拝謁願いがあり、湯浅倉平《ゆあさくらへい》内大臣は、北支への派兵は中国・ソ連との戦争につながる恐れがあると天皇に述べた。このとき天皇は、満州事変のときのように陸軍が統帥権干犯論を持ち出す恐れがあるので、近衛文麿《このえふみまろ》首相を呼ぶのは参謀総長と会ってからとすべきこと、参謀総長の内容によっては首相の意見を聞くまでは裁可を保留することなどを語った。そして同日11時25分、参謀総長より日中両軍衝突の状況、事件への対策につき聞き、天皇は、万一ソ連が武力を行使した場合の措置を尋ねたのである。

また、同年11月10日には、湯浅倉平内大臣を召し、上海戦局の進展と北支の平定により中国側から講和の申し入れを受けた場合の準備として、御前会議を近衛首相に提案することの可否を問うた。湯浅はあらかじめ元老の西園寺公望《さいおんじきんもち》に問うことを述べ、天皇は元老の意見を求めた。西園寺は、「天皇の政治的責任回避のため、御前会議の開催は御下命形式ではなく、政府による奏請の形式とし、議事の決定に当たっても勅裁又は親裁とならないようにすべきである」と主張し、原田熊雄から翌11日に湯浅内大臣に伝えられた。こうした記事から、天皇の意志決定に多くの側近や軍人・政治家たちが関わっていたことがわかる。

第4に、戦争前から戦時中そして戦争終結の動きのなかでの、昭和天皇自身のライフスタイルのあり方を重視した。皇居での日常生活、避暑先や避寒先での生物採集などの生活も抜きだした。生物学研究としての粘菌採集、健康のためのデッキゴルフ・水泳といった天皇の趣味やスポーツなどのほか、四方拝・歌会始などの宮中儀式、田植えなどの様子がわかる。またニュース映画・大相撲・科学映画・劇場映画などの鑑賞も多く、『のらくろ二等兵』や『ミッキーの捕鯨船』も見ていた。ときに皇后や皇太子・内親王・秩父宮・高松宮らとも楽しんだ。戦地で押収したカラーの外国映画なども見ており、1942年4月24日の夕餐後には、皇后や4内親王と城英一郎《じょうえいいちろう》侍従武官が差遣先のグアム島より持ち帰った米国海兵慰問の漫画映画を見た。同年6月14日には海軍が鹵獲《ろかく》した着色映画『青い鳥』を皇后や4内親王と見た。

なお、本巻では読みにくい人名・地名・用語にルビを付した。また、脚注をつけて意味を理解しやすくした。脚注を読むだけでも昭和戦前という時代のイメージがつかめるだろうし、底本である『昭和天皇実録』をさらに理解する一助となろう。ある意味、本巻は『昭和天皇実録』の手引きともいえる。

凡例

＊本書は、天皇となり大元帥となった昭和天皇が、台頭する軍部のもと、アジア・太平洋戦争に突き進み、戦争終結にいたるまでの、周囲との戦いや暮らしを、皇室内の生活や社会・世相を背景に描くものである。
＊本書は、「昭和改元から盧溝橋事件へ」「盧溝橋事件から対米英開戦へ」「開戦から敗戦へ」の3部構成とし、さらに全体を7章仕立てとした。
それぞれの章は、いくつかの節に分け、項目ごとに小見出しをつけた。
＊本書は、1926年の践祚から45年8月15日の第2次世界大戦終結までの20年間を『昭和天皇実録』を抜粋整理して再構成し、人名や固有名詞などに振り仮名をつけ、理解の助けとなるよう脚注を加えた。
＊『昭和天皇実録』の抜粋整理に当たっては、以下の方針を採った。
・本文は、当時の表現を残しつつも、よりわかりやすくするため、現代的な表現を用いた箇所もある。
・本文は、原則として常用漢字、現代仮名遣いによった。
・年号は西暦を基本とし、適宜和暦を補った。
・年齢は、とくに断らない場合、満年齢で表記した。
・数字は、固有名詞を除いては、多く算用数字で表記した。
・敬称については、これを省略した。
・現代の人権意識からみて不適切と思われる表現もあるが、歴史的事実を伝えるため、当時の表記をそのまま用いた箇所もある。

装幀／竹歳明弘（STUDIO BEAT）
編集協力／阿部いづみ

第一部◉昭和改元から盧溝橋事件へ（1926～37・6）

I　昭和改元から盧溝橋事件へ

西暦	満	昭和天皇年譜	社会の出来事
1926	25	剣璽渡御の儀　践祚	昭和改元
1927	26	大正天皇大喪　北原泰作直訴	金融恐慌
1928	27	京都で即位の大礼	共産党大検挙　治安維持法改正
1929	28	張作霖爆殺事件処理で田中義一首相を問責	世界大恐慌
1930	29	ロンドン海軍軍縮会議はじまる	金解禁　浜口首相狙撃される
1931	30	満州事変拡大と朝鮮軍の独断越境	3月事件　10月事件
1932	31	桜田門事件　満州国建国	血盟団事件　5・15事件
1933	32	国際連盟脱退　皇太子明仁誕生	ヒトラー独首相就任
1934	33	ワシントン海軍軍縮条約を廃棄	陸軍パンフレット配布
1935	34	美濃部達吉ら機関説論者を擁護	国体明徴運動
1936	35	2・26事件鎮圧を主張	日独防共協定
1937	36	近衛文麿が第1次内閣を組閣	盧溝橋事件

第一章　大正から昭和へ（1926〜29）

昭和の幕開け（1926〜27）

践祚

1926年12月25日、皇太子裕仁《ひろひと》は大正天皇崩御につき、皇室典範第10条の規定により、皇位を継承。午前3時15分、九条道実《くじょうみちざね》掌典長は賢所《かしこどころ》に進み、祝詞を奏し、終わって内掌典が「御鈴」を奉仕。掌典長は天皇の代拝として玉串を奉り、御告文を奏した。同じころ、葉山御用邸附属邸内謁見所で剣璽《けんじ》渡御《とぎょ》の儀がなされた。

元号

12月25日午前3時30分、＊若槻礼次郎《わかつきれいじろう》首相らは御用邸本邸にて緊急閣議を開き、＊登《とう》極令《きょくれい》に基づき元号案を可決した。天皇が裁可して午前10時20分に「昭和」と定まり、官報号外で公布された。＊元号は『尚書《しょうしょ》』の「百姓昭明、協和万邦」を典拠とした。

大行天皇を拝す

12月26日、自動車で皇后と付属邸に向かい、＊大行《たいこう》天皇遺骸を拝し、皇太后に対面。

12月27日、宮城西一ノ間に入り、剣璽も同間に奉安、霊柩は午後8時5分に宮城車寄に着す。

践祚後朝見の儀・斂棺の儀

＊若槻礼次郎　政党政治家。1926年に憲政会総裁として第25代首相となる。のち、31年に民政党総裁として第28代首相。

＊登極令　天皇の践祚・即位礼・大嘗祭・元号などを規定した皇室に関する法令。

＊元号　大正天皇の病中から一木喜徳郎宮相が宮内省図書寮編修官の吉田増蔵に命じた10案、若槻首相が内閣官房総務課事務嘱託の国府種徳に命じた5案が作成され、吉田案の「昭和」が最終決定した。誤報された「光文」は国府案にあった。

12月28日、践祚後朝見の儀につき、赤坂離宮を出て、宮城に着す。土屋正直侍従が剣を持ちて前を進み、牧野貞亮《さだあき》侍従が璽を持ち後に従った。

29日、皇后は風邪発熱のため静養。櫬殿《しんでん》にて皇太后らと＊斂棺《れんかん》の儀。

31日、大喪中につき節折《よおり》の儀、大祓《おおはらえ》の儀はなさず、＊宮中三殿の除夜祭のみ掌典部で行う。

大喪儀の決定

１９２７年１月１日、赤坂離宮で新年。大喪中ゆえ＊四方拝《しほうはい》はなし。歳旦祭も、拝礼・代拝はなく掌典部限り。12月26日の喪明けまで皇室祭祀令による大祭・小祭は掌典部限り。

３日、大行天皇10日祭なるも、風邪のため宮城に行かず。この日、南多摩郡の御料地の一部を武蔵陵墓地とし、大行天皇陵所《りょうしょ》を龍ケ谷戸《りゅうがやと》に定め、地鎮祭を行う。

４日、大行天皇の大喪儀を２月７日に新宿御苑にて、８日に陵所で行うことが定められる。政始は風邪のため取り止め。

５日、殯宮《もがりのみや》　移御の儀にて、高松宮が天皇名代、故竹田宮恒久《たけだのみやつねひさ》妃昌子《まさこ》が皇后名代。

８日、大喪中につき陸軍始観兵式は行わず。

13日、大行天皇殯宮20日祭。天皇皇后は風邪のため高松宮・昌子妃が名代。

秩父宮と東久邇宮の帰国

＊**大行天皇**　亡くなってのち、まだ諡のない天皇の称。

＊**斂棺の儀**　亡骸を棺に収める儀。

＊**宮中三殿**　賢所・皇霊殿・神殿の総称。

＊**四方拝**　年のはじめに安寧を祈念して天地四方を拝する儀式。

1月16日、咳《せき》があるが、体温は平熱。午後、椅子《いす》にもたれて延滞中の書類に署名。

20日、大行天皇を大正天皇と定める。追号奉告の儀につき、秩父宮と昌子妃が名代。

21日、侍従次長入江《いりえ》為守《ためもり》を通じて若槻首相から衆議院での*内閣不信任案の件を聞く。この日より3日間、帝国議会の停会を命ずる。

23日、殯宮30日祭、秩父宮・東久邇宮稔彦《ひがしくにのみやなるひこ》妃聡子《としこ》が名代。

29日、天皇皇后ともに床払い。東久邇宮稔彦が7年間の欧州滞留より帰国し、対面。

31日、宮城にて殯宮を拝する。午後、病後初めて皇后と御苑内を散策し、日光浴。

大喪儀

2月2日、殯宮40日祭。践祚後初めて*枢密院会議に臨御。

7日、大正天皇大喪儀。略式自動車鹵簿《ろぼ》にて宮城に入る。午前9時30分霊代奉安の儀、10時45分斂葬《れんそう》当日殯宮祭の儀。午後4時20分轜車《じしゃ》発引《はついん》の儀。午後6時弔砲が鳴り響くなか霊轜《れいじ》は新宿御苑の葬場殿へ向かう。

8日、午前1時40分、霊柩は東浅川《ひがしあさかわ》仮停車場に着す。6時50分天皇名代以下が拝礼し、玄門の扉が鎖されて斂葬の儀を終了する。この間、天皇は午前6時、奥座敷で皇后とともに遙拝。多摩陵《たまのみささぎ》と命名。

粘菌探し

2月11日、*紀元節。生物学研究所で研究。午後は庭を散策し粘菌を探す。

***内閣不信任案**　首相は、諒闇中と昭和新政のはじめを理由に、政争の一時回避を申し入れる。

***枢密院会議**　東溜ノ間が殯宮で使用不可のため、西溜ノ間が議場となる。「恩赦令中改正の件」ほか。

***紀元節**　優良社会事業527団体に奨励金を与える（大正10年以降の恒例）。

12日、大正天皇権殿《ごんでん》50日祭。

15日、*倚廬殿《いろでん》の儀。明治神宮外苑竣成。

17日、奈良武次侍従武官より、海外の部隊への沙汰は侍従武官に対して完全に口述されたき旨の願いがあり、認可。

定例学課

2月18日、皇太子時代に引き続いて定例学課*が行われ、午前に清水澄《しみずとおる》（行政裁判所評定官）より皇室令制の進講。

各学課は宮内省御用掛が担当し、行政法・皇室令制は清水澄、仏語は山本信次郎《やまもとしんじろう》海軍少将、経済及財政は山崎覚次郎《やまざきかくじろう》（東京帝国大学経済学部教授）、軍事学のうち陸軍は阿部信行《あべのぶゆき》（陸軍省軍務局長）、海軍は原敢二郎《はらかんじろう》（海軍軍令部第一班長）、生物学は服《はっ》部《とり》広太郎《ひろたろう》（元学習院教授）。また服部宇之吉《うのきち》（東京帝国大学文学部長）の漢学、三上《みかみ》参次《さんじ》（臨時帝室編修官長）の「明治天皇の御事蹟」が適宜月曜になされる。

19日、財部彪《たからべたけし》海相より、米国から提議された海軍軍縮会議などに関する奏上。

22日、昨日来の降雪で、赤坂御苑内傾斜地で侍従ら側近相手にスキー。

平日午後はゴルフ

3月1日、午前、乗馬。午後、貝類を整理。側近相手に本年初めてのゴルフ。

3日、11月3日を明治節と定め、明治節祭を小祭とし、明治節の式を紀元節の式と

＊倚廬殿の儀　倚廬は天皇が父母の喪に服する期間にこもる仮屋。かつて新天皇が山陵のそばの倚廬に1年1か月こもったことにちなんだ儀式。

＊定例学課　各曜日の時間割は、第1時が10時～10時45分、第2時が11時～11時45分。月はともに臨時研究、火は行政法・仏語、水は休課、木は軍事学・経済及財政、金は皇室令制・仏語、土は9時30分～12時で生物学。開始前の時間は散歩・乗馬など。

同じく行う。新任の珍田捨巳《ちんだすてみ》侍従長・河井弥八《かわいやはち》侍従次長・木下道雄《きのしたみちお》侍従ら参殿。

5日、積雪、2時間ほどスキー。践祚前より中断となっていた土曜恒例の側近との夕餐御会食（相伴）が再開される。

7日、三上参次「大正天皇ノ御教育ニ関スル明治天皇ノ宸憂《しんゆう》」を聞く。

海軍軍縮会議への回答案

3月11日、幣原喜重郎《しではらきじゅうろう》首相代理兼外相より、海軍軍縮会議に関する米国提案に対し、閣議決定した回答案を聞く。午後、定例参殿の皇族たちに対面。

24日、佐分利貞男《さぶりさだお》外務省条約局長より、中国における現下の革命運動の状況を聞く。

25日、先帝命日につき、以後、1周年祭まで毎月権殿拝礼を定例とする。

米国より贈られた人形

3月26日、鈴木荘六《すずきそうろく》参謀総長より中国状況を聞く。階下中央広間にて、米国より贈られた人形50点を皇后・*成子《しげこ》と見る。天皇は自ら手にとり、「国際親善のためには結構なことだ」と述べる。27日、皇族女性たちが米国より寄贈の人形を見るため参殿。

南京・漢口の排日暴動事件

4月3日、大正天皇権殿100日祭、山陵100日祭。

4日、*第2期喪明《もあけ》で皇族や王公族に菓子。

7日、財部彪海相より南京・漢口の排日暴動事件を聞く。

＊成子　昭和天皇の第1皇女。1925年生まれで、照宮と称した。のちに東久邇宮盛厚と結婚。

＊第2期喪明　第1期は公務もせず喪に服し、第2期、第3期は公式行事には参列するが皇室の神事は行わず心で喪に服す。大行天皇に対する天皇の服喪期間は1年間、第1期が50日、第2期も50日。残りが第3期で、大喪第3期中の皇族定例御機嫌奉伺は毎10日と25日。

＊台湾銀行救済　台湾銀行は日本統治下の台湾の中央銀行。第1次世界大戦後の事業拡大のなかで鈴木商店への

若槻内閣から田中内閣へ

4月14日、若槻礼次郎首相、*台湾銀行救済の緊急勅令案を上奏。

17日、枢密院会議にて台湾銀行救済の再審議が可決。若槻首相より閣員全員の辞表が出されるが、「支那問題、経済問題は最も憂慮すべき状態」ゆえ保留し、河井弥八侍従次長を京都の西園寺公望の許へ使わす。

19日、陸軍大将*田中義一《たなかぎいち》に内閣組織を命ずる。

20日、財部海相より、ジューネーブ海軍軍備制限会議では海軍としては補助艦の比率は米国の7割を下らないことを期する旨を聞く。

29日、天長節、諒闇中につき行事は行われず。午後、側近とゴルフ。

優勝馬に賞賜

5月1日、広芝で侍従らとゴルフ。東京競馬倶楽部の春季競馬会優勝馬アストラルをはじめ小倉・札幌などの優勝馬に御紋付銀製洋盃を賜い、以後、恒例とする。

青島派遣

5月28日、午前、南軍（国民革命軍）の華北進撃を受けて、政府は青島《チンタオ》・済南《さいなん》の居留民保護を決定。田中首相より青島派遣の上奏を受ける。

6月2日、*井上準之助《いのうえじゅんのすけ》日本銀行総裁の「財界の現況に就て」を聞く。

6日、三上参次の「御倹徳に関する明治天皇の御事蹟」を聞く。

不良貸付で苦境に陥った。若槻内閣は、これを救済しようとしたが、枢密院に否決され、関連する銀行が休業に追い込まれた。

＊田中義一　陸軍大将、政治家。政友会総裁として第26代首相。対中国強硬外交を推進して山東出兵などを行う。張作霖爆殺事件の処分問題で天皇の信任を失い、辞職。

＊井上準之助　日本銀行総裁、第1次世界大戦後の不況対策にあたる。のち浜口雄幸内閣、第2次若槻内閣の蔵相、金解禁を断行したが、経済は混乱し、血盟団によって暗殺される。

7日、一木《いつき》喜《き》徳郎《とくろう》宮相より、新誕の皇子女の命名用意は宮相が行う旨を聞く。

14日、赤坂離宮の稲田にて田植え、ゴム長靴にゴム手袋にて、服部広太郎の指導。

「官吏の更迭が頻繁」

15日、*牧野《まきの》伸顕《のぶあき》内大臣を召し、近時官吏の更迭が頻繁であることなど田中首相に注意することを希望する。牧野は、西園寺より「漏《も》れ承《うけたまわ》った」として警告するのが良策と聞き、天皇に答える。皇后と望遠鏡で月蝕観測するも、曇天で中止。

22日、鳳凰の間にて、ノルウエーの探検家*アムンゼンと対面。

26日、近衛文麿公爵を召し、ゴルフ。

田中義一首相と鈴木荘六参謀総長の齟齬

7月5日、田中義一首相に明年の即位礼の節約を伝える。

6日、田中首相に、青島派遣中の*第33旅団を済南へ進出せしむる件を下問。鈴木荘六参謀総長が青島に新たに*第10師団主力などを増派する件を上奏しようとして田中首相と齟齬《そご》を生じ、上奏前に両者で問答があり、青島への増派上奏は見送りとなる。

8日、鈴木参謀総長より第10師団主力の青島派遣を上奏。蓮沼蕃《はすぬましげる》侍従武官が上奏書類裁可のため政務室に入ると、天皇はしばし沈思し、蓮沼に撤兵の考慮の有無、*尼港事件のごとき事態の発生などを下問。蓮沼は、済南は尼港のように遠隔孤立はしない、撤兵の有無は参謀総長にその旨を伝達すると答える。

＊牧野伸顕　伯爵。大久保利通の次男。外相・宮相・内大臣を歴任。2・26事件では親英米派として襲撃される。吉田茂は女婿。

＊アムンゼン　赤坂離宮で「極地探検」に関する講演を聞き、幻燈・写真を見る。

＊第33旅団　旅団は陸軍部隊の単位で、師団と連隊の中間にあたる。1925年の宇垣軍縮で廃止された第17師団の所属で、岡山に司令部を置いた。当時、満州から青島へ派遣し待機させていた。

＊第10師団　師団は軍における主たる作戦単

小笠原・奄美大島行幸

7月28日、豊後水道沖の連合艦隊戦闘射撃、小笠原・奄美大島視察のため行幸。御剣・御璽《ぎょじ》を前に横須賀逸見埠頭に進み、御召艦「山城」に乗艦。午後はデッキゴルフ、水槽での遊泳、海水にて生物研究など。

8月1日、大分県の佐伯湾へ向かう。生物観察、デッキゴルフ。午後より下士官兵の作業体験として煙缶服*にて後部発電機室など巡視し、種々下問。

3日、佐伯湾入港。新造の航空母艦「赤城」に向かう。

5日、連合艦隊司令長官加藤寛治《かとうひろはる》らと対面。豊後水道にて爆撃演習を見る。飛行隊の標的艦撃沈演習、駆逐艦の魚雷発射など見る。

6日、奄美大島名瀬《なぜ》に上陸。大島支庁に行幸、ハブ毒素採取などを見る。

10日、横須賀軍港入港、赤坂離宮に還幸。

「田中は勘違いをしている」

8月18日、田中首相、「特に更迭の頻繁ではない」と弁明。

22日、天皇、「田中は勘違いをしているのではないか」と述べる。牧野内大臣は一驚し、陳謝して、田中に徹底を期させると答える。のち29日、牧野は田中に伝え、30日に田中は天皇に、人事問題に誤解があったこと、今後は「聖旨のあるところを遵守すべきこと」を述べる。

位で、いくつかの旅団や連隊をふくむ。第10師団は兵庫を中心に周辺を徴兵区とした。

＊尼港事件　ロシアのニコライエフスク（尼港）で、１９２０年のシベリア出兵中におきた日本人殺害事件。

＊煙缶服　海軍で用いた上から下までつながった作業服。円管服、煙管服、煙間服、ツナギとも。

富士裾野の演習

9月7日、皇太后より大正天皇遺物の貝類標本を贈られる。

10日、皇女誕生＊。内親王へ御剣を賜ふの儀。

16日、内親王の胞衣《えな》埋納の儀、浴湯の儀、命名の儀。名を祐子《さちこ》、久宮《ひさのみや》と称する。

17日、鈴木参謀総長より昭和3年度帝国陸軍作戦計画の上奏を受けるも、しばし研究のため留め置く。ゴルフ対抗戦。

18日、富士裾野の陸軍特別陣地攻防演習のため沼津に向かう。

19日、戦線を巡視し、機関銃座や防毒瓦斯《ガス》装置を見る。聴音機などの新兵器を見る。演習視察後に直ちに帰京と変更になったため、沼津邸内の剣璽の扱いが問題となり、野立所《のだてしょ》天幕内に置くことは不可とされ、御殿場駅到着後の車内に置かれる。

27日、宮城への移転に伴う庭園工事に関し、乗馬道・ゴルフ場設置、養蚕所縮小など、万事自身にて閲して決定する旨を述べる。

28日、山県有朋《やまがたありとも》死後停止していた陸海軍の作戦計画などの元帥への諮詢《しじゅん》を復活＊。

坂本龍馬銅像に下賜金

10月1日、斎藤実《さいとうまこと》＊全権より、ジュネーブの海軍軍備制限会議の顛末を聞く。

5日、海外へ出発の橋本欣五郎《はしもときんごろう》＊陸軍歩兵少佐らと対面。

10日、京都円山公園内の坂本龍馬・中岡慎太郎の銅像建設に500円下賜。

＊皇女誕生　昭和天皇の第2皇女、久宮祐子。半年後に早世した。

＊復活　奈良武次侍従武官長の提言による。

＊斎藤実　海軍大将・海相・朝鮮総督などを歴任。ジュネーブ軍縮会議全権。5・15事件後に組閣、2・26事件で射殺される。

＊橋本欣五郎　この年にトルコ公使館付武官となる。現地でケマル・パシャの革命思想に接し、1930年、軍による革命をめざす「桜会」を結成。その後、クーデター未遂事件の10月事件で検束され、2・26事件後に予備役。

高知県沖にて海軍特別大演習を統監する

10月20日、海軍特別大演習統監のため、横須賀よりお召艦「陸奥」にて御前崎沖へ。

21日、「陸奥」は遠州灘より南下。「陸奥」乗組員の相撲を見る。枝原百合一《えだはらゆりかず》艦長より日本海海戦の追懐談など聞く。

24日、両軍主力の決戦を望見。演習中、水兵1名が大砲と艦体に挟まれて死亡。

25日、横須賀に帰航。26日、二重橋にて*1女性の直訴。

北原泰作の直訴

11月1日、加藤寛治第1艦隊司令長官らと午餐後、刀剣を見せる。

11日、岡本愛祐《おかもとあいすけ》皇后宮事務官に、転勤女官が新組織方針のもとで働けるよう指示。

13日、陸軍特別大演習統裁のため名古屋へ。

14日、旧名古屋藩主の徳川義親《とくがわよしちか》らと対面。

18日、矢野機《やのはかる》侍従武官に小牧山道筋の廃兵を慰問させ、煙草を下賜する。徳川義親より供された『小牧長久手の戦及び長篠の戦の合戦図屏風』、甲冑などを見る。

19日、料馬「初緑」で観兵式場（名古屋北練兵場）に向かい、大演習参加の諸兵を閲する。このとき*水平社社員で二等卒の*北原泰作《きたはらたいさく》が被差別部落者への待遇善処を求める直訴。大演習後、日本陶器株式会社へ行幸、これより地方行幸となる。

22日、東京還幸。24日、生物学研究を再開。側近とゴルフ。

＊1女性の直訴　翌27日の『東京朝日新聞』は、宮崎市から上京した印刷業者の妻えつによるもので、直訴状には、女子の権利、夫のひいきする政党が気に食わぬなどとあった。

＊水平社　部落解放運動全国組織。1922年結成、差別糾弾闘争から社会主義運動へと発展し、アジア・太平洋戦争で消滅。戦後、部落解放全国委員会として復活し、部落解放同盟・全日本同和会・全国部落解放運動連合会へとつながった。

＊北原泰作　岐阜市生まれ、全国水平社解放連盟に参加。1927

十五銀行の整理

11月26日、田中義一首相兼外相に*後藤新平《ごとうしんぺい》のソ連訪問、十五銀行の整理につき聞く。

12月9日、田中義一首相私邸にて猩紅熱《しょうこうねつ》発生。親任式侍立などが不可能となり、他の国務大臣が代行。

10日、乗馬にて広芝に出て、オリンピックに派遣される遊佐幸平《ゆさこうへい》らの馬術を見る。

23日、大正天皇山陵竣工奉告の儀。

諒闇明け

12月25日、大正天皇1周年祭。昭和の新政にあたり、皇太后をのぞく皇族との虚礼贈答は無用であることを侍従長らに伝える。

26日、諒闇明け。赤坂離宮内水田収穫の粳《うるち》にて鏡餅を作り供える。

29日、本年最後の生物学研究、ゴルフ。本年の運動は乗馬84回、ゴルフなど178回。

30日、登極令改正、唐風を廃止し国風に改める。

31日、小直衣《このうし》、金巾子《きんこじ》に着替え、節折《よおり》の儀に臨む。


年に2等兵として岐阜歩兵第68連隊に入営。当時、軍隊では被差別部落出身者への差別があり、水平社と軍が対立、軍は水平社による連隊爆破を捏造した。北原がこうした一連の事件を直訴した結果、軍は融和読本を編集し、将兵の勉学を促した。

＊後藤新平　台湾総督府民政局長・初代満鉄総裁・外相・東京市長などを歴任。関東大震災後に帝都復興院総裁として東京復興計画を推進した。またソ連政府代表のヨッフェと会談し日ソ国交樹立に尽力。壮大な構想を提唱することから「大風呂敷」と称された。

新時代の天皇（1928）

新年の諸儀式

1928年1月1日、赤坂離宮にて新年。非公式（元来は神嘉殿《しんかでん》南庭）の四方拝《しほうはい》として、陸軍通常礼服着用にて御日拝所《ごにっぱいしょ》に入る。狩ノ間にて晴御膳《はれのごぜん》。侍従より酌を受け、箸を立てる。宮城の鳳凰ノ間にて皇族の拝賀を受ける。

3日、元始祭。彩鸞《さいらん》ノ間《ま》（大食堂）にて雉酒《きじざけ》・*菱葩《ひしはなびら》。

4日、大正15年の皇室儀制令公布後、初めての政始。田中首相より昭和2年中の神宮・各庁、一木喜徳郎《いっききとくろう》宮相より皇室につき「滞りなく遂行」の報告を受ける。

8日、陸軍始観兵式。帰途、神宮橋前にて広島県出身の職工大北勝三*が直訴。

15日、約3寸（約9センチ）の積雪、側近相手にスキー。

17日、即位礼を11月10日、大嘗祭を11月14日より15日に行うこととなり、宮中三殿に期日奉告の儀。綺羅殿にて束帯黄櫨染御袍《こうろぜんのごほう》に着替え、賢所以下にて拝礼、告文。紅葉山写真場にて陸軍正装・海軍正装の写真撮影。

20日、鳳凰ノ間にて講書始*。

21日、広芝にてゴルフ中、衆議院解散・貴族院停会を聞く。田中首相より衆議院解

＊菱葩　菱葩餅。ゴボウと白味噌餡とピンク色の餅を、求肥などで包んだ和菓子。宮中のおせち料理の一つ。

＊大北勝三　1月9日の『東京朝日新聞』は、大北は「正義人道のために世界を征服するとの理想」を奏上する目的で直訴を企てたと報道。精神鑑定の結果、早発性痴呆症とされ、松沢病院に収容された。

＊講書始　洋書は山崎覚次郎「ダヴィッド・リカルドー『経済及租税ノ原理』の一節」、漢書は高瀬武次郎「大学三綱領」、国書は徳富猪一郎「神皇正統記に就て」。

散の事情を聞き、2月20日に衆議院総選挙を行うことを命ずる。

23日、東京市内にて天然痘発生につき種痘を受け、運動を控える。

25日、紅葉山写真場にて陸海軍の正装写真を撮影。内匠寮《たくみりょう》原案の宮城移転後の間取図完成につき、説明を受け、「間取り及び設計上の諸点」につき指示。

28日、歌会始*、題は「山色新」。

斎田点定

2月1日、宮中三殿にて践祚《せんそ》後初めての旬祭《*しゅんさい》。

2日、牧野伸顕《まきののぶあき》内大臣より久原房之助《くはらふさのすけ》の世評を聞く。好天につき粘菌採集*。

5日、神殿前庭にて斎田点定《さいでんてんてい》の儀。亀甲が灼かれその亀裂により悠紀《ゆき》・主基《すき》両地方が卜定《ぼくてい》される。悠紀は滋賀県の粂川春治、主基は福岡県の石津新一郎所有地となる。

9日、午後、田中光顕《たなかみつあき》伯爵より献上の志士遺墨などを皇后と見る。

12日、積雪にてスキー練習。午後は皇后と歌かるた。

普通選挙の結果に関心を持つ

2月20日、第16回総選挙が初の男子普通選挙として行われる。出勤前に投票を済ませた野口明侍従に投票場その他の模様を尋ねる。

22日、総選挙開票第2日、天皇は選挙結果に特に関心を持つも、内相より公式報告はなく、侍従職より問い合わせるのも控えられるため、河井弥八《かわいやはち》侍従次長が収集した

＊歌会始　詠進は皇族12首、華族60首、官吏・有位有勲者3695首、一般をふくめた総数は3万8810首。

＊旬祭　以後、毎月朔日に拝礼または代拝。

＊粘菌採集　本年1月23日に赤坂離宮で採集された粘菌は、後に新種として学会に発表され、オオギミヌカホコリと名づけられる。

＊報告　河井は新聞掲載の候補者一覧に青・赤をつけ当選者と確実者を伝えた。

＊立憲民政党　田中義一政友会内閣に対抗して、1927年6月、

情報を報告*。24日、田中首相より選挙結果を聞く。

25日、鈴木《すずき》喜《き》三郎《さぶろう》内相より選挙結果（立憲民政党*が216人確保）を聞く。陸軍騎兵学校終業式に蓮沼《はすぬま》蕃《しげる》武官を差遣。

祐子内親王の急逝

3月5日、祐子《さちこ》容態急変、喉カタルと診断され、敗血症の疑いありとの容態書発表。

7日、天皇に睡眠障害の様子あり、侍医から睡眠剤を進める。天皇、白羽《しろは》二重《ぶたえ》の重ね着に黒紋付を掛けて、運搬車にて祐子を見舞う。

8日、皇后、自らの母乳を綿に浸し祐子の口の中に移す。午前3時38分、祐子薨去。

19日、田中首相より、去る15日に全国一斉に共産党*を検挙した件を聞く。

20日、葉山行幸、鹵簿《ろぼ》が丸ビル前通過の際に、野田醤油職工が争議に関する直訴*。

4月8日、祐子命日につき、飼育中のウミウシ、イソギンチャクなどを放つ。

9日、皇后・成子とモーターボートにて長者ヶ崎付近まで周遊。赤坂離宮に還幸。

13日、皇后とともに田中光顕と茶菓、1時間余にわたり懐旧談。

山東出兵

4月18日、推古天皇1300年式年祭、皇霊殿にて拝礼。鈴木参謀総長より、蒋介石《しょうかいせき》率いる国民革命軍の北伐の進展、それによる山東軍の退却、北方軍閥の衰勢などを聞く。

憲政会と政友本党が合同して結成。浜口雄幸・若槻礼次郎らを総裁とし、協調外交・緊縮財政など都市の有産階級を支持層とした。

＊共産党　第1回普通選挙で社会主義を掲げる無産政党の活動に危機意識を感じた田中義一内閣は、27年テーゼで組織活動を展開していた日本共産党員ら1600名を治安維持法違反で全国一斉に検挙した（3・15事件）。

＊直訴　野田争議団副団長の堀越梅男が千余名の窮状を書き連ねた直訴状を掲げた。背景に、野田醤油株式会社の労働争議があった。

19日、田中首相・鈴木参謀総長より、閣議にて山東方面の在留邦人の生命財産保護のため出兵を決定し、臨時済南派遣隊を急派し、第6師団*到着まで居留民保護に努めることなどを聞く。水野《みずの》錬太郎《れんたろう》文相より共産党関係を聞く。

20日、帝国議会開院式勅語案*や解散などの事前署名につき、あらかじめ内閣へ託すことを躊躇《ちゅうちょ》し、また普通選挙後初めての議会にもかかわらず開院式勅語案が例年と異ならないことなどから、裁可・署名を留保。

28日、帝国議会で鈴木喜三郎内相の選挙干渉*への批判が喧《かまびす》しく、3日間停会となる。

29日、天長節観兵式、代々木練兵場にて「初緑」に乗馬して閲兵。天長節饗宴。

済南事件

5月3日、済南で発生の南軍（蒋介石軍）との最初の武力衝突につき、参謀本部からの電話報告筆記を見る。

4日、議会の紛糾は鈴木内相辞任後も収まらず、天皇は議事の模様を問う。午後、南次郎《みなみじろう》参謀次長より済南での事件を聞く。南は、停戦に努めたが支那側の命令が徹底せず、終熄《しゅうそく》せず、部隊の増派を求める。夜、天皇は済南の状況*を尋ねるため常侍官候所にて瀬川《せがわ》章友《のりとも》武官より詳細を聞き、参謀本部からの報告書を見る。翌日も、常侍官候所にて武官より説明を聞く。

5日、田中首相より衆議院解散の可能性を聞く。田中首相は予算案否決の場合の解

＊**第6師団**　熊本に置かれた。第2次山東出兵に動員され、のちの満州事変では熱河作戦に関わり、万里の長城まで進撃した。

＊**開院式勅語案**　普通選挙後初の議会の意として「世運の趨勢に鑑み」の語が加えられる。

＊**選挙干渉**　田中義一内閣の内相鈴木喜三郎は、普通選挙法にもとづく初の総選挙で露骨な選挙干渉を行い、立憲民政党や選挙監視委員会の強い批判を受け、内相を辞任。

＊**済南の状況**　済南での武力衝突は3日夜に鎮静する。

散を求め、天皇はこれに同意した。しかし田中は、牧野内大臣には反対党と無産政党の不信任案提出の場合と説明しており、天皇は人を送り明確にするよう指示する。

6日、議会紛糾、済南情勢などの沈鬱の様子を案じた側近の勧めでゴルフ競技。蓮沼武官長より、内閣不信任案問題は政府側有利の見込み、済南は鎮静化との復命。

7日、鈴木参謀総長より、済南などの支那軍の情勢、第6師団などの動き、5日に無残な状態で発見された邦人居留民9名の遺体の状況を聞く。

9日、田中首相より、第3師団*を山東へ増派する件を聞く。閣議は居留民保護と交通の確保を目的に1個師団の山東派遣と支那駐屯軍の兵力増強を決定。

10日、鈴木参謀総長より山東の軍事状況*を聞く。

14日、この日より侍従による毎朝の賢所・皇霊殿への代拝は、神殿を加えた三殿代拝に改める。特命検閲使として台湾出張中の久邇宮邦彦《くにのみやくによし》は朝鮮人趙明河*《チョミョンハ》に襲撃を受けるも未遂。

15日、牧野内大臣参殿、過日、久原房之助《くはらふさのすけ》の外相起用説が広まった際に、阻止のため近衛《このえ》文麿《ふみまろ》を使者として興津《おきつ》の西園寺《さいおんじ》公望《きんもち》に伝言した顛末などを聞く。

水野錬太郎文相の優諚問題

5月23日、田中首相より、望月圭介逓相《ていしょう》を内相に、久原房之助を逓相とする人事案。水野錬太郎文相の辞表の取り下げ。久邇宮邦彦遭難にともなう上山満之進《かみやまみつのしん》台湾総督の

＊第3師団　名古屋に置かれ、日清戦争・日露戦争に参戦。山東出兵後、満州に渡り、日中戦争では上海に上陸して南京攻略にあたる。

＊山東の軍事状況　7日、第6師団長は南軍に略奪・暴行の隊の武装解除などを求めたが回答を得ず、8日より南軍掃討を開始、9日より済南城を攻撃する。

＊趙明河　朝鮮の農家出身の独立運動家。台湾経由で上海に向かうとき、久邇宮の台湾訪問を知り、群衆に紛れて毒を塗った短刀を投げつけ、「大韓独立万歳」を叫んだという。

辞任は却下。水野より留任決定の礼を受け、「国務に尽瘁《じんすい》せよ」と述べる。

25日、水野が天皇より優諚《ゆうじょう》を受けたとして「朝野の物議紛々」として起こり、水野が非難を浴びて辞職に至った顚末を、牧野内大臣より聞く。

26日、田中首相より、文相更迭問題にともなう進退伺い。天皇は「考慮し置く」旨を伝え、牧野内大臣を召す。牧野は鎌倉より上京し、猶予を願う。

27日、水交社*にて、明治37・38年戦役海軍記念日第23回祝賀会。天皇の海軍記念日の水交社行幸の嚆矢《こうし》。

28日、田中首相の進退伺は、清水澄《しみずとおる》法学博士らの見解も参考として、却下。ただし、田中が顚末を口外すれば、累を皇室に及ぼす事態となるため、その旨を注意する。

治安維持法改正緊急勅令案

6月12日、内閣より治安維持法改正緊急勅令案*が出され、天皇は熟考の上、書類を手許に保留し、田中首相の参内を求める。

13日、田中首相より治安維持法改正案の説明を聞き、同案を枢密院に諮詢《しじゅん》。

15日、天皇は牧野内大臣に、一昨日の治安維持法改正の首相説明に不満を漏らし、条件付き裁可の意向を示す。牧野は枢密院で可決されれば裁可せざるを得ないと述べる。夕刻、木下道雄侍従より大礼奉祝献上品につき、各府県より希望の問い合わせ*。

19日、皇后と豊島岡墓地に行幸、祐子および明治天皇の皇子・皇女の墓所11基に拝

＊**水交社**　1876年に組織された海軍将校の親睦・研究団体。アジア・太平洋戦争終結後に解体、戦後に旧海軍軍人の親睦機関である水交会として復活。

＊**治安維持法改正緊急勅令案**　1925年に制定された治安維持法に、勅令で死刑を付加。

＊**問い合わせ**　「物をもってするよりも、その府県において例えば図書館なり何なり人民の益に立つものを造って献上すれば、これを人民に賜い恩賜の紀年物として意義あるものとし、人民に寄与することが何より自分への贈り物である」と。

礼。帰途、護国寺前の丁字路にて北豊島郡滝野川町の根岸順一郎*が直訴。

22日、珍田捨巳《ちんだすてみ》侍従長より鳴島音松*直訴の件。直訴者を正門内まで侵入させたことにつき、皇宮警察部長・近衛師団長・警視総監・東京府知事らがお詫びのため参殿。

枢密院における治安維持法改正案の審議

6月25日、珍田侍従長を倉富勇三郎《くらとみゆうざぶろう》枢府議長に遣わし、27日の枢密院会議の治安維持法改正の緊急勅令案は議論が多いので、午後に及んでも十分に審議を尽くすよう伝える。

27日、枢密院会議に臨場。平沼騏一郎《ひらぬまきいちろう》審査委員長より、委員会では賛成多数で「治安維持法改正の件」が可決された旨の報告。次いで、久保田譲《くぼたゆずる》顧問官は「先の帝国議会で審議未了となった本案を、数十日後の今日において緊急勅令を以て制定しようとするのは穏当を欠き、また共産党防遏《ぼうあつ》のためには他にも緊切の方法がある」「他日議会開会の機会に正当の手続により本法の制定をなすことを望む」と再考*を求めた。

28日、天皇は枢密院会議に再び臨場。この日も午後に及び、賛否の意見が分かれるなか、最後に金子堅太郎《かねこけんたろう》顧問官が「憲法起草関係者の見地より、今日ロシアと気脈が通じる共産主義者が我が同胞より出た以上、一刻も速やかにこれを絶滅せしめることが必要」と賛意を表明し、採決にて賛成多数で可決される。

29日、牧野内大臣に、治安維持法改正案の裁可は条件付との希望を漏らす。

＊根岸順一郎　根岸が助手をしていた診療所を警視庁が閉鎖したため直訴。西多摩屈指の資産家であったが炭山事業に失敗して精神異常となったとの説も。

＊鳴島音松　荏原郡大森町の干海苔業者。京浜運河造成で海苔の養作場を荒らされたため憤慨して直訴。

＊再考　田中首相は「再考すべき余地のない旨」を答える。質疑応答の後、午後再開。原嘉道司法相より「先般の大量検挙により本案の必要を認めるに至った説明」がなされ、各顧問官が意見を表明、会議は翌日に延期に。

赤坂離宮を離れる

7月1日、赤坂離宮前にて、豊多摩郡中野町の相良豊次郎（行商人）が経済不況・治安維持法改正などに不満を抱き、直訴。広芝ゴルフ場にて赤坂離宮ゴルフ競技大会。

9日、皇后はボートを漕ぐので水泳*を練習されたいと侍従より申し出。

神武寺にて新発見の粘菌を採集

7月14日、葉山御用邸行幸。海岸で水泳。皇后は成子とボート。

20日、皇后と御木本幸吉《みきもとこうきち》の養殖真珠研究の講話を聞き、真珠の核入れ作業を見る。

23日、正午前、田中義一外相参邸、対支関係・不戦条約の件。

24日、神武寺《じんむじ》にて粘菌採集*など。

田中外交との懸隔

8月7日、田中首相参邸、パリにて開催される戦争放棄条約締結のため内田康哉*（枢密顧問官）を全権委員とする件。また、田中は、東三省（張学良《ちょうがくりょう》）の南方（南京国民政府）に対する妥協問題を報告、張学良に必要な援助を与えること、東三省と南方の両政権に日本の立場を示す覚書を発表することを述べる。珍田侍従長は、内閣の対支方針と天皇の認識に懸隔《けんかく》があると事態を憂慮し、一木宮相・牧野内大臣と相談の上、天皇の意向を書面にて田中に伝えることとする。

18日、牧野内大臣は、「外交面における聖慮」を3か条にまとめた覚書を西園寺公

＊水泳　衆人環視のなかのため儀容の面で同意しがたいとする一木宮相の意見に対し、「来年夏より使用し得ること、建設費については葉山・小田原・箱根といった不用の離宮・御用邸を整理すべし」との意見を呈す。

＊粘菌採集　採集した粘菌は服部広太郎と研究、1種は徳川生物学研究所の江本義数により新発見変種菌として発表され、ミカドホネホコリと命名された。

＊内田康哉　外交官。満鉄総裁。国を焦土にしても「満州国」の権益を譲らないと答弁した焦土演説で有名。

望を通じて田中外相に伝達（天皇は20日に河井侍従次長から聞く）。

文官任用令改正案に異議を唱える

9月4日、午後、*文官任用令中改正などの枢密院諮詢案を見る。「現内閣の人事行政を見るに党利・私利を基とし、その弊害は大なるものがあり、また政務官と事務官の区別を濫《みだ》り、甚しく官吏の地位を危うくするとし、今この案により任用令を改正すれば、文官の地位は全く危殆《きたい》に陥り、その及ぼすところの影響は国政上に憂慮すべきものがある」との考えを示し、諮詢案を留め置きとする。田中首相より直接問うことの可否を尋ねるも、諮詢案は内閣より撤回される。

13日、那須滞在中最後のゴルフ。当日の天皇のハンディは12で、黒田侍従の7に次ぐ少なさであった。

14日、秩父宮と松平恒雄《まつだいらつねお》長女節《せつ》との納采（9月17日、節は勢津子と改名）。

15日、*悠紀《ゆき》斎田抜穂前1日大祓の儀（翌16日は抜穂の儀）のため長谷川信道掌典を抜穂使として悠紀斎田へ。

16日、午後、新設の吹上御苑内ゴルフ場にて初めて側近と競技。以後、昭和12年6月まで平日は練習、週末は側近と競技会。

17日、来る20日挙行の主基《すき》斎田抜穂前1日大祓の儀、翌日の抜穂の儀の抜穂使庭田重行掌典と対面。

＊文官任用令中改正　官僚は原則として高等文官試験合格者に限定されていたが、政党政治の台頭のなかで各省次官や警視総監などは例外とされた。田中内閣は、例外枠をさらに拡大しようとしたが、天皇はこれを拒んだ。

＊悠紀斎田抜穂前1日大祓の儀　大嘗祭の悠紀斎田から稲の穂を抜き取る神事の前日に行われる。占いで大嘗祭の祭場を定め、東方を悠紀、西方を主基と称し、それぞれ神に供える米を栽培する斎田がある。

18日、山本農林相より、米の収穫予想、悠紀主基斎田の稲作の件。

19日、南次郎参謀次長より奉天軍と直魯軍*の衝突状況を聞く。大正天皇多摩陵参拝。

21日、旬祭日につき宮中三殿拝礼。

岩手県下の陸軍特別大演習統裁

10月1日、大審院などに行幸。ボアソナード胸像を見て、御傭《おやとい》外国法学者につき聞く。帰途、西日比谷町にて虚無思想家の大島英三郎《おおしまえいざぶろう》*が資本主義打倒を目指して直訴。

4日、岩手県下の陸軍特別大演習統裁のため行幸。

5日、盛岡駅より自動車にて大本営（岩手県公会堂）。今回の演習*は、第2師団*を中心とする南軍と第8師団*を基幹とする北軍で、岩手県を中心に行われる。

9日、早暁、鈴木参謀総長より、豪雨により練兵場の泥濘《でいねい》甚だしく観兵式取り止めの願いあり、奈良武次武官長より寝室の天皇に伝えられ、認可される。

ガーター勲章贈呈の予定

10月19日、牧野内大臣に、文官分限令諮詢案は、先月上奏後に撤回された案の対案としては官吏身分保障の点で充分でなく、政党本位であるなどの懸念を示す。牧野は納得するまで問うよう答える。

26日、英大使より、ジョージ5世が明年早々にガーター勲章贈呈の予定を聞く。

即位礼、大嘗祭

＊直魯軍　中国の地方軍閥。直隷省出身の馮国璋が率いた直隷軍と、山東軍（魯は山東省の意）が合流した勢力。

＊大島英三郎　アナキスト。戦後、皇居一般参賀での発煙筒事件に関わる。のち黒色戦線社を主宰して出版啓蒙活動を続けた。

＊今回の演習　南軍は花巻町で南下する敵に攻勢をとる、北軍は前進を続行し花巻付近の敵を撃破する方針。

＊第2師団　仙台を編成地とした。1931年以後は満州に駐屯して満州事変・盧溝橋事件などに参戦、アジア・

11月2日、紅葉山写真場にて黄櫨染御袍《こうろぜんのごほう》の撮影。宮城内の奥宮殿中の奥表の区別などが定められる。

6日、即位礼・大嘗祭挙行につき京都に行幸。天皇は陸軍式正装に大元帥刀、多数の勲章・記章にて出立。宮城正門内には学習院学生622名、女子学習院学生256名が整列。

8日、紫宸殿の儀の習礼。九条道実掌典より賢所大前の儀の説明を受ける。

10日、*潔斎。束帯帛袍《そくたいはくのほう》にて宜陽殿《ぎようでん》へ。即位礼当日賢所大前の儀につき春興殿《しゅんこうでん》へ。午後、即位礼当日紫宸殿の儀。紫宸殿には高御座《たかみくら》・御帳台《みちょうだい》が据えられる。天皇は束帯黄櫨染御袍にて高御座に、皇后は五衣《いつつぎぬ》・唐衣《からぎぬ》・裳《も》にて御帳台に昇る。

11日、九条道実掌典より大嘗祭の次第を皇后と聞く。即位礼後1日賢所御神楽の儀、春興殿にて拝礼。

12日、神宮皇霊殿神殿ならびに官国幣社に勅使発遣の儀。大嘗祭前2日御禊《ごけい》の儀。

13日、大嘗祭前1日大嘗宮鎮祭の儀、同鎮魂の儀。

14日、大嘗祭当日、賢所大御饌《おおみけ》供進の儀。大嘗祭につき京都皇宮より頓宮《とんぐう》（大宮御所）に向かう。天皇は陸軍正装にて、到着後、*大忌御湯《おおみのおんゆ》の儀に臨み、束帯帛袍を召す。悠紀殿供饌の儀にて午後6時10分に頓宮より廻立殿《かいりゅうでん》に渡り、小忌御湯《おみのおゆ》の儀にて潔斎。生絹の祭服となり、悠紀殿に渡る。

15日、強雨のなか午前零時より主基殿供饌の儀。午後、大嘗祭無事終了につき皇族

太平洋戦争ではガダルカナル島で多数の戦死者を出した。

＊第8師団　弘前を編成地とした師団。八甲田山雪中行軍遭難事件で知られる。1931年の満州事変で熱河作戦に参戦し、37年以後は満州に駐屯した。

＊潔斎　天皇は春興殿内陣中央、皇后は東側、剣璽は西側。南廂の4面には御簾が懸けられ、東西両側に薄畳が敷かれ、東には皇族・王公族、西には皇族妃・王族妃が着する。

＊大忌御湯の儀　大嘗祭に先だって、天皇が体を湯で清める儀式。

らと対面。

16日、大饗第1日の儀にて正装にて仮設の饗宴場にて皇族・王公族・高等官らと対面。天皇皇后に白酒・黒酒が供され、久米舞・五節舞《ごせちのまい》など。各地方でも地方饗饌の儀。

17日、大饗2日の儀、各国大使らと対面、西洋料理のコースにて、ドボルザーク「新世界」など演奏。大饗夜宴の儀にて、皇族・王公族ら。万歳楽《まんざいらく》・太平楽の舞楽、陸海軍軍楽隊の欧州管弦楽など。

19日、神宮親謁。田中首相は17日夜宴に狭心症の発作を起こし、18日再発、安静のため供奉《ぐぶ》取り止め。

20日、即位礼及大嘗祭後、神宮に親謁の儀。頓宮（豊受大神宮斎館）にて沐浴のうえ、束帯黄櫨染御袍にて拝礼。珍田侍従長を召し、田中首相の病状を尋ねる。

21日、皇大神宮親謁のため、頓宮にて沐浴し、昨日同様、束帯黄櫨染御袍にて拝礼。午後、久邇宮多嘉《くにのみやたか》神宮祭主より神宮親謁無事終了の礼を受ける。

23日、神武天皇*畝傍山東北陵《うねびのやまのうしとらのみささぎ》親謁。24日、仁孝天皇・孝明天皇山陵親謁。25日、明治天皇伏見桃山陵親謁。

27日、*名古屋離宮より東京へ還幸。東京湾の警備艦、参謀本部前の野砲兵隊が皇礼砲。沿道の参拝者は14万人を超す。東京駅前で*村越石太郎が直訴。

29日、大正天皇山陵親謁。即位大礼済了を報告。

＊畝傍山東北陵　神武天皇陵の正式名称。畝傍山の東北にある。

＊名古屋離宮　旧名古屋城本丸。明治維新後に名古屋鎮台となり、本丸が１８９３年に陸軍省から宮内省に移管され名古屋離宮となった。１９３０年に名古屋市に下賜され、恩賜元離宮として一般公開。

＊村越石太郎　山形県から上京、群衆に交じって直訴をしようとしたが、挙動不審で取り調べられ、直訴状が発見された。この日は、丸の内一帯の警戒線で検束者が９名あった。

30日、皇霊殿神殿に親謁の儀。これにて大礼の諸儀が終了。午後、側近相手に帰京後初のゴルフ。

大礼の諸儀式

12月1日、田中首相に、大礼を「深く満足に思ふ」との詞を下す。田中は官報号外に詞を受けた次第を載せ、「益々奮励努力」との声明を発表。

2日、大礼観兵式、陸軍正装にて代々木練兵場へ行幸。101発の皇礼砲が発され、皇族・王族らに会釈。「初緑」にて部隊を巡閲。馬上より重爆撃機など153機による空中分列を見る。大礼観兵式のラジオ実況*に天皇の勅語朗読の声が放送される事件。

4日、大礼特別観艦式、海軍正装にて横浜税関波止場より軍艦「榛名」に乗艦。霞ヶ浦海軍航空隊の飛行機など空中分列、連合艦隊など186隻、英・米・仏・伊・蘭各国の軍艦7隻ほかも参列。

15日、大礼奉祝諸団体親閲のため自動車にて宮城前広場に。「雨に打たれる多数青年の身を案じ」、自身の天幕を撤去、さらに多くの参加者が外套《がいとう》を脱いだため、天皇もマントを脱いで親閲。

18日、定例学修の再開。清水澄《しみずとおる》の行政法。20日に軍事学・経済及財政、21日に皇室令制を受け、本年は終了。大礼祭無事済了につき豊明殿にて午餐。

22日午後、岡本愛祐《おかもとあいすけ》侍従より、三浦半島初声《はつせ》村の新御用邸の調査依頼の旨を聞く。

*ラジオ実況　再発防止のため、マイクロフォンを天皇の声が感受できない場所に置く通達が、逓信省より発される。

土曜定例夕餐相伴にて、天皇は即位礼諸儀での苦心など話す。

23日、新宿御苑にて皇后・朝香宮鳩彦《あさかのみややすひこ》夫妻・李垠《イウン》・側近らとゴルフトーナメント*。

張作霖爆死の顚末を聞く

12月24日、午後2時、田中首相より、去る6月4日、奉天《ほうてん》郊外にて張作霖《ちょうさくりん》が爆死した顚末、詳細は白川義則《しらかわよしのり》陸相より伝えられる旨を聞く。天皇は珍田侍従長に、陸相への対応を問う。

25日、大正天皇祭につき皇霊殿で拝礼。赤坂離宮内水田で作った糯《もち》を皇霊殿と多摩陵に供える。牧野内大臣より、陸相が張作霖爆死事件を伝えた場合の天皇の言葉について聞く。

26日、第56回帝国議会開院式にて貴族院行幸。途次、貴族院正門前にて埼玉県出身の茂木政吉*が荒川放水路問題を理由に直訴。午後、沢田廉三より外交事情の定例進講。

28日、午後、陸相より張作霖爆死事件の調査開始を聞く。

29日、生物学研究所にて本年最後の研究。午後は本年最後の乗馬、この年の乗馬は赤坂・御用邸ふくめて計76回。夜、成子の催しによるクリスマス祝い、歳末の余興。

30日、側近相手に本年最後のゴルフ。

＊ゴルフトーナメント　河井皇后宮大夫が1位、李垠は3位。

＊茂木政吉　埼玉県の唐沢堀放水路設置問題で直訴。茂木の母は、「大それたことをした」こと、村の合法的反対運動を妨げる結果になることなどに気を病み、自殺した。なお、こうした昭和初期の直訴の多さは、若い天皇への期待と親近感の現れであり、天皇が「男前だから」ともいわれる。

田中義一首相への不信（1929）

宮城での新年

1月1日、初めて宮城で新年。午前5時5分、陸軍通常礼装にて皇后と自動車で賢所に。束帯黄櫨染御袍《こうろぜんのごほう》に着替え、神嘉殿《しんかでん》南庭で四方拝。次いで歳旦祭、宮中三殿で拝礼。陸軍正装にて7時30分、鳳凰ノ間で晴御膳《はれのごぜん》（晴御膳は2日、3日も）。9時30分、表内謁見所で側近高等官の拝賀、鳳凰ノ間で皇族・王族の拝賀、正殿にて大勲位以下の拝賀*。

3日、元始祭、宮中三殿にて拝礼、御告文。奥内謁見所にて未成年皇族と対面。

4日、東一ノ間にて政始*。生物学研究所へ、以後も土曜定例で、その他の曜日もしばしば。本年初めての乗馬。

6日、二重橋前広場にて大礼奉祝に整列する消防組など3万6千名をオープンカーで巡閲。

8日、陸軍始観兵式につき、代々木練兵場へ行幸。「初緑」にて閲兵。

9日、葉山行幸*、東京駅から逗子駅に。御用邸へ。大礼後の静養の意味。

16日、珍田捨巳《ちんだすてみ》侍従長死去。沢田廉三よりこの年最初の外交事情の水曜定例進講。

＊**拝賀**　ベルギー、英、蘭、スウェーデン各国皇帝と祝電。ニカラグア大統領モンカダ就任と新年の電報。

＊**政始**　田中首相より昭和3年の神宮・各庁のこと、一木宮相より皇室のことを聞く。

＊**葉山行幸**　滞在中、午前はプランクトンやヒドロゾア採集、午後は乗馬・テニス・ピンポン・活動写真。

17日、白川義則陸相に、昨年6月の張作霖《ちょうさくりん》爆殺事件の調査状況を問う。

19日、田中義一首相兼外相に、張作霖爆殺事件に関する対議会対策、済南《さいなん》事件解決交渉に関する芳沢謙吉公使への内訓《ないくん》につき問う。21日、宮城へ還幸。

22日、鈴木貫太郎*軍令部長を侍従長、加藤寛治を軍令部長とする。

24日、鳳凰ノ間にて歌会始。題は「田家朝」、皇族以下の詠進歌総数は3万410首。

久邇宮邦彦の急逝

1月25日、熱海滞在中の久邇宮邦彦《くにのみやくによし》は結腸S字状部潰瘍のため多量下血、病気尋ねとして花卉《かき》・鶏卵。

27日、久邇宮邦彦の病気亢進《こうしん》の報に、侍従を差遣し葡萄酒を贈る。皇后は熱海久邇宮別邸に行啓。薨去後、元帥府*に列する。28日、宮中喪につき講書始は取り止め。

田中義一首相の言上への不審

2月1日、田中首相兼外相より、済南事件解決交渉に関する芳沢謙吉公使よりの請訓を聞く。その際、天皇は張作霖爆殺事件につき問う。

4日、田中首相兼外相より、済南事件解決交渉に関する芳沢公使への回訓を聞く。

10日、常侍官候所にて河井侍従次長より内閣不信任案をめぐる衆議院の状況を聞く。

11日、紀元節祭、宮中三殿で拝礼。豊明殿の紀元節宴会。

15日、内閣より法案・勅令の裁可を求める場合、重要案件は主務大臣が参内して説

＊鈴木貫太郎　海軍大将。昭和天皇の侍従長。2・26事件で狙撃されるも一命をとりとめた。枢府議長をつとめ、小磯国昭内閣を継いで組閣、戦争終結へ尽力する。後妻のたか夫人は、昭和天皇幼少期の御養育掛。

＊元帥府　軍功の高い陸海軍軍人に与えられた元帥たちで構成された組織。天皇の最高軍事顧問。敗戦までに陸軍で17名、海軍で13名が元帥の称号を得た。そのうち死後に元帥となったのは、陸軍の久邇宮のほか、海軍では山本五十六ら6名。

明し、その他は説明書を添えることとする。

17日、祈年祭、宮中三殿で拝礼。支那料理の夕餐、侍従ら相伴。ウミガメなどが話題となり、筧繁《かけいしげる》侍医より釣りの嗜好を問われ、「博物研究等必要な場合以外、興味のために釣などすることは無益に思われ、好まざる」旨を答える。また「理化学研究所の合成酒を奨励すれば、米の供給に好影響を与える」旨を述べる。

19日、清水澄《しみずとおる》の行政法に関する定例進講で、小選挙区制度の可否を聞く。

21日、仁孝天皇例祭の拝礼予定のところ体調不良にて牧野貞亮侍従が代拝。

22日、太秦《うずまさ》の広隆寺に聖徳太子像装束調整料を下賜。同寺には後西《ごさい》天皇より大正天皇まで歴代天皇即位後、黄櫨染御袍下賜の慣例あるも、時勢に鑑み装束調整料とする。

26日、白川陸相に張作霖爆殺事件の調査状況を問う。

27日、田中首相兼外相に済南事件解決交渉の状況などを聞く。

28日、河井侍従次長を召し、田中首相の「言上が度々変わることへの御不審と済南事件解決交渉に関する御懸念」につき、牧野内大臣の意見聴取を求める。

小選挙区制度への懸念

3月2日、牧野内大臣より、済南事件解決交渉への懸念は鈴木侍従長より田中首相へ伝達することに決した旨、田中への不信は西園寺公爵とも相談したき旨を聞く。

10日、明治37・38年戦役第24回陸軍記念日臨席のため、靖国神社外苑内の宴会場に行幸。＊偕行社にて＊柴五郎陸軍大将らの戦役回顧談を聞く。

16日、田中首相兼外相より、対支外交、＊小選挙区制法案をめぐる議会状勢を聞く。「小選挙区制によって一流の人物が落選を見る虞《おそ》れ、並びに投票効果を減殺する結果、無産政党のごとき党派の代表は当選を阻まれ、彼らをして直接の行動を執らしめるに至る虞《おそ》れ」について問う。田中は、いずれも否と答える。また田中は会期延長を願うかもしれない旨あり。田中退出後、鈴木侍従長・河井侍従次長を召して、会期延長が願われた場合の牧野内大臣の意見を求める（20日、牧野より回答）。

22日、鈴木侍従長より、外交および議会状勢に関する田中首相兼外相の報告を聞く（田中は家人伝染病罹患のため参内できず）。

25日、午後、乗馬練習より帰還後、田中首相代理の岡田啓介海相より会期延長の願あるも、その期間は空欄とする。夜半に会期延長はないことが決定。夕刻から夜半にかけて3度にわたり河井侍従次長に議会状勢を聞く。

張作霖爆殺事件の取調結果

3月27日、鈴木貫太郎侍従長より、田中首相兼外相の代言として、済南事件解決案が確定し正式調印より2か月以内に撤兵の件を聞く。鈴木荘六参謀総長より、山東方面からの撤兵を聞く。参内の白川陸相に陸軍に関する事項を問い、白川より「張作霖爆殺事件の取り調べ結果として、関東軍参謀＊河本大作《こうもとだいさく》の単独発意によるものにて、そ

＊偕行社　陸軍の親睦・互助・学術研究組織。戦後、同名で復活。

＊柴五郎　会津出身。陸軍きっての中国通で、１９００年の義和団の乱の防衛戦で名を馳せ、欧米でも知られた。

＊小選挙区制法案　第56回議会で床次竹二郎が提出。僅差で落ちる「一流の人物」も増え、その政党の得票数も国政に反映されないため、天皇は懸念した。

＊河本大作　張作霖爆殺事件の首謀者。中国国民党山西軍とともに中国共産党軍と戦ったが、制圧されて捕虜となり、収容所で病死。

の計画のもと少数の人員を使用して行われたとの報告」を聞く。さらに、その処分につき「事件の内容が外部に暴露されれば国家に不利なる影響を及ぼす虞があるため、この不利を惹起《じゃっき》せぬように考慮した上で、軍紀を正すことに取り計らいたき旨」を聞く。天皇は白川に種々問う。各軍司令官・師団長より軍状を聞き、白川に命を下す。

不戦条約批准問題

4月2日、夕刻、田中首相兼外相より、済南事件解決の議定書などを枢密院へ諮詢しない事情、不戦条約批准問題などを聞く。

17日、鈴木参謀総長より、国民政府からの要請により済南撤退開始を延期する件。

18日、新宿御苑にて観桜会。7300名が参苑。

20日、*原嘉道《はらよしみち》司法相より、去る16日の*共産党員大量検挙（700名）の件。

26日、靖国神社にて*臨時大祭。

29日、天長節観兵式にて代々木練兵場へ行幸。天長節祭は甘露寺《かんろじ》受長《おさなが》侍従が代拝。

ガーター勲章を贈られる

5月3日、*ガーター勲章贈進のため英グロスター公参内。ガーター勲章の由来、その佩用者であった明治天皇・大正天皇の継承者として贈進される経緯を聞く。グロスター公はガーターを天皇の左脚に紐付け、勲章ほかを手渡す。

17日、皇后内着帯。夕刻、内着帯祝いの侍従・女官のピンポン大会を見る（翌18日

＊原嘉道　法学博士・枢府議長。戦争開始時には、木戸幸一らと戦争回避に努めた。

＊共産党員大量検挙　前年の3・15事件に続く一斉検挙で、共産党は壊滅的打撃を受けた。

＊臨時大祭　昨年の済南事件にて死亡した軍人軍属ら131名ほか維新殉死15名、日清戦争関係21名が合祀。

＊ガーター勲章　イングランドの最高勲章。明治天皇以来、今上天皇まで授かった。なお、昭和天皇は戦時中に一時抹消され、1971年のイギリス訪問時に復帰した。

は自身も行う）。

18日、田中首相兼外相より支那国民政府承認の件、戦争放棄に関する条約の件。

26日、昨日と本日、吹上ゴルフ場第1回競技会。天皇は本日午前10時より出場。第1位河井弥八、第2位奈良武次。

27日、明治37・38年戦役海軍記念日第24回祝賀会臨席のため水交社行幸。余興の大相撲を見る。京都府愛宕《おたぎ》郡八瀬村に下賜してきた地租相当額を廃止し、*八瀬童子継承を目的とする八瀬童子会に毎年500円下賜とする。

大阪・神戸行幸

5月28日、大阪・神戸行幸。横須賀より軍艦「那智」に*乗艦。夕餐前、加藤寛治海軍軍令部長より八丈島の作戦上の価値について聞く。

30日、大島にてゴルフ服・巻脚絆《まききやはん》・白ヘルメットで三原山登山。

6月1日、田辺港上陸。降雨のため海軍マント着用で京都帝大附属臨海研究所へ。神島にて*南方熊楠《みなかたくまぐす》と粘菌採集を試みるも成果なし。畠島にてウミウシ・珊瑚類を採集し、漣岩《さざなみいわ》について聞く。「長門」にて南方熊楠より粘菌・地衣類・海蜘蛛・ヤドカリなどの講話、日本産粘菌類の献上を受ける。

8日、「長門」に南方熊楠の弟子小畔四郎《こあぜしろう》を召し粘菌（変形菌）の講話を聞く。神戸より横須賀へ。牧野内大臣より「御帰還後は急速に*満州事件の解決に到達すると考

＊八瀬童子　京都市左京区八瀬に住み、朝廷の輿を担ぐ役を務め、課役免除の特権を得ていた。明治維新後、地租相当額の恩賜金を支給された。明治天皇や大正天皇の葬儀では棺を運んだ。

＊乗艦　航空機や1万トン級巡洋艦についての進講を聞きつつ、八丈島へ。飛行機射出実験、種々の教練を見る。

＊南方熊楠　長門での進講は25分の予定だったが、天皇の希望で5分延長。天皇への献上物は桐箱などに納めるのが通例だったが、南

えられ」「極めて慎重の取扱を要する次第である」と聞く。9日、宮城へ還幸。

15日午後、葉山御用邸へ。16日、汐見茶屋にて河井侍従次長奉仕の天麩羅の昼餐。

18日、生物学研究所脇の水田*に「愛国」「撰一」の苗各5株を手植え。

26日、枢密院会議に臨御、戦争抛棄《ほうき》に関する条約批准の件など。天皇より「本件は重要につき充分に議論を尽くすように」との指示あり。*伊東巳代治《いとうみよじ》審査委員長より、条約の「其の各自の人民の名に於て」の字句に関し、「帝国憲法の条章より観て日本国に限り適用なきものと了解することを宣言す」とする政府宣言書案の報告。

田中義一内閣総辞職

6月27日、張作霖爆殺事件に関する件への天皇の対応につき、牧野内大臣・一木宮相と協議した結果を聞く。午後、田中首相より、張作霖爆殺事件に関し犯人不明のまま責任者の行政処分のみを実施する旨を聞く。田中の説明はこれまでの説明とは大きく相違することから、天皇は「強き語気にてその齟齬《そご》を詰問」、さらに「辞表提出の意を以て責任を明らかにすること」を求める。田中が弁明に及ぼうとした際に、「その必要はなし」と斥《しりぞ》ける。午後2時よりゴルフ予定のところ、心労のため「椅子に凭《もた》れたまま居眠り」をして機を逸する。

28日、白川陸相より、張作霖爆殺事件の処分として河本大作（前関東軍参謀）を停職とするなどの人事を聞き、裁可。鈴木侍従長は田中首相に天皇の真意を改めて伝達、

方はキャラメルの空箱に入れて献上したといわれる。

＊満州事件　前年6月に河本大作らが張作霖を爆殺したいわゆる「満州某重大事件」。

＊水田　赤坂離宮の水田は、関係する職員らで昭和11年まで継承。

＊伊東巳代治　伊藤博文とともに大日本帝国憲法の制定に尽力。枢密顧問官・東京日日新聞社長などを歴任、「憲法の番人」を自任した。1927年には幣原喜重郎の協調外交を非難して、若槻礼次郎内閣倒壊の原動力となった。

田中は天皇への説明を求めるも、侍従長より「天皇は御聴取を思召《おぼしめ》されず」と伝えられる。田中は「最早御信任を欠くとして、内閣総辞職の意を決する」。

浜口雄幸に組閣を命ずる

7月2日、田中首相より閣僚一同の辞表*を受ける。後継は西園寺公望より浜口雄幸《はまぐちおさち》を推される。牧野内大臣も同意し、天皇は浜口に組閣を命ずる。

5日、鈴木侍従長の自己の経験とネルソン提督の言による「物事は最初に綱紀を粛正する必要あり」を聞く。

11日、浜口首相以下新閣僚と陪食後の牡丹ノ間での賜茶。座を円陣に作り、金解禁*・緊縮財政など自由に議論。12日、葉山御用邸へ。本年新造の和船にて採集。

ツェッペリン伯爵号の飛来

8月16日、財部《たからべ》海相・小泉又次郎逓相より、今般飛来のドイツ飛行船ツェッペリン伯爵号につき聞く。

20日、那須御用邸へ。22日、ツェッペリン伯爵号が表敬のため那須上空飛行との通報あるも、標高と気象の関係上、飛行困難で中止。

30日、常侍官候所にて談話、現内閣の主張する緊縮節約政策に関し、拝謁時の服装としてフロックコートを廃してモーニングコートのみとし、婦人は白襟紋付を大礼服相当とし、縫紋《ぬいもん》を通常服と認めれば、被服調整の必要がなくなるとの意見を述べる。

＊辞表　田中は辞表に「満州に於ける爆破事件に関連し輔弼の重責に顧みて恐懼措く所を知らず」と記す。

＊金解禁　第1次世界大戦後、金本位復帰の動きが広まったが、日本は不況などが続き容易に断行できなかった。1928年にフランスが金解禁を行い、日本も金解禁実現への動きが高まっていた。30年に浜口雄幸内閣が金解禁を行うが、金の流出で事態は悪化、31年の犬養毅内閣で再び金輸出を禁止した。

田中義一死去と内親王誕生

9月1日、大正12年の震災追憶として昼餐は平素の御膳のほか握飯・梅干・たくあん・牛肉缶詰が供される。天皇は握飯・たくあん・衣かつぎのみを食す。

2日、夜、常侍官候所にて侍従・武官・侍医相手に種々談話、その際、内閣の緊縮方針に関し、年末年始などの皇族間の贈答の廃止、諸儀に参内する婦人服制の緩和、官吏服制の単純化などの意見を述べる（のち11月25日、宮内官らの協議にて年末年始はじめ日常の贈答を質素にすることが申し合わされる）。

3日、はじめてスチール・シャフトのクラブでゴルフ、好成績。10日、宮城還幸。

26日、加藤寛治軍令部長より昭和5年度の作戦計画・戦時編制・防備計画を聞く。東郷平八郎元帥の意見を聞くことを奈良武官長に命ずる。奈良より「元帥には特に意見なき旨」を聞く。

29日、田中義一元首相が死去。危篤に際しては筧繁侍医を遣わし葡萄酒を賜う。

30日、皇后、内親王を分娩。

10月6日、内親王命名の儀にて和子《かずこ》、孝宮《たかのみや》と称する。

8日、天皇の修養と君臣和親の機会として、重臣との会食・談話の席を設け、毎週火曜・金曜に晩餐*を催し、元帥・大臣・首相経験者を召す。

人造清酒の推奨

＊晩餐　東郷平八郎・山本権兵衛・上原勇作を召し、一木宮相らが相伴。東郷の留学当時などが話題となる。食後には、山本より日露戦争当時の陸海軍作戦連絡の秘話・苦心、大山巌の偉大なる人格など、上原より日露開戦直前のシベリア鉄道視察談、欧州での情報収集の苦心、勝敗の原因としての日露両軍司令官の人物評価など、東郷より旅順攻撃における陸海軍作戦協定などの話題が供される。

10月11日、元総理の高橋是清《これきよ》*と若槻礼次郎を晩餐に召し、理化学研究所の人造清酒を供するも両者は気づかず恐縮。

16日、側近一同よりの大礼奉祝献上品、チャールズ・ダーウィン胸像の披露。午後、書斎机上のナポレオン胸像（渡欧時にパリで購入）と並べる。浜口首相より、ロンドン海軍軍縮会議招請に関する政府回答案、官吏減俸*などにつき聞く。官吏減俸に関し、官吏の生活を簡易なものとし、その生活費を軽減する方策として、特に衣服について宮内省と協議することを命ずる。

22日、清水澄の行政法定例進講の際に、官吏減俸の講話を聞く。午前の閣議にて、世論の趨向に顧み去る15日に閣議決定の官吏減俸案を撤回。

23日、河井侍従次長に皇室費100万円減額の可否を問う。河井は牧野内府らと協議の結果、官吏減俸撤回直後のため皇室費減額は見合わせとする。

25日、太田政弘関東長官より、東清鉄道*強制回収をめぐる露支紛争、撫順《ぶじゅん》の支那共産党員の検挙、関東軍鉄嶺駐劄部隊兵卒と支那公安隊との衝突など、管下状況を聞く。

初声御用邸建築の延期

10月28日、一木宮相を召し「初声《はつせ》御用邸の建築は目下の経済界の状況に鑑み当分延期せよ、尚宮内省に於ても充分整理緊縮方針を徹底せよ」と指示。

11月1日、明治神宮参拝、第5回*明治神宮体育大会行幸。途次、児玉誉士夫が労働

＊**高橋是清**　首相、政友会総裁。田中義一・犬養毅・斎藤実・岡田啓介内閣の蔵相としてモラトリアム、金輸出再禁止、赤字公債発行などを行った。2・26事件で暗殺。

＊**官吏減俸**　10月15日に政府は官吏減俸案を声明。1割程度の減俸で翌年1月1日より実施の計画であったが、各方面から非難の声があがり、撤回された。

＊**東清鉄道**　日清戦争後にロシアが中国東北部に敷設した鉄道。日露戦争で長春以南を日本が取得して南満州鉄道株式会社とした。

党許可に反対する直訴。

7日、鈴木侍従長に、近来の節約に関し、「初声御用邸の工事を延期して一大決心を示したるに　我が理想は一つも実行され居らざるを見て」として「つとめつるかひあるへきを山吹の実の一つたになき世をそ思ふ」「つとめつるかひあらされは山吹の実のひとつなきうたをしそ思ふ」の2首を示す（11日、一木宮相より、節約の趣旨は宮内当局はもちろん政府にても徹底すること、宮中制度改革の決心につき2首の返歌）。

12日、新宿御苑での観菊会に行幸（従来は赤坂御苑）。夕刻、木下侍従に、観菊会・観桜会で知名の人と談話の機会を設けることの可否を問う。木下は、席次を顧みず特定の個人・団体のみを特に厚く取り扱うことは不可能と答える。また、吹上御苑に新設予定の茶屋に身分上宮中に参入できない社会事業家などを招くなど、別の機会を設けることへの意見を求める。木下は、昔の名君は殿中に召すことのできない俊傑《しゅんけつ》らの話を聞くために殿外の庭園に茶屋を設けたと聞く旨を答える。天皇、将来機会をもてるよう研究することを命ずる。

茨城県下での陸軍特別大演習

11月14日、陸軍特別大演習のため茨城県下へ行幸。*今次の大演習は、南軍は白川義則司令官のもと近衛師団・*第1師団を主力とし、北軍は井上幾太郎司令官のもと*第14師団を中心に構成される。

＊第5回明治神宮体育大会　平沼亮三副会長の説明で、ラグビー・サッカー・陸上競技などを見る。

＊今次の大演習　参加兵は合わせて4万2千弱、馬匹4300余頭。南軍は甲信地方より、北軍は仙台・山形方面より、ともに関東平野の領有を期して接近。

＊第1師団　東京鎮台を母体とする師団。

＊第14師団　宇都宮に司令部を置く。シベリア出兵に出征。のち満州事変では北満を転戦。アジア・太平洋戦争ではパラオ諸島に派兵された。

19日、土浦駅より霞ヶ浦海軍航空隊。飛行船作業、落下傘作業などを見る。水上隊桟橋より艇にて鹿島神宮へ。途中、爆撃・雷撃など各種飛行作業を見る。

金解禁断行とロンドン海軍軍縮条約問題

11月21日、宮城還幸。上野精養軒前にて、熱海海岸埋立反対請願の直訴あり。御学問所にて浜口首相より金解禁断行決定を聞く。

11月23日、新嘗祭《にいなめさい》に臨む。皇后服喪中につき表にて就寝し、朝よりモーニングを着て表にて慎み。午後5時25分、新嘗祭夕の儀。翌午前零時45分、暁の儀。

26日、浜口首相よりロンドン海軍軍縮条約会議の訓令案を聞く。加藤寛治軍令部長より訓令案中の統帥事項を聞く。訓令は翌27日に裁可される。

28日、末次信正《すえつぐのぶまさ》より海軍軍事学定例進講で海軍軍縮問題を聞く（12月5日も同主題）。

29日、吹上にてゴルフ中なるも、越後鉄道疑獄事件*の小橋一太文相の辞表提出のため浜口首相参内で戻る。

12月15日、常侍官候所の当直侍従に英の変形菌学者リスターの英文小冊子（天皇新発見のオオギミヌカホコリを発表）を渡し、式部職で翻訳することを命ずる。

18日、山梨半造*陸軍大将の朝鮮総督在任中の贈賄事件を聞き、処分。

＊越後鉄道疑獄事件　柏崎と新潟を結ぶ越後線の前身。1927年に越後線と弥彦線が国有化された際に、贈賄が疑われた。越後鉄道社長ほか、浜口内閣文相の小橋一太にも容疑がかかり起訴されるが、無罪となって復権し東京市長となる。

＊山梨半造　陸軍大将。加藤友三郎内閣の陸相として2度にわたり陸軍軍縮を行う（山梨軍縮）。朝鮮総督となるが、民政党による米穀商の取引所開設の贈賄容疑で辞任。こうした民政党がらみの疑獄事件は、国民に民政党や政党政治への不満をつのらせた。

第二章　軍拡派の台頭

（1930〜33）

ロンドン海軍軍縮条約調印をめぐる攻防（1930）

米大使キャッスルの着任

1月1日、四方拝、歳旦祭、晴御膳（3日まで）。新年拝賀の儀、皇族・王公族ほか。

4日、政始。午後、生物学研究所（以後、月・土）、乗馬（以後、月・水・金）。

8日、陸軍始観兵式にて代々木練兵場へ行幸、乗馬にて閲兵。

9日、葉山御用邸へ。滞在中は海洋生物採集、海岸散策などで過ごす。

11日、*幣原喜重郎《しではらきじゅうろう》外相より、ロンドン海軍軍縮会議の模様、支那状勢などを聞く。

19日、浜口雄幸《はまぐちおさち》首相より、衆議院解散の止むを得ないことを聞く。

20日、宮城へ還幸。

21日、毎月朔日以外の旬祭も正式に拝礼、代拝のこととなり、宮中三殿で拝礼。本年最初の*定例学課。この日、衆議院解散、2月20日に衆議院議員総選挙を行うことを命ずる。

24日、鳳凰ノ間にて米大使キャッスルに信任状、天皇は「五国の代表が倫敦《ロンドン》に会して重要なる商議を為せる時機に際し貴国大統領が卿の如き智識経験に富める卓越の士を簡抜」した誠実なる意図を諒解したと述べる。

＊幣原喜重郎　岩崎弥太郎の女婿で外交官。対米協調と対中国内政不干渉主義をとる。戦後、首相となり憲法改正などにあたる。

＊定例学課　清水澄より行政法、山崎覚次郎より経済財政の講義。以後、清水は火曜に行政法、木曜に皇室令制、山崎は5月6日までの火曜に経済財政の進講。

＊ゴルフ　以後、土曜・日曜に競技、平日にしばしば練習。

＊講書始　国書は三浦周行「日本書紀　孝徳天皇紀」、漢書は塩谷温「尚書の一節　昭和元号の出典」、洋書は

26日、吹上にて本年初のゴルフ*。午後は朝香宮鳩彦《あさかのみややすひこ》夫妻とコースを廻る。

29日、歌会始、題は「海辺巌」、皇族以下の詠進歌総数は3万4769首。

31日、講書始*。

タイガー計算機で選挙投票を集計

2月1日、夕餐後、皇后とタイガー計算機の取り扱い方を調べる。

13日、宇垣一成《うがきかずしげ》陸相、葉山に参邸、鈴木参謀総長の後任に金谷範三《かなやはんぞう》陸軍大将を推薦する件。上原勇作《うえはらゆうさく》元帥は武藤信義《むとうのぶよし》を推しており、天皇は閑院宮載仁《かんいんのみやことひと》より意見を聞く。

14日、上原参邸。金谷断然反対とは述べず、天皇は陸相案に同意。

21日、仁孝《にんこう》天皇例祭、野口明侍従が代拝。午後、常侍官室にて新聞夕刊記載の第17回衆議院議員総選挙の投票結果を、自らタイガー計算機で集計。

22日、常侍官室にて各地選挙結果*を聞き、タイガー計算機の性能など談話。

帝都復興の巡幸

3月6日、式部職楽部、*安藤幸《あんどうこう》のヴァイオリン、小倉末《おぐらすえ》のピアノなどの洋楽演奏鑑賞のため、皇太后参内。天皇は不参。

7日、浜口首相に政務官と事務官の区別に対する考えの程を質す。

10日、明治37・38年戦役の記念日祝賀会に戸山陸軍学校に行幸、宣戦布告前の状況・仁川《インチョン》上陸作戦などの講演を聞く。


横田秀雄「フランソア・ジェニーノ解釈法」。

＊**各地選挙結果**　中選挙区制で実施され、全国で466の改選があった。投票率は83・34％で、与党の立憲民政党が273議席、野党の立憲政友会が174議席を確保した。

＊**安藤幸**　東京音楽学校卒業後、ベルリン国立音楽学校で学ぶ。東京音楽学校教授。幸田露伴は兄、ヴァイオリニストの幸田延は姉。

＊**小倉末**　末子とも。ピアニスト。ベルリン王立音楽学校で学ぶ。シカゴのメトロポリタン音楽学校教授、東京音楽学校教授となる。

24日、復興帝都巡幸、隅田公園を経て震災記念堂（本堂は落成前）入口にて脱帽。昼食はサンドウィッチ。

27日、豊明殿にて帝都復興事業関係者の午餐陪食（シャンパンを止め、理化学研究所の人造酒とする）。午後、浜口首相よりロンドン海軍軍縮会議*の経過、本問題解決の所信を聞く。浜口に「世界平和のため早くまとめるよう努力せよ」と述べる。

ロンドン海軍軍縮条約の調印

4月1日、浜口首相よりロンドン海軍軍縮会議の経過を聞き、全権委員への回訓案*を裁可。

2日、加藤軍令部長より、対米7割は自衛上必要最小限度であり、今回の米国提案は重大な欠陥を生じる旨を聞く。

13日、英大使ティーレに「ロンドン海軍軍縮会議が日英米三国の協調により満足な結果を期待し得る事態に至ったことはこの上ない悦びであること」を述べる。

17日、末次信正より、定例の軍事学進講にてロンドン海軍軍縮条約の経過説明を聞く。米大使キャッスル夫妻を招き午餐、ロンドン海軍軍縮条約調印を喜び、関東大震災復興への援助を謝する。

キャッスル米大使の離任帰国

5月1日、常侍官候所にて侍従や武官に、「統治国と被統治国との利害が一致せず、

＊ロンドン海軍軍縮会議　1月21日より開始、対米総括比率7割などの3大原則で臨む。協定案は対米総括比率6割9分7厘5毛で、加藤寛治海軍軍令部長ら強硬派は受諾に反対。この日、浜口は加藤らと会見し、会議決裂防止の決心を伝えた。加藤は「結局飛行機に重点を置けば国防は保持できる」と述べ、消極的ながら同意した。

＊回訓案　回訓案を海軍部内で検討、修正することとなり、約1時間、天皇はゴルフをして待つ。

植民地統治の極めて困難であることを日本と朝鮮との関係に比較して」話す。

5日、夕餐後、鉄道省製作の日本紹介映画を見る。翌6日朝、鉄道省の映画で観衆が桜の枝を折る場面は悪習を外国に発表する観があるとの懸念を述べる。

6日、定例進講。清水澄《しみずとおる》の行政法で3種類の新聞論説を用い、ロンドン海軍軍縮に関する兵力決定についても国務大臣の輔弼《ほひつ》の範囲内であるとする説が強まっていることなどを聞く。

22日、近く行幸の静岡県知事に、県民一般の負担を増やさないよう注意し、ありのまま見たい旨を伝える。

23日、離任帰国のキャッスル大使夫妻のための午餐。キャッスルは日米両国の正しい理解のもとで提携することが平和の保障と語り、天皇は同感の旨を述べる。

26日、帰朝の財部彪《たからべたけし》（ロンドン海軍軍縮会議全権）より軍縮会議の経過概要を聞く。天皇は財部の労をねぎらい、「今後条約の批准ができるよう努力せよ」と述べる。

静岡県行幸

5月28日、*静岡県下行幸。

29日、静岡御用邸より、歩兵第34連隊・静岡高等学校・浅間神社など。

30日、大井川蓮台渡《れんだいわたし》、牧之原の明治天皇野立跡、茶摘み、掛川の*大日本報徳社。

31日、浜松高等工業学校にて*テレビジョン実験を見る。

＊静岡県下行幸　静岡御用邸・県庁・県会議事堂・地方裁判所・師範学校など。

＊大日本報徳社　二宮尊徳の弟子、岡田佐平治が設立した遠江国報徳社が母体。一木喜徳郎と河井弥八は、それぞれ2代目と4代目の社長をつとめた。

＊テレビジョン実験　静岡県浜松高等工業学校の高柳健次郎助教授は、1926年にブラウン管使用の電子式受像装置の実験に成功し、世界のテレビジョン研究に大きな影響を与えた。天皇行幸で実験を実演し、国の援助が与えられた。

6月2日、天城山登山、山頂の八丁池にてモリアオガエルを観察。

5日、末次信正より定例の軍事学進講、ロンドン海軍軍縮会議の経過や政府の回訓につき軍令部の主張に沿って説明する。奈良武官長より末次の進講は研究としてであり、事務報告ではない旨を述べる。

加藤寛治軍令部長の辞任

6月7日、財部《たからべ》海相より、末次軍令部次長の異動、統帥権問題*の経緯などを聞く。午後、伏見宮博恭《ふしみのみやひろやす》参内、海軍軍縮問題につき対面することを希望するも、天皇の返事はなく、退下。河井侍従次長は伏見宮博恭を訪問し、「現在は聞く時期ではなく、またこれを希望しない」との天皇の意を伝える。

10日、加藤寛治軍令部長より本年度海軍大演習計画を聞く。その後、加藤は突如、ロンドン海軍軍縮条約への所信を述べ、辞表*を提出して退下。天皇は鈴木侍従長・奈良武官長に加藤の辞表提出につき問い、その処理を命ずる。

午後、ゴルフ。夕刻、財部海相参内。天皇は財部に加藤の辞表を下げ渡し、処置を一任。財部は加藤を軍事参議官、谷口尚真《たにぐちなおみ》*を軍令部長とする旨を述べる。天皇、谷口の兵力量に対する意見を問う。財部より、谷口は条約上の兵力量にて国防に任じ得るとの意見であると聞く。

奈良武官長を介して谷口の適否を東郷平八郎元帥に諮《はか》り、同意を得る。なお、東郷

統帥権問題　大日本帝国憲法の第11条と第12条は、陸海軍を統帥し、その兵力を決めるのは天皇であると規定した。これを理由に、野党政友会は浜口雄幸内閣がロンドン海軍軍縮条約に調印したのは天皇の統帥大権を犯すものであると攻撃、右翼や軍部も巻き込んで政治化した。

＊辞表　加藤軍令部長は、去月19日、辞表を出したが、政府を弾劾する内容を不穏当とし、海相預かりとなった。その後、事態は沈静したが、去る7日に末次の進講と更迭問題が起こり、加藤の突然の辞表提出となった。

は条約の内容は不可、軍令部の同意を得ずに政府が回訓を発したことは遺憾、財部全権の行動は不満であると述べる。この日の侍従日誌には「本日は殊《こと》に御心労在らせられたる御模様に拝したり」とある。

15日、モーニング、白チョッキ、シルクハットにて赤坂離宮の皇族懇親会*に行幸。

20日、ロンドン海軍軍縮会議より帰朝の若槻礼次郎全権委員らと対面。若槻より復命書の奉読を起立にて聞く。豊明殿にて午餐。

26日、河本大作を復職させて待命、予備役とする件。「今後再び張作霖事件のような不祥事態を発生せしめない」ことを条件とする。

「陸軍も軍縮を余儀なくされる」

7月9日、夕餐後、財部海相より供覧の、ロンドン海軍軍縮会議開院式での英皇帝の言葉を録音したレコードを聞く。

11日、葉山行幸。送迎者の範囲が国務大臣総代1人ほかなどと改定。皇族は従来通りのため今後の研究とする。また車中拝謁を廃止する。

21日、奈良武官長より、海相官邸にて開かれた非公式の軍事参議会*の模様を聞く。

22日、谷口軍令部長参邸、非公式軍事参議会の議論がまとまったことを受け、ロンドン海軍条約協定に関わる海軍兵力などにつき、軍事参議院への諮詢を奏請する。天皇は軍事参議院の奉答が1935年に予定される次回海軍軍縮会議の参加を束縛する

＊谷口尚真　海軍大将。第18代連合艦隊司令長官を経て、加藤寛治の後任として軍令部長に就任。ロンドン海軍軍縮条約調印を進めた。

＊皇族懇親会　一同と写真、阿部徳蔵の奇術、映画『元禄快挙　大忠臣蔵』。模擬店では寿司・アイスクリーム・蜜豆など、内親王および各姫宮が接待。

＊非公式の軍事参議会　海軍では、海軍補充案、防御計画について軍事参議院への諮詢奏請を行う予定で、事前調整の意味での非公式会議。議論は紛糾してまとまらず、22日午前に再開されることとなった。

ような結果にならないことを念押しする。

24日、枢密院でロンドン海軍軍縮条約批准の会議を開くこととなれば避暑中でも帰京する旨を鈴木侍従長を介して浜口首相・倉富勇三郎《くらとみゆうざぶろう》枢府議長に伝える。

27日、奈良武官長を召し、今後国際軍縮会議の開催により陸軍も軍縮を余儀なくされる恐れがあるので予め考慮するよう、阿部信行陸相臨時代理に注意を与える旨を述べる。

「国政の根本は一般庶民の幸福を贈進するにあり」と漏らす

8月1日、牧野内大臣に経済界の不振により時局は容易ならざることを問う。

5日、那須御用邸へ。滞在中は政務・乗馬・ゴルフなど。18日、粘菌採集*。

21日、*岡部長景《おかべながかげ》内大臣秘書官長参邸、ロンドン海軍軍縮条約の批准をめぐって枢*密院と政府との関係が悪化し、枢密院では政府を責めた上で可決する意向などの噂を伝える。

22日、金谷《かなや》参謀総長参邸、蒋介石《しょうかいせき》率いる中国南軍が済南《さいなん》を奪還したことなどを聞く。

27日、夕刻、常侍官室にて、25日に内相に地方官人事につき政党本位の更迭ではないかと質《ただ》したところ否の回答に接したこと、政争が地方政治・自治行政に及ぼす悪影響、弊害を匡正《きょうせい》する必要などを話す。さらに「国政の根本は一般庶民の幸福を贈進するにあり、現今の社会状態は健全でない」などの感慨を漏らす。

＊粘菌採集　那須御用邸敷地内で採集した粘菌の1種は、新種として学界に報告され、ナスフクロホコリと命名。

＊岡部長景　子爵。内大臣秘書官長をつとめ、のち式部次長・文相などを歴任。岩崎家との姻戚関係が強い。

＊枢密院　条約謄本の印刷不鮮明や誤訳などが問題視され、軍事参議院の奉答文を参考資料として送付するよう内閣に要求するなど紛糾。8月11日には条約に批判的な顧問官で審査委員が組織された。

＊ハンセン病患者　当時、不治の病とされた

枢密院審査委員会での紛糾

9月1日、震災7周年につき、皇后と握飯・梅干・福神漬け・牛肉缶詰を食す。

5日、牧野内大臣より、ロンドン海軍軍縮条約批准の件を協議中の枢密院審査委員会の模様を聞く。牧野は退下後、同委員会が政府回訓に対する軍令部長の同意の有無を明らかにするため、前軍令部長加藤寛治の出頭を内閣に求めたところ、内閣はこれを拒否するとの報告を聞く。天皇は再び牧野を召し、委員会の紛糾状況を聞く。

当番侍従らの相伴

9月30日、吹上にてゴルフ。夕餐相伴後、白根《しらね》松介《まつすけ》大臣官房総務課長が視察した社会事業、とくにハンセン病*患者の窮状などが話題となる。

10月1日、枢密院会議に臨場。ロンドン海軍条約批准の件、全会一致*で可決。

2日、ロンドン海軍軍縮条約批准書に署名。条約は昭和6年1月1日公布、有効期限は昭和11年末で、前年に次期会議を開催することとされた。

3日、谷口軍令部総長より海軍特別演習につき聞く、その際、ロンドン海軍軍縮条約における労苦をねぎらい、「なお一層奮励努力し国防の完全を期せよ」と述べる。

海軍特別大演習の統監

10月18日、海軍特別大演習*統監、観艦式親閲、海軍兵学校行幸のため横須賀へ。お召艦「霧島」にて青赤両軍の作戦を聞く。正午、「霧島」は横須賀軍港より東京湾外

ハンセン病（らい）に強制隔離政策がとられ、1931年には「らい予防法」が成立、同年、貞明皇后は「らい予防協会」を設立しハンセン病患者の生活支援事業を行った。

＊全会一致　伊東巳代治審査委員長より審査経過概要が述べられた後、浜口首相より所見が述べられ、石井菊次郎・石黒忠悳両顧問官から質問があり、最後に全会一致で可決。

＊海軍特別大演習　参加艦艇は186隻、航空機100余機、人員6万5千人。演習海域は千島列島より台湾南端まで、演習史上最大の規模。

へ針路を取り、夕刻、野島崎沖にて反転し、観音崎を経て、第2海堡《かいほ》*北東方に仮泊。

20日、夜中、青赤両軍は潮岬南東の海上で相会し、荒天の中、戦闘が開始される。

21日、10時45分、第2期演習の中止を命じ、「霧島」は大阪湾へ。午後9時30分に堺沖に仮泊。23日、午後、江田島入港、海軍兵学校行幸。

24日、午前5時30分、兵学校生徒の離床状況を視察。大講堂陳列室にて日清・日露戦役における戦死者の遺品など見る。

霧社事件の発生

10月29日、蓮沼蕃《はすぬましげる》武官より、去る27日に台湾霧社《むしゃ》*にて発生した暴動事件を聞く。

11月4日、松田源治拓務相より霧社の騒擾《そうじょう》事件を聞く。午後、稲刈り、ゴルフ。

10日、霧社の暴動平定のため戦死した5名に祭粢料《さいしりょう》下賜。

岡山・広島陸軍特別大演習

11月12日、岡山・広島の陸軍特別大演習統裁のため、名古屋偕行社に泊。

13日、名古屋より岡山へ。後楽園の延養亭（御座所）と鶴鳴館（食堂）を大本営とする。大演習は第5師団*と歩兵第101旅団を基幹とした西軍、第10師団*を基幹とした東軍で行われ、西軍が鳥取県米子より上陸して広島方面より山陽道を東進し、東軍がこれに対抗する。

14日、岡山より広島県福山方面に。統裁中の午前10時40分、安達謙蔵《あだちけんぞう》内相より、浜

＊**第2海堡**　関東大震災で被災したが、その後海軍が使用、対空砲が設置されるほか、敵潜水艦の東京湾への侵入を防ぐ防潜網が設置されていた。

＊**霧社事件**　台湾の先住民族による抗日武装蜂起。日本人130人以上が殺害され、軍隊・警察で鎮圧、飛行機や毒ガスまで用いられた。

＊**第5師団**　広島を衛戍地とする師団。アジア・太平洋戦争ではシンガポール攻略の主力となった。

＊**第10師団**　日清戦争後に増設された師団で、姫路を師管区とした。

口首相が東京駅で狙撃され腹部に重傷を負った旨を聞く。岡山大本営にて、安達内相・牧野内大臣に首相への狙撃事件につき問う。天皇・皇后より、入院の浜口首相へ新宿御苑産の菊花を贈る。

16日、長良野外統監部（吉備郡服部村）に到着。眼下の東西両軍の戦闘状況を見る。

17日、岡山練兵場にて観兵式。「初緑」にて分列を見る。

18日、後楽園内の大本営を行在所《あんざいしょ》と改め、岡山行幸。鶴鳴館にて夕餐、大原孫三郎*ら陪食、大原に倉敷労働科学研究所や事業経営を問う。

24日、松田拓務相より、朝鮮の地方行政制度改正、霧社事件など聞く。


「明年度は余程好望ならむ」


12月5日、名古屋離宮を名古屋市に下賜。井上準之助蔵相より政府の財政計画および経済界の状況を聞く。終了後、「御気色殊《こと》に麗はしく」「明年度は余程好望ならむ」などと述べる。

6日、当直侍従を召し、昨夜の厳しい寒気に対する神奈川・静岡両県下の地震被災民の苦痛を察し、雨寒を凌ぐ設備状況を問う。

16日、渡辺錠太郎*台湾軍司令官より霧社事件の経過を聞く。


白兵戦・ゲリラ戦を得意とし、日清戦争後の戦役のほとんどすべてに関わった。

＊大原孫三郎　倉敷紡績社長。孤児養育家の石井十次との出会いで福祉事業に目覚め、大原社会問題研究所のほか、病院・図書館・美術館なども設立した。

＊渡辺錠太郎　陸軍大将・教育総監。教育総監時代に皇道派の真崎甚三郎を批判し、青年将校らに天皇機関説論者とみなされ、2・26事件で殺害される。

満州事変の勃発（1931）

霧社事件の原因

1月4日、政始。吹上御苑にて側近相手にゴルフ、天皇は2位。

8日、昨夜よりの降雪により陸軍始観兵式取り止め。

12日、石塚英蔵台湾総督より霧社《むしゃ》事件の経緯を聞く。

16日、牧野《まきの》伸顕《のぶあき》内大臣に、霧社事件は単に1巡査の問題ではなく、新領土の人民への統治官憲の態度が侮蔑的、圧迫的であることにあるように思われると問う。牧野は、多年の病弊であり遺憾と述べ、しかし天皇がこれを指摘すれば、首相や拓相も責任を感じると答える。牧野は内閣において訓令・内訓などの形式で戒めることが妥当とする。午後、幣原喜重郎《しではらきじゅうろう》臨時首相より台湾総督の更迭《こうてつ》を受ける。

19日、新任の近衛《このえ》文麿《ふみまろ》貴族院副議長と対面。

23日、鳳凰ノ間にて歌会始*。26日、鳳凰ノ間にて講書始*。

ロンドン海軍軍縮条約批准をめぐる議会の紛糾

2月6日、二宮治重《にのみやはるしげ》より軍事学の進講、金曜午前に二宮（陸軍）、または永野《ながの》修身《おさみ》*（海軍）の進講。河井弥八侍従次長に議会*の紛糾状況を問う。

＊**歌会始**　皇后・皇太后は欠席。題は「社頭雪」、詠進歌総数は3万5486首。

＊**講書始**　国書は黒板勝美「日本書記巻第五、崇神天皇紀四道将軍御発遣の条」、漢書は内藤虎次郎「唐杜佑及其著書」、洋書は鈴木梅太郎「エミール・フヰツシャーの業績と生物化学の発達」。講書始で自然科学が取り上げられたのは今回が嚆矢。

＊**永野修身**　元帥、海軍大将。この年6月にジュネーブ海軍軍縮会議全権、のち広田弘毅内閣の海相。アジア・太平洋戦争開戦には軍

19日、午前、米の増産政策と米価調整の関係、政府の米穀買い上げ政策の効果などに疑義を抱き、説明聴取を求め、町田忠治《まちだちゅうじ》農林相より返答。

3月3日、渡欧10周年記念、千種ノ間にて関係者の午餐陪食。翌年以後は毎年の催しを行わないこととする。一同にボンボニエールを贈る。

5日、金谷範三《かなやはんぞう》参謀総長より、参謀本部・海軍軍令部共同の対米作戦図上研究が好結果を収めた旨を聞く。

西園寺公望に養子制度導入を問う

3月7日、皇后、内親王を分娩。

9日、浜口首相、遭難以後初めて参内、杖の使用を許されるも侍従に預け、進退・敬礼の動作は常と変わらず。幣原外相より最近の外交事情を聞く。

10日、明治37、38年戦役第26回陸軍記念日祝賀会にて陸軍戸山学校へ。

13日、浴湯の儀*。命名の儀にて名を厚子《あつこ》とし、順宮《よりのみや》と称される。

25日、昨24日、興津の西園寺公望を訪問した一木喜徳郎《いっききとくろう》宮相に、皇室典範改正による養子制度導入の可否、華族制度への逓減主義の採用の可否、久邇宮邦英《くにのみやくにひで》の臣籍降下の際の爵位などの相談を託したところ、西園寺より、邦英は伯爵が妥当、ほかは上京の際に返答するとの返事あり。午後、幣原外相より議会の情勢を聞き、2日間の会期延長をする。

令部総長として避戦の立場をとった。

＊議会の紛糾　去る3日の予算総会で幣原臨時首相が、ロンドン海軍軍縮条約はすでに批准されていることから本条約は国防を危うくするものではないと答弁したことに、野党は天皇に政治責任を帰するものと反発、1週間にわたり予算審議が停止した。

＊浴湯の儀　伊地知ミキ皇子御用掛の奉仕で内親王が浴殿に入り、読書・鳴弦の儀。読書は三上参次が『日本書紀』巻7の1節を読み、鳴弦は一戸兵衛陸軍大将と本多正復子爵。

ロンドン海軍軍縮会議の行賞

4月11日、一木宮相・幣原外相より叙爵・叙勲の申請。この日、ロンドン海軍軍縮会議の行賞がなされ、若槻礼次郎に男爵、財部彪《たからべたけし》らに旭日大綬章。

13日、浜口首相代理の宇垣一成《うがきかずしげ》陸相より内閣総辞職を聞く。浜口は辞表に「遭難以来治癒に意外と時日を要し、健康の恢復《かいふく》意の如くならず」と記す。牧野内大臣に善後の処置を問い、牧野は「前例の如く元老へ御下問を願う旨」を答える。興津に遣わした鈴木侍従長より、若槻礼次郎を適任とする旨を聞く。

14日、牧野内大臣も若槻を適当と答え、天皇は若槻に組閣を命ずる。

28日、*原脩次郎《はらしゅうじろう》拓相より、台湾にて発生の「蕃人衝突事件」（第1次霧社事件）ならびにその善後策を聞く。

29日、天長節。代々木練兵場の天長節観兵式に行幸。主馬寮《しゅめりょう》覆馬場にて大相撲。

5月11日、荏原郡目黒町の東京帝大航空研究所*へ行幸。講堂でプロペラの回転による空気の運動状況、蜂の飛翔状態の高速度活動写真などを見る。

15日、葉山御用邸へ。23日、葉山より自動車にて初声御用邸建設予定地を見る。

官吏減俸問題

5月26日、牧野内大臣に官吏減俸問題を枢密院へ諮詢することの是非を問う。夕刻、若槻首相より官吏・司法官の減俸に関する閣議の結果を聞く。天皇は牧野内大臣を召

＊原脩次郎　実業家、政治家。台湾総督府警視、台湾の花蓮港電気社長を経て、衆議院議員（民政党系）となる。第2次若槻礼次郎内閣の拓務相、鉄道相。

＊東京帝大航空研究所　1918年に深川区越中島に創設。関東大震災で大部分が焼失し地

し、下級者が減俸を免れることは安心したこと、官吏減俸実行の場合は皇室費の一部減額も当然とすることなどを述べる。牧野は皇室費減額ついては宮相・元老の意見を聞くことを願う。

27日、一木宮相に皇室費減額を問う。一木は、皇室費は増減すべきでないこと、官吏減俸を実行すれば政府は大きな非難を受け、宮内省も同じとする旨を答える。天皇は牧野内大臣を召し、同件につき西園寺にも問うことを求める。若槻首相よりの判任官俸給など官吏減俸の勅令を裁可、即日公布、6月1日施行。

29日、西園寺参内、皇室費減額は今回は時機ではなく、後日社会事業などのため必要な場合にされるべきとの答えを聞く。

30日、一木宮相より、官吏減俸に関する宮内官ら俸給改正の件を聞く。

6月13日、従来、「通常服」はフロックコートを指したが、以後モーニングも通常服とし、夫人の服装も白襟紋付を大礼服に相当せしめたいと述べる。

万宝山事件

7月2日、新任の宇垣一成朝鮮総督より、内地人と朝鮮人との融合一致を進めること、朝鮮人の生活向上につとめること、の2点の統治方針を聞く。また、内地人が朝鮮人に侮蔑の言動をなすものが多いと聞くが、それは宜しくないとして、宇垣の考えを問う。宇垣は根絶せしむべく努める旨を答える。

盤も沈下したため、26年より新たに目黒町に建設、完成にあたって天皇の行幸がなされた。

7日、鈴木侍従長に、本月3日以来の朝鮮仁川・京城・平壌などにおける朝鮮人による支那人暴行事件への考えを述べる。侍従長はこの旨を内閣に伝え、その後、23日付で原拓相より「*万宝山事件に端を発せる朝鮮各地騒擾事件概況」と題する書類が送付される。

8日、若槻首相より、万宝山事件に関連して朝鮮各所で発生の、朝鮮人による支那人暴行事件を聞く。満蒙問題について日支親善を基調としていくことを質《ただ》し、若槻は然りと答える。

浜口雄幸前首相の死去

8月21日、揚子江水害につき、中華民国人および在留邦人の救済を聞く。午後、牧野内大臣より*事務官の身分保障の件を聞く。

26日、東溜ノ間の枢密院会議に臨席。鈴木侍従長より浜口前首相の危篤を聞き、八田善之進侍医を遣わし葡萄酒を下賜するも、すでに死去した報を聞く。

軍紀粛正を命ずる

9月8日、南次郎《みなみじろう》陸相に軍紀に関し質問する際の言葉を、牧野伸顕内大臣に尋ねる。奈良《なら》武次《たけじ》侍従武官長に陸相への質問を伝えるも、奈良は「暫時の猶予」を願い出る。

10日、*安《あ》保《ぼ》清種《きよかず》海相に、海軍における規律の乱れの有無を尋ねる。安保は事実なしと答え、天皇は「軍紀の紊《みだ》れがなければ幸いであるが、将来大いに軍紀の維持に努力

＊万宝山事件　中国長春北西の万宝山で起きた、入植中の朝鮮人と現地の中国人農民との対立から発生した事件。中国警察が介入したため、日本の警察も動いて中国人農民と衝突した。この事件で朝鮮半島での中国人排斥運動が過熱化し、多数の犠牲者が出た。

＊事務官の身分保障の件　内務事務次官が潮恵之輔より次田大三郎に交代の際、天皇がその理由を尋ね、事務次官以下行政事務官の政党化を避けるよう注意したことを受けた。

＊安保清種　海軍大将。浜口雄幸内閣の海相を

すべき」よう命ずる。

11日、南陸相は、天皇よりの質問を待たず、「若い将校の言動に対し充分取り締まること、外交に関しては外務当局の管掌するものであることから陸軍としては容喙《ようかい》等は慎むなど注意する旨」を述べる。天皇、南に「厳なる軍紀の粛正」を命ずる。

満州事変

9月10日、原脩次郎拓相を江木翼《*えぎたすく》鉄相の後任にする際、天皇は原がかつて選挙違反で刑事処罰を受けたことを問題視し、牧野内府に是非を尋ねる。牧野は、問題にするなら原の拓相親任の時にすべきで、裁可なければ内閣は総辞職となり重大な時局の「政変は如何か」と答え、天皇は裁可する。

19日、午前9時30分、奈良侍従武官長より、昨18日夜、満州奉天付近において発生した日中両軍の衝突事件について報告を受ける。奈良は19日朝の新聞号外にて事件発生を知り、事件が余り拡張しないことを信じる旨を述べる。南陸相より「我が軍が北《ほく》大営《だいえい》を攻撃し、占領した旨」を聞く。

午後1時35分、若槻礼次郎首相より、「(政府は) 事態を現在以上には拡大せしめないよう努めるとの方針を決定した旨」を聞く。

朝鮮軍の独断越境

19日、午後3時30分、金谷範三参謀総長より、朝鮮軍司令官より混成旅団ならびに

務め、統帥権干犯問題で揺れる海軍内部の統制に尽力。

＊江木翼 官僚政治家。第3次桂太郎、第2次大隈重信、第1次加藤高明など各内閣の内閣書記官長を経験し、勅撰貴族院議員となった。その後、第2次加藤高明内閣で司法相、第1次若槻礼次郎内閣でも留任し、第2次若槻礼次郎内閣では鉄道相となる。

飛行隊の一部を奉天方面へ派遣する報告を受けたが裁可後に実行すべきものとして中止させたこと、朝鮮軍司令官より発遣旅団の大部分は今夜半国境を通過するとの報があったので*新義州《しんぎしゅう》に待機させたこと、*第19師団を間琿《かんこん》地方に発遣する意見があり国外出動は別命あるまで中止するよう回答したことなどの報告。

21日、午前、生物学研究。午後、陸海相に軍紀維持を質した件を閑院宮載仁《かんいんのみやことひと》にも伝えること、満州における事件を拡大しない閣議の趣旨は適切であると若槻首相に述べたいことを、牧野内大臣に話す。

午後5時55分、金谷参謀総長より、新義州付近に待機を命じた*混成第39旅団が独断で国境を越えて奉天に向かったこと、その善後策は研究中なので猶予が欲しいことの報告。金谷は当初、自己の責任で朝鮮軍の行動の認可を得ようとしたが、陸軍省より閣議の承認がないとして反対され、侍従武官長より首相の承認がないと認可されないと指摘されて、報告のみとなった。

22日、午前、若槻首相に「事態の不拡大」の貫徹を求め、陸相にも伝えるように命ずる。午後、奈良侍従武官長に対し、参謀総長は軍に事態を拡大せぬよう注意したか否かを尋ねる。奈良は、適宜処置しているが、「出先の軍隊は騎虎《きこ》の勢いもあり脱線が少なくなく、誠に遺憾かつ恐懼《きょうく》に堪えない」と答える。

午後2時10分よりゴルフのところ、同50分に若槻が参殿し、朝鮮軍の混成1旅団の

＊**新義州**　中国の丹東と鴨緑江をはさんで向かい合う朝鮮の地。

＊**第19師団**　日露戦争後に朝鮮半島警備のため増設した師団。朝鮮北部の警備にあたり、朝鮮羅南を師管区としたが、実際の補充は内地から行われた。

＊**混成第39旅団**　旅団は師団より小規模の組織で、満州事変が起こると第20師団の兵力から抽出して混成第39旅団を編成した。林銑十郎朝鮮軍司令官は、天皇の命令がないまま独断で同旅団を朝鮮から越境させて奉天に向かわせた。

奉天への越境は賛成しないが、経費は支出するとの報告。

午後4時20分、金谷より、独断越境は「彼我の兵力の関係など当時の状況上やむを得ない処置」との報告。「この度はやむを得ざるも、今後気をつけるように」と戒め、朝鮮軍隷下の混成旅団を満州に派遣し、関東軍司令官の指揮を受けることを裁可。

国際連盟通告への回答

9月24日、風邪で休養するも、重要事項は「直ちに奏上するよう」命ずる。午後9時45分、鈴木貫太郎侍従長より、事変に関する国際連盟からの通告に対する日本政府の回答などを聞く。

26日、寝所で、敵対行為の差し控えを日中両政府に希望する米国の通牒を見る。

石井菊次郎、独断越境を質す

9月30日、枢密院会議に臨席。天皇退席後の報告会で、*石井菊次郎枢密院顧問官より、朝鮮軍の独断出兵は*大権干犯《たいけんかんぱん》ではないかとの質問があり、南陸相は反論するも石井は納得しなかったことを、鈴木侍従長より聞く。

午後4時20分、奈良を呼び、南が作戦計画は裁可を得ているので大権干犯でないと石井に弁明したことにつき、「作戦計画にはそのような規定があるのか」と質《ただ》した。奈良は越境出兵には天皇の直接の命令を要するので陸相の弁明は間違っているが、「大権干犯という語は当たらない」と答える。奈良は後刻、参謀本部の作戦計画に対する

＊石井菊次郎　外交官、枢密顧問官。1917年、中国大陸におけるアメリカとの門戸開放政策を支持する石井・ランシング協定を締結。日独伊三国同盟締結問題ではヒトラーへの不信感を表明。

＊大権干犯　大権は大日本帝国憲法で定められた行政・立法・司法などにおける天皇の権能。軍事においては統帥大権があり、朝鮮軍の独断出兵を統帥大権干犯として質した。

解釈を確かめ、すべて奈良の意見に一致する旨の回答を得る。

「軽度の処分をなすべし」

10月1日、奈良武官長より、満州事変に伴う海軍の処置、陸軍通信演習計画を聞く。奈良武官長を召し、去る9月28日に閑院宮載仁に軍紀維持の考えを述べた際の、閑院宮の様子を問う。奈良は、「親王（閑院宮）が聖旨については謹んで拝承するとのみ答え、他には何も発言が無かった」と返答。奈良より参謀総長・朝鮮軍司令官の処分につき問われ、参謀総長には「先日の訓誡的御諚《ごじょう》もあり、この上に処分する必要はないこと」、軍司令官には「軽度の処分をなすべし」との意向を示す。

6日、若槻首相は、関東軍司令官が東三省政権と対等の位置で外交交渉ができるか疑義を呈し、軍は満蒙民衆のため共存共栄の楽土を実現すると声明、張学良の満州における諸悪を指摘し、日本軍はこれを徹底的に膺懲《ようちょう》すべきとした布告を公布したことに、憂慮の旨を述べる。後、天皇は奈良武官長を召し、関東軍司令官の声明や布告につき、やや穏当を欠くとの若槻の憂慮を伝える（8日午前にも奈良を召し、内政干渉の嫌いがあると述べる）。

8日、白鳥敏夫*の外交事情の定例進講の後、奈良武官長を召し、白鳥によれば出先軍部と外務官吏の意見の相違は、軍が満蒙を独立させその政権と交渉しようとするのに対し、外務省は独立政権を好まない点にあると認められ、陸軍の意見は適当でない

＊**白鳥敏夫**　外交官。満州事変に際しては事変擁護の立場をとった。のち日独伊三国同盟締結を推進。アジア・太平洋戦争終結後、A級戦犯として終身禁固の判決。

ことを陸軍中央部に注意するよう命ずる。

錦州爆撃は「現今の状況上当然」

10月9日、二宮治重御用掛より軍事学の定例進講。終了後、二宮に対して関東軍の錦州《きんしゅう》爆撃について、現今の状況上当然のことと思われる旨を述べる。さらに退下した二宮に、奈良武官長を通じ、関東軍の目下の兵力は少なくないかと質問、錦州付近において張学良軍が再組織された場合には、事変の拡大はやむを得ないかもしれず、もし必要であれば事件の拡大に同意することも可であり、このため参謀総長の意見を聞き置くべしとする旨が伝えられた。

午後、幣原外相より撤兵の前提として日支両国間で根本的大綱の協議を先決させる方針を閣議*で決定したことを聞く。

10月事件につき問う

10月19日、朝、奈良武官長に、去る16日夜、陸軍将校の一部が憲兵隊により検束された事件*（10月事件）につき問う。午後、南陸相に、10月事件の報告を受ける。あわせて満州の状況を問う。南は、満州方面において支障はなく、ただ軍部が独立行動をとるとか、関東軍司令部が部下に抑制されているといった噂があるが、いずれも事実ではないと答える。

25日、若槻首相より、24日の国際連盟理事会において、満州からの期限付撤兵要求

＊閣議で決定　この日の新聞には、錦州付近において敵軍の敗残兵が集結しつつあり、残留部隊と呼応して我が軍を挟撃するが如き企図があるとして、昨8日午後、自衛上策源地である錦州を爆撃するに至ったことが報じられていた。

＊事件　満州事変が不拡大、局地解決となったことに不満を持った陸軍中堅の急進派が計画したクーデター事件。若槻礼次郎首相を暗殺し、荒木貞夫を首相兼陸相、大川周明を蔵相、橋本欣五郎を内相に就任させる予定であったが、未遂に終わった（10月事件）。

決議案が13対1で採択される一方、日本の対案が否決されたこと、よってこの日、緊急閣議を開催して日本政府として声明を発する方針の報告を受ける。

27日、経済封鎖を受けたときの覚悟、列国を相手に開戦したときの覚悟とその準備につき奈良武官長を通じて陸海軍大臣に質したき旨を、牧野内大臣に述べる。

28日、奈良武官長より、本月16日の陸軍将校検束事件などを聞く。

31日、南陸相に、去る16日の陸軍将校検束事件の顚末、ならびにその処分につき聞く。奈良侍従武官長を呼び、陸相の報告には納得せず、さらに事件の詳細につき問う。

馬占山との戦闘

11月1日、金谷参謀総長より、中国事情ならびに陸軍将校検束事件の始末につき報告。金谷に将来は注意すべき旨を述べる。その後、西園寺*と対面、天皇が目下の情勢を憂慮し、関係国務大臣を招致して訊ねたしと希望していたことから、これら責任者に対して余り立ち入った指図は良くないと牧野内大臣が懸念し、西園寺に上京を願い、西園寺より天皇に、直接の責任者を招いてもそれぞれの意見が異なる場合には却って適切ではなく、質問はやめたほうが良いことを述べる。

5日、金谷参謀総長より、関東軍および隷下部隊への命令に関し、重要なる命令などを除く細小事項については参謀総長に委任願いたき旨の申し出*あり、裁可する。

同日、参謀本部は委任命令権を行使した命令を関東軍に発し、現下における内外の

***西園寺と対面**　西園寺は、「自分は第一に、欽定憲法の精神に傷がつかないようにこれを守るべく天皇に対し臣節を尽くすこと、第二に、国際条約を守り不信のないようにすることが自分の国家に対しなすべきことと思う」と述べ、天皇は「尤もである」と応じる。

***申し出**　当時関東軍が中央部の了解や同意なく各種作戦を決行することから、中央部の指揮権確立には、勅命をもってするか何らかの命令の形式によって

大局に鑑み北満州に対する積極的作戦行動は当分これを実施しない方針であること、また嫩江《のんこう》橋梁修理援護部隊は最小限度にその任務を達成するため、その作戦行動は大興駅付近を通じる線を占領するに止めるべきことを命ずる。

6日、金谷参謀総長より、嫩江橋梁を爆破し関東軍を食い止めようとした張学良政権下の馬占山と日本軍との戦闘につき報告。

熊本県下陸軍特別大演習

11月8日、熊本県下陸軍特別大演習統裁のため、横須賀よりお召艦「榛名」にて佐世保へ。乗員らと記念撮影、デッキゴルフ。

11日、大本営（熊本偕行社）へ。本演習の仮想目的は熊本平地の領有。

12日、大本営を発し、植木駅より自動車にて隈府《わいふ》野外統監部に着し、演習*を統裁。

15日、午後、陸軍特別大演習終了に伴い、熊本偕行社は大本営より行在所となる。

16日、日本窒素肥料水俣工場にて野口遵《のぐちしたがう》専務より事業などを聞き、液体空気の実験などを見る。夕餐前、鈴木侍従長より、この日の閣議において陸相より提案されたチチハル方面への派兵につき、首相以下がこぞって反対した旨の報告を聞く。

17日、阿蘇山へ。第1噴火口の内部を見る。21日、宮城へ。

24日、若槻首相より、国際連盟の態度・対策、関東軍によるチチハル出兵問題が起きてからの軍部の状勢を聞く。午後、天皇は奈良*武官長に、満州における馬占山軍の

拘束するほかないとし、参謀本部に一部の命令権を委任することとなったことを受けたことによる。

＊**演習を統裁**　「菊池氏の尽忠と水島城に於ける菊池氏の戦捷に就て」を聞き、菊池神社にて菊池一族末裔の菊池武夫男爵に会釈。

＊**奈良武官長**　翌日、奈良は満州とくにチチハル方面の状況、不軍紀事件のその後の処置などについて聞き得た情報を伝える。

降伏のこと、ならびに昨月の不軍紀事件（10月事件）による検束者のその後の処置について問う。牧野内大臣*を召し、去る21日に発表された安達内相の協力内閣を目指す声明に関して、政界動揺、人心不安による悪影響があるが、西園寺か牧野が落ち着くよう注意する手段がないかと問う。

夕刻、常侍官候所に出て、新聞号外にて報道の関東軍の一部による遼河沿岸台安方面の馬賊根拠地に対する攻撃に関連して、当直侍従武官より軍の配置などを聞く。

天津租界にて戦闘発生

11月27日、金谷参謀総長より、昨夜天津日本租界において日中両国間に戦闘が発生したことを聞く。午後、幣原外相より、国際連盟理事会議長ブリアンよりもたらされた日中両国兵の錦州方面からの退去勧告安について、条件つきで賛成を表する旨を聞く。また幣原外相より、天津において発生した日中両軍の衝突事件も聞く。

29日、吹上御苑にて野口侍従・西園寺八郎・阿南武官らとゴルフ。時局柄運動することの是非を周囲に尋ねると、平日は政務多端にて運動も乏しいことから、側近者としては健康のため運動をお願い申し上げるとの返事を受け、競技の実施にいたる。

犬養毅内閣成立と金貨兌換の停止

12月11日、若槻首相より、安達内相との所見を異にするため輔弼の任を全うできない旨により、閣員の辞表を提出。

＊**牧野内大臣**　牧野より、現状では手の付けようがないこと、西園寺もこのまま進行するほかなしとの意見であったと返答。

12日、参内の西園寺公望は、後継首班に犬養毅を推す。犬養に内閣組織を命ずる。

14日、午後、犬養首相より銀行券の金貨への兌換《だかん》を停止する件を聞く。

17日、枢密院会議*臨席。午後、満蒙地域における治安維持の確立のため増兵を閣議決定した旨を犬養首相より受ける。

19日、一木宮相より、明年1月避寒の行幸啓を願わざる件を聞く。

23日、閑院宮載仁を参謀総長とする（参内通知は、皇族の資格の場合は閑院宮家より侍従職または皇后宮職へ、参謀総長の資格の場合は御付武官より侍従武官府へ行う）。参内の犬養首相に錦州爆撃につき問う。

27日、犬養首相の代理として鈴木侍従長より、朝鮮軍の一部を満州へ増派する件につき閣議決定した旨を聞く。

31日、犬養首相兼外相より、満州における兵匪討伐に伴い、張学良に対し錦州からの政府撤退の交渉状況につき報告を受ける。その際、張学良の主張も容れるのを可とする旨を述べる。犬養退下後、鈴木侍従長に、犬養も「局にあれば在野の時分とは自ずから改まり幣原前外相と別に変わらない」と満足の意を述べ、この旨を牧野内大臣に伝えるよう指示。

＊枢密院会議　「銀行券の金貨兌換に関する件」（巨額の金貨が流出したため）を全会一致で可決。

過激化する軍部（1932）

軍人勅諭下賜50年

1月3日、元始祭。奈良《なら》武次《たけじ》武官長より、錦州方面の形勢が国際連盟における審議に及ぼす影響につき聞く。午後、町尻量基《まちじりかずもと》武官より第20師団*の錦州入城につき聞く。

4日、政始。軍人勅諭下賜50年記念日。元帥はすべて参列予定のところ、東郷平八郎・上原勇作《うえはらゆうさく》は所労のため参内せず。天皇より「汝等《なんじら》軍人益《ますます》職分を励み弥《いよいよ》節操を固くし其重任を全くせむことを期せよ」との勅語。

5日、豊明殿にて新年宴会。牧野伸顕《まきののぶあき》内大臣より、昨日、犬養首相に対し、満州問題に関して大元帥あるいは大権の行使上、天皇が困難な立場に直面しないよう、内閣・参謀本部間の十分な意思疎通を行い、報告を一致せしめる必要を伝える。

桜田門事件

1月8日、陸軍始観兵式につき代々木練兵場へ行幸。帰途、桜田門外警視庁庁舎前にて手榴弾が投擲され爆発、宮相乗用馬車に軽微の損害。還幸後、投擲したのは朝鮮人（のちに独立運動家の李奉昌《イボンチャン》*と判明）と聞く。

満州問題への懸念より種々政務を問い、特に米代理大使が犬養首相を訪問予定につ

＊第20師団　第19師団とともに日露戦争後に朝鮮半島警備のために増設した師団。満州事変で混成第39旅団を編成して朝鮮から奉天へ向けて独断越境した。

＊李奉昌　昭和天皇の即位の礼を見物した際、ハングルの手紙をもっていたため予防検束されて怒りを抱いたという。昭和天皇暗殺を口走り、その実行の役目を与えられたとされる。

＊内閣総辞職　桜田門事件（李奉昌の手榴弾投擲事件）に対して犬養内閣は辞表を提出。天皇は西園寺公望の判断を求め、西園寺は内閣留任に同意した。

き、その模様を伝えるよう命ずる。午後、牧野内大臣に満州問題を憂慮する旨を述べる。閑院宮載仁《かんいんのみやことひと》参謀総長を介して関東軍に「朕深く其忠烈を嘉す汝将兵益々堅忍自重以て東洋平和の基礎を確立し朕が信倚《しんい》に対《こた》へんことを期せよ」との勅語を下す。

犬養首相は緊急閣議にて*内閣総辞職を決定するも、内閣留任の意向をもって牧野内大臣に問い、牧野は西園寺公望の判断を求める。

9日、西園寺より、内閣留任は「時宜に適した叡慮《えいりょ》」との返答を得る。

去る7日、米国務長官スティムソンは、最近の軍事行動による満州の新事態への不承認を公表。米代理大使ネヴィルより犬養首相兼外相に米政府の通牒を手交。牧野内大臣より、首相は日本の態度を説明すれば米も了解すべしと楽観していた旨を聞く。

18日、*荒木貞夫《あらきさだお》陸相より、満州事変に対する国民の同情、満州出征軍への国民の後援の熾烈な情況を聞く。

21日、中華民国より帰朝の重光葵《しげみつまもる》公使より、最近の支那外交事情を聞く。天皇、日中親善の見通しを問う。重光は満州問題が存在する限りは親善は困難と返答。

ハルビン在留邦人保護の出兵

1月28日、*大角岑生《おおすみみねお》海相より、長江・上海の情勢を聞く。午後、閑院宮参謀総長より、吉林軍と反吉林軍の衝突によるハルビン在留邦人保護のため、本庄繁《ほんじょうしげる》関東軍司令官が*歩兵第四連隊などを長春より派遣した旨を聞く。

＊荒木貞夫　陸軍中将、のち大将。犬養毅・斎藤実内閣の陸相。男爵。第1次近衛文麿、平沼騏一郎内閣の文相をつとめ、アジア・太平洋戦争後、A級戦犯として終身禁固、のち釈放。

＊大角岑生　海軍大将。犬養毅内閣、斎藤実内閣、岡田啓介内閣の海相。艦隊派に迎合的で条約派を軍令部から追放する大角人事を断行。男爵。1941年に搭乗機が中国広東省で墜落、死亡。

＊歩兵第4連隊　仙台に所在し、同地を編成地とした連隊。

29日、大角海相より、未明に上海で勃発した日中両軍衝突の状況、今後の事態不拡大方針を聞く。川岸文三郎武官よりハルビン派遣部隊の長春出発状況を聞く。

上海事件

2月4日、上海に出動の*野村吉三郎《のむらきちさぶろう》第3艦隊司令長官らと対面、「時局重大に鑑み、自重難局に処すべき旨」を述べる。

5日、*伏見宮軍令部長より、野村吉三郎第3艦隊司令長官と末次信正《すえつぐのぶまさ》第2艦隊司令長官に対する上海方面における在留邦人の保護、陸軍部隊援護などの命令を聞く。*真崎甚三郎《まさきじんざぶろう》参謀次長より、木原清第12師団長と植田謙吉第9師団長に対し、上海付近に上陸し海軍と協力して同地付近の在留邦人を保護するよう命じる件を聞く。

*上海事件を憂慮して犬養首相を召し、英米仏3国の対日態度を問う。犬養より「多少の困難は予想されるも、これ以上悪化することはないと予想する旨」の返答。牧野内大臣に御前会議開催の可否を問うも、首相の返答に、暫時中止。

6日、上海出征の植田第9師団長より動員の概況を聞き、列国と協調して行動すべき旨を述べる。

満州事変の経費

2月8日、松岡洋右《まつおかようすけ》元満鉄副社長の「日満関係と満蒙外交史の一斑」を聞く。終えて天皇の問いに対し、松岡は、今日においては張学良《ちょうがくりょう》との提携は不可能にして、満州

＊野村吉三郎　海軍中将、大将。上海天長節爆弾事件に遭遇し右眼を失明した。のち学習院長、阿部信行内閣の外相。対米開戦直前、駐米大使として戦争回避に尽力。

＊伏見宮軍令部長　2月2日、伏見宮博恭海軍大将は軍令部長に。

＊真崎甚三郎　陸軍中将、大将。荒木貞夫とともに皇道派の頭目として暗躍。2・26事件で叛乱軍の立場に沿って収束させようとしたため軍法会議にかけられたが、無罪となる。

＊上海事件　1932年1月28日から3月3

新政権との親善も困難の旨を述べる。また日中親善の見通しも困難と答える。

10日、奈良武官長に対し、満州事変の拡大・延引に伴う財政圧迫を懸念する旨を荒木陸相・閑院宮参謀総長に伝えるよう望む。奈良は真崎参謀次長に懸念の旨を伝える。

12日、真崎参謀次長の御用掛就任後、最初の陸軍軍事学定例進講として、満州事変の発端および奉天付近の戦闘を聞く。井上準之助*葬送に黒田《くろだ》長敬《ながあつ》侍従を差遣。

17日、真崎参謀次長より、上海における第19路軍の兵力状況、蔣介石直属の警衛軍が戦闘に参加した場合の日本軍の増兵の必要、満蒙新国家樹立運動が具体化しつつあることなどを聞く。真崎に、上海への兵力増派が日中開戦につながることを懸念し、不拡大方針の有無を問う。

19日、山岡万之助関東長官より、満州事変後従来よりも匪賊の襲撃が横行したため警察官の大増員を計画中であること、朝鮮総督府と協力して朝鮮人避難民の保護救済に尽力中であること、などを聞く。

犬養首相を召し、上海への兵力増派の見通しを問う。犬養は増兵の意志なしと返答。

奈良武官長より、昨18日、上海にて第9師団参謀長と第19路軍参謀長との間の平和解決が妥協に達せず、植田謙吉第9師団長は最後通牒*を発する。

上海への増兵

2月20日、奈良武官長より、第9師団の第19路軍への攻撃開始を聞く。

日まで上海共同租界周辺で起きた日中両軍の衝突事件（第1次上海事変）。

＊井上準之助　2月9日、東京市本郷区で開催の衆議院議員候補者駒井重次の演説会応援会場に入ろうとしたところ、背後から拳銃で狙撃され絶命。犯人は、一人一殺を目的とした血盟団員の小沼正。

＊最後通牒　植田第9師団長は、2月20日午前7時までに第一線よりの撤退を完了の上、同日午後5時までに各租界境界線20キロメートル以内より一切撤退することなどを要求。

21日、石田武官より第9師団参謀長からの戦況公報を聞く。奈良武官長に、国際連盟総会期日の3月3日までに現地陸軍部隊が撤退することを希望すると述べる。

23日、前日に牧野内大臣は、上海増兵の場合、日中開戦となる恐れがあるため、その対応につき興津へ赴き西園寺の意見を聞く。西園寺は、上海への増兵は已むを得ざるも、国家危急の対策は枢密院の諮詢を可とする旨を述べる。

荒木陸相、閣議で増兵案を提出。天皇は犬養首相を召すも、閣議は進行し、午後2時40分、最大限2個師団を派遣する旨が決定される。

この日、芳沢外相は、上海における戦闘行為を中止するよう警告した16日付連盟12国理事による通牒*を拒否。

24日、真崎参謀次長より、上海派遣軍司令部ほかを上海に増派する件を聞く。荒木陸相より、白川義則の上海派遣軍司令官補任を聞く。

25日、親補式、白川上海派遣軍司令官に、条約尊重、列国協調、上海事件の速やかな解決を望む旨を述べる。

爆弾三勇士の報告を聞く

2月26日、川岸武官より、2月22日の混成24旅団の廟巷鎮《びようこうちん》攻撃に際して工兵3名の自爆攻撃*による突撃路を以て旅団突撃奏功の端緒を開いたこと、蔣介石系軍が第19路軍と協同作戦を開始したことなどを聞く。

＊連盟12国理事による通牒　国際連盟の12国理事から日本政府に、上海における日中の紛争は連盟各国の領土保全および政治的独立を尊重する規約に反する旨を通牒。芳沢謙吉外相は、武力抗争を中止するのは中国側の手中に陥ると連盟に反論。

＊工兵3名の自爆攻撃　3人の工兵が爆薬を装填した筒を抱えて鉄条網に突入して爆死した。実際は生還に失敗した事故死であったが、陸軍はこれを美談にして覚悟の自爆と発表、「肉弾三勇士」「爆弾三勇士」と称されてラジオ・映画・演劇などで大々的に喧伝された。

本年初めての積雪、吹上御苑にてスキー（27日、28日も）。午後、高橋蔵相より満州事件費2200万円緊急調達に関する件、「日本経済の悲観すべき状態」を聞く。真崎参謀次長より昨25日の上海における第9師団の戦況、同日までの日本軍の戦死傷者が755名に上ることを聞く。

リットン卿の参内

3月3日、真崎参謀次長より、3月1日以来の上海の戦闘経過につき、第9師団と第11師団主力の進撃に伴い、第19路軍が潰走したこと、陸海軍協同で呉淞《ごしょう》砲台攻撃を計画中であることなど聞く。東溜ノ間での枢密院会議*に臨席。

4日、3月3日の白川司令官の自主的戦闘行動中止の声明発表を聞く。正午過ぎ、国際連盟支那調査委員のリットン英国伯爵一行が参内、豊明殿にて午餐。

5日、真崎参謀次長より、上海方面の状況に関し、今後事態拡大の恐れは少なきも、「敵の大部隊がなお眼前に留まる情況及び今後の外交交渉の観点」から、第14師団などの上海派遣を続行することを求められる。

7日、団琢磨*死去につき祭粢。

8日、真崎参謀次長より、上海派遣軍司令官に戦闘行為中止を指示した旨を聞く。

10日、学問所で*樺山愛輔《かばやまあいすけ》の講話「米国を視察して」を聞く。

12日、犬養首相より、閣議にて満蒙問題処理方針要綱を決定し、本月1日に成立し

＊枢密院会議　「満州事件に関する経費支弁の為公債発行に関する件」が全会一致で可決。2月15日の勅令に続き1500万円を追加の公債発行または借入金とし、必要な場合は右の制限以外にも補顚をなし得ることとする。

＊団琢磨　3月5日午前、三井合名会社に出社の際、三井銀行本店前にて血盟団員に拳銃で右胸部を狙撃される。犯人の菱沼五郎は現場で逮捕。

＊樺山愛輔　満州事変の反響調査のため渡米し、本年2月26日に帰朝。この日の講演の要目は、満州問題に対す

た満州国の承認は容易に行わないこととした旨を聞く。犬養より提出の閣議決定書類には、満蒙地方を国家とするよう逐次誘導すること、満蒙地方の治安維持は日本が担うこと、満蒙地方を日本の対ソ・対中国防の第一線とすることなどが列挙される。

上海停戦予備会議の曲折

３月17日、奈良武官長を召し、上海停戦予備会議が陸軍側の主張で成立しないことを懸念する旨を述べる。奈良より、陸軍と外務省の意見不一致を聞く。

18日、奈良武官長を召し、上海停戦予備会議が陸軍の要求により不成立の恐れもあるとのことにつき、参謀本部に注意すべき旨を指示する。

22日、真崎参謀次長より、３月17日までの上海派遣軍の死傷者が２３６４名に上ること、今後の上海停戦会議の進捗如何にかかわらず事件解決まで呉淞付近を占領する必要があることなどを聞く。

25日、奈良を召し、昨日より開始された上海停戦会議の早期妥結を希望する。

４月２日、奈良武官長より、在留日本人保護のため朝鮮軍より１部隊を間島地方へ派遣する件を聞く。

７日、真崎参謀次長より、第８・第10師団などの満州への派遣を聞く。天皇は第８・第10師団の派遣が列国を刺激することがないか問う。後、阿南《あなみ》惟幾《これちか》武官に新聞の誇大な報道により列国を刺激することがないか尋ねる。

る米国民の関心、対日感情の測定、米国官辺および有力者の意向など。樺山は、英国が米国に民間宣伝機関を設け、米国民に対して英国文化・知識の普及に努めている実例を挙げ、日本にはこの種の民間機関が整備されていないことを強調する。

15日、真崎参謀次長より、事変中の派遣部隊の小編制変更は陸相ならびに参謀総長に委任の件を願われる。真崎退出後、委任に基づき妄《みだ》りに増兵しないこと、匪賊をソ中国境まで追撃しないこと、国際連盟調査委員の保護を万全にすることなどを、奈良武官長を通じ真崎に確認する。

27日、靖国神社臨時大祭に行幸*。

上海天長節手榴弾投擲事件

4月29日、上海新公園で開催の天長節官民合同祝賀会場にて手榴弾が投擲され、白川義則上海派遣軍司令官らが遭難。犯人は朝鮮人独立運動家の尹奉吉《ニンボンギル》、現場で逮捕。

5月4日、奥御座所より電話にて、夕刊に掲載された海軍陸戦隊と米軍との衝突事件、中国便衣隊の爆弾による陸戦隊2名の死亡事件につき問う。

5日、芳沢外相より、上海停戦交渉成立*を聞く。外相・陸相・海相の労苦に満足する旨を述べる。

11日、犬養首相より、上海よりの自主的撤兵を聞く。

五・一五事件

5月15日、午後6時10分頃、宮内大臣官房より侍従職に電話で、5時30分頃に首相官邸・内大臣官邸・警視庁などが爆弾またはピストルによる暴漢の襲撃を受けた旨を伝えられる。ついで6時30分過ぎ、鈴木侍従長より、犬養首相が遭難した旨を聞く。

＊行幸　満州事変ならびに1927年支那擾乱事件、28年支那事変、30年台湾霧社事件により戦死または死没した軍人・軍属合計531名の合祀。

＊上海停戦協定　要点は、日中両軍の敵対行為の停止、中国軍の現駐地点駐留、日本軍の租界外拡張道路への撤収、相互撤収認証のための各国代表からなる共同委員会の設置。これにより上海派遣軍と第3艦隊の大部分は上海地方の在留邦人の保護に任じ、最後的解決の処理は日・中・英・米・仏・伊各国代表の円卓会議に委ねられる。

16日、午前零時20分、侍従職に犬養首相が死去した旨が報告される。午前2時35分、高橋蔵相を臨時首相に兼任。午前10時20分、牧野内大臣と対面、無事を悦ぶ旨の言葉あり。内大臣より内閣総辞職の場合の処置として西園寺公望公爵の上京を希望。午前11時50分、内閣総辞職。午後、牧野に爾後の処置を問う。牧野は西園寺に直接問うことを述べ、鈴木侍従長より興津の西園寺に親展書を送る。

18日、天皇・皇后より犬養の遺族に料理300人前を下賜。

19日、西園寺上京につき、鈴木侍従長が訪問し、西園寺は覚書*を記す。

21日、武藤信義《むとうのぶよし》教育総監より、5月15日の事件に陸軍士官学校学生が関与していたことを聞く。22日、西園寺は後継首班に斎藤実《さいとうまこと》子爵を推薦。

23日、白川上海派遣軍司令官の容態が悪化、危篤。奈良武官長より凱旋時に白川へ賜うべき勅語を生前に下賜されたき旨を求められる（白川は5月26日に死去）。

27日、伏見宮博恭《ふしみのみやひろやす》を元帥府に列する。明治37・38年戦役第27回海軍記念日祝賀会に臨席のため、沿道の厳重な警戒のもとに水交社へ行幸。

28日、奈良武官長を召し、青年将校の言動が過激なため、秩父宮（歩兵第3連隊第6中隊長）を他所に転補する必要なきや、荒木陸相とも協議するよう述べる。

6月16日、閑院宮参謀総長より、関東軍司令官に満州主要各地の防衛および在留邦人の保護を命ずる件を聞く。

＊覚書　「首相は人格の立派なる者」「ファッショに近き者は絶対に不可なり」「憲法は擁護せざるべからず、然らざれば明治天皇に相済まず」「事務官と政務官の区別を明かにし官規振粛を実行すべし」などとある。

17日、翌18日より満州出張の真崎参謀次長より、度重なる電報でも陸軍中央の作戦指導が関東軍に十分理解されず、また満州国政府と軍の業務に円滑を欠く嫌いもあるので、実情を視察の上、適切な指導ができるよう尽力する旨を聞く。奈良武官長より、満州問題および5月15日の事件の容疑者として大川周明*が逮捕されたことを聞く。

24日、上海より凱旋の植田第9師団長（上海派遣軍司令官代理）・野村第3艦隊司令長官以下と対面。植田に「克く海軍と協同して威武を宣揚したる」、野村に「陸軍と協同して皇軍の威武を宣揚したる」との勅語。

吹上馬場取り壊し

7月1日、一木《いつき》宮相は、満州問題・農村問題など時局多難につき、避暑の取り止めを願う。12日、長期避暑がないため日中の運動は乗馬、ゴルフ、プールでの水泳。

20日、豊明殿にて地方官会議参列の地方長官73名に陪食、管下の特殊事項*を聞く。

25日、宇垣一成朝鮮総督より、朝鮮内外の独立運動・共産運動の状況とその対策、朝鮮人取扱改善などを聞く。

26日、鈴木侍従長より、酷暑の折、8月上旬より那須へ避暑を願う旨を述べる。

馬占山の戦死情報

8月1日、那須御用邸へ。那須滞在中は研究・粘菌採集・乗馬・ゴルフ。

10日、石田保秀武官より、馬《ば》占山《せんざん》の戦死情報を中心とする戦闘状況を聞く。

＊大川周明　右翼思想家。陸軍の国家改造運動に参与し、3月事件以後の一連のテロ・クーデター計画や事件に関わった。東京裁判の休廷中に前列の東条英機の頭を叩いたことで知られる。裁判長が精神異常と判断して、裁判からはずし入院させたため、有罪とならなかった。

＊管下の特殊事項　この日は、蚕糸低価による長野県の苦境、東北・関西地方の困憊など、農山漁村の状況に関する内容になる。

11日、田中光顕《たなかみつあき》元宮相の一木宮相への批判的言動を問う。15日、宮城還幸。

16日、阿南武官より、張学良下野問題とその後の状況を聞く。

20日、近来経済不況により庶民困窮、医薬の資を欠く者が増加につき、救療のため内相に300万円を、同じく拓相に30万円を下賜。

日満議定書の調印

9月7日、石田武官より、汪精衛《おうせいえい》（兆銘《ちょうめい》）と張学良の下野問題の推移、中国の排日運動の状況を聞く。

8日、満州より凱旋の本庄繁前関東軍司令官・石原莞爾《いしわらかんじ》前関東軍参謀らと対面。本庄より、満州事変勃発以来の関東軍の作戦行動ならびに満州国建国過程と現状を聞く。「異域に在り神速変に応じ」との勅語を下す。

15日、内田外相より、満州国新京にて日満議定書*が署名された旨の電報を聞く。

26日、内庭にて馬占山に対する最後の攻撃で鹵獲《ろかく》した馬軍使用の上衣・地図・望遠鏡および国政連盟支那調査団に提出しようとした馬占山の手紙、および日本軍の戦死者遺品の時計・背嚢《はいのう》などを見る。

リットン報告書への対応

10月2日、外務省よりのリットン報告書*および報告書要綱を見る。牧野内大臣を召し、リットン報告書が「連盟に提出された以上、如何ともし難きため、連盟の問題と

*日満議定書　リットン報告書に先立ち、日本と満州国との間で締結された。満州での日本の権益の尊重、共同防衛のため日本軍が満州に駐屯することを約した。

*リットン報告書　日本軍の行動を自衛権発動と認めず、満州国を日本の傀儡国家としながらも、満州での日中両国の権利・利益などに関する条約を締結すること、中華民国の主権下に広範な権限を持つ自治政府を満州に設置することなどの解決案を提示した。

なれば、なるべく円満に解決するように希望する旨を外相に伝えたこと」を語る。

6日、帰朝の出淵勝次《でぶちかつじ》米国駐箚大使より、満州事変が勃発したため日米関係*が悪化したこと、錦州爆撃や上海事変で悪感情をさらに増したことなどを聞く。さらに出淵は、日米両国間には衝突の原因がないことを経済方面から伝える。天皇は種々問い、また日本の国論に対処する必要を述べる。

18日、満州事変記念の御府新設を命ずる。

19日、謝介石《しゃかいせき》満州国特使より、満州事変以来の日本の援助に対する感謝と今後の善隣関係強化を望む旨の溥儀《ふぎ》の親書を受ける。これに対して、新国家の顕著な諸政策に感嘆し、東洋の安寧福祉と世界平和ならびに人類文化の向上のため日満両国の親善贈進を望む旨を述べる。

23日、皇后懐妊の兆候ありたるも、19日より不例となり、本日夜に流産。

26日、リンネ協会*名誉会員名簿に署名。

大阪府陸軍大演習

11月7日、米国へ帰任の出淵勝次大使に「日米親善のため努力せよ」と述べる。

10日、陸軍特別大演習*統裁のため大阪府下に行幸。午後、大阪駅に着し大本営（第4師団司令部）に入る。演習参加の南北両司令官の決心などを聞く。17日、還幸。

20日、御木本幸吉真珠商が持参して開いた貝より、天皇・皇后手ずから真珠の摘出。

＊日米関係　満州事変前は、ロンドン海軍軍縮条約成立、前年の高松宮夫妻の訪米などの結果、両国の親善が進み、1924制定の排日移民法の修正も目途がつこうとしていた。

＊リンネ協会　動植物学の研究発達を目的とする。1931年1月に天皇は名誉会員に推薦された。

＊陸軍特別大演習　北軍は南次郎司令官のもと第3・第16師団、南軍は本庄繁司令官のもと第4・第5師団、両軍合わせて4万余名、軍馬約5千頭の大戦技訓練。

22日、小磯国昭《こいそくにあき》関東軍参謀長より、ホロンバイルに監禁中の邦人救出問題を聞く。

26日、築地より上大崎に移転新築の海軍大学校に初めて行幸。

28日、学問所にて徴兵制60年記念日につき、斎藤首相侍立のもと陸相・海相ら閣僚に、「力を世界平和の擁護に致さしめむことを期せよ」との勅語。

平泉澄より「楠木正成の功績」を聞く

12月5日、阿南武官より、蘇炳文《そへいぶん》*討伐を目的とするホロンバイル方面への派兵、それに伴う日ソ衝突防止の件を聞く。午後、平泉澄《ひらいずみきよし》（東京帝国大学助教授）の講話「楠木正成の功績」を聞く。天皇は賜茶の際に、大化改新が醍醐天皇以後にその実を喪失した理由、専制政治下の政治の失敗に対する天皇の責任の有無、後醍醐天皇の建武中興失敗の理由とその責任如何などにつき問い、平泉よりそれぞれ答えを受ける。

7日、小松松吉司法相より、共産党事件*の司法処分の概況、国家主義運動に基づく血盟団事件、5・15事件、李奉昌《イボンチャン》の大逆事件に関して詳細を聞く。

20日、16日に日本橋区の白木屋火災で多数の死傷者発生のため500円下賜。宮内官制服令中改正*の件公布。24日、雅楽道保存給与内規*の改正。

＊蘇炳文　奉天派（張作霖系）の軍人。ホロンバイル独立を宣言して日本に宣戦布告した。

＊共産党事件　10月には赤色ギャング事件や熱海事件、11月には司法官赤化事件があった。

＊宮内官制服令中改正　過激な直接行動の制圧のため、皇宮警察官や皇宮警手が拳銃を携帯できるようにした。

＊雅楽道保存給与内規　物価の高騰などで楽家の絶家廃家、楽生応募者の不足など、楽部存続上憂慮すべき状態を招いたため、賜金年額を増額した。

皇太子の誕生（1933）

山海関事件

1933年1月3日、元始祭。石田武官より、去る1日山海関《さんかいかん》で発生した日中両軍衝突事件を聞く。出光万兵衛武官より*山海関方面の状況を聞く。

4日、政始。生物学研究所（本年は週2回の頻度）。正午過ぎ、山海関事件につき軍艦「常磐」派遣を裁可。出光武官より事件拡大防止の処置を聞き、軍部は中央の訓令を守るか否か、事件が北支に波及しないかを問い、満州事変に対する国際連盟の決定を目前にして過度に積極的な行動を起こし、中国側の術中に陥らないよう述べる。

14日、閑院宮載仁《かんいんのみやことひと》参謀総長より、歩兵4大隊ほかを満州に派遣する件を求められる。その際、*熱河《ねっか》侵入に関しては慎重に考慮するよう注意する。

16日、内田《うちだ》康哉《やすや》外相より、19人委員会*報告書案のうち、満州国否認事項の修正を要求すること、米ソ両国の連盟への招聘を拒否することなどを、連盟日本代表に回訓すべき旨を聞く。

23日、内田外相より、19人委員会起草の勧告への対策を聞く。内田は、「場合によっては連盟脱退の必要が生じる虞《おそれ》あり」と述べる。

＊山海関方面の状況　1日夜、山海関に駐留する日本軍への手榴弾投擲事件を契機に中国軍との間に戦争が発生し、日本軍部隊は山海関を占領する。

＊熱河侵入　満州事変勃発以来、張学長軍が失地回復のため満州国内の熱河省へ進軍したのに対し、関東軍は満州国の独立完成のため熱河作戦実施を計画。

＊報告書案　国際連盟総会から委託を受けた19人委員会（ベルギー以下の19か国で構成）は、日中紛争解決に関する報告書を起草し、前年12月15日に日中両当事国に内示。報告書

24日、早朝より発熱、仮床（2月2日に床払い）。

30日、内田外相より、英国政府提議の対連盟妥協案の拒否を内定したことを聞く。牧野《まきの》伸顕《のぶあき》内大臣を召し、英国政府の提案を受諾することが日本にとって有利と考えるとの意見を示す。

熱河作戦と連盟脱退

2月4日、閑院宮参謀総長に、「熱河作戦については、長城を越えて関内に進出しないことが裁可の条件である」旨を述べる。

8日、斎藤実《さいとうまこと》首相より、連盟との関係上、内閣としては熱河攻略に同意しがたく、閣議で協議する旨を聞く。奈良武官長を召し、去る4日に参謀総長に諒解を与えた熱河攻略は、これを取り消したき旨を述べる。

11日、紀元節祭。奈良武官長を召し、軍部が裁可済として熱河作戦敢行を主張しているが、統帥最高命令にて中止させることが可能か否かを問う。奈良は「慎重に熟慮されるべき」旨を答える。天皇はなお承知できず、夜に徳大寺《とくだいじ》実厚《さねあつ》侍従を召し、熱河省と満州国とを切り離して考えることが適当との考えを示し、武官長に書面で尋ねるよう命ずる。武官長より「天皇の御命令を以て熱河作戦を中止させようとすれば、動《やや》もすれば大なる紛擾を惹起し、政変の原因となるかもしれず、国策の決定は内閣の仕事であるため、内閣以外にてこれを中止せしめることは不適当」との返書が届く。

案の骨子は、紛争解決の基礎をリットン報告書提示の解決原則（中華民国の主権下で自治政府を満州に設置することなど）に置き、紛争解決のために米ソ両国を連盟に招請することなどにあった。

12日、奈良武官長に、「熱河作戦に伴う長城越えは絶対に慎むべきことを参謀本部に注意し、これを聞かなければ作戦の発動中止を命じるつもり」との旨を伝達することを命ずる。奈良は真崎甚三郎参謀次長に伝達し、真崎は「聖旨に違背せざる」旨を言明し、参謀総長にも伝える旨を答える。奈良は呉竹寮*にて、真崎の奉答を伝える。

*呉竹寮 「呉竹」は明治天皇の歌「呉竹のなほきこころをためずしてふしある人におほしたてなむ」にちなむとされる。

宮相を湯浅倉平とする

2月14日、牧野内大臣より、西園寺公爵らとの一致で後任宮相を湯浅倉平《ゆあさくらへい》とする。

17日、祈年祭。午後、奈良武官長を召し、熱河省の一部または長城付近に緩衝地帯を設けることに関する陸軍の意見、張学良を徹底的に打倒する意見が陸軍にあるか否か、山海関《さんかいかん》城内よりの撤兵が可能か否かにつき問う。奈良は参謀本部にて、真崎参謀次長・古荘幹郎《ふるしょうもとお》第1部長より、山海関からの即時撤兵は不可能、張学良打倒は陸海外三省会議の決定事項である旨を聞き、復命。

夕刻、閣議は満州国の存在を否認する連盟総会報告書採択の場合は、在ジュネーブの日本代表部の引き揚げ、熱河作戦の実施などを承認。なお、この日午前9時、関東軍司令部は在満各部隊に対し、本月23日を以て熱河作戦を開始する軍命令を発した。

18日、熱河作戦によって中国軍が日本軍の急迫を受けて混乱に陥れば掠奪も行い、このことが英米両国を刺激することに関し、参謀本部の了解の有無を奈良に問う。

24日、天皇は戦火が北支に波及し、同地方在留の列国民を危殆《きたい》に陥れ、第2の義和団事件を惹起《じやつき》せぬよう、支那駐屯軍が自重すべき旨を注意する。

25日、昨24日、連盟は、日本軍隊の撤退、中華民国の満州統治権の承認などを勧告した19人委員会提出の報告書案を審議し、採決の結果、賛成42、反対1、棄権1で可決され、日本代表の松岡洋右《まつおかようすけ》以下が退場する。午後3時、内田外相に対し、「これまでのことはやむを得ないが、今後は外交を一層慎重にし、特に英米両国との親善協力に努力すべき」旨を述べる。

28日、西園寺公爵よりの内閣更迭手続き*に関する書類を受け、裁可。

連盟脱退の詔書

3月1日、阿南惟幾《あなみこれちか》武官より*濾水機《ろすいき》の説明。満州国建国記念日につき執政溥儀《ふぎ》に祝電。以後、天長節・新年・満州国建国記念日などで、溥儀との親電交換が恒例となる。

10日、出光武官より古北口《こほくこう》をはじめとする熱河省の戦況を聞く。明治37・38年戦役第28回陸軍記念日祝賀会のため靖国神社外苑に行幸、日露戦役当時の将官など47名に対面。終えて、高層気象観測装置、石井式無菌濾水機および満州事変の記念品などを見る。皇族・王公族と野戦料理会食、関係者57名が相伴。

22日、奈良武官長を召し、去る17日に定例進講で真崎より、中国における「共匪」につき聴取したが、目下は日本が「共匪」を助けるに等しき状況であるため、対支方針を寛大にして国民党政府の共匪撲滅を容易にする方策に関し、参謀本部の意向を尋

＊内閣更迭手続き　西園寺の老齢に伴う内閣奏請手続きの見直しのためで、昨年9月に木戸幸一内大臣秘書官長が起草し、牧野内大臣らの協議・修正と近衛文麿らの同意を得て、本年1月27日に決定案が完成。元老が必要と認めた場合は、内大臣・重臣らと協議し、後継内閣を奏薦するとした。

＊濾水機　陸軍軍事学校教官の石井四郎が考案。来る10日の陸軍記念日行幸で見る予定になっていた。

ねるよう命じる。

24日、牧野内大臣を召し、連盟脱退の詔書につき、「文武各《おのおの》其の職分を恪守《かくしゅ》し」と「東亜に偏して友邦の誼《よしみ》を疎《おろそ》かにするものにあらす」との文言は変更しないよう注意する。夕刻、内田外相より、陸相の反対により「上下序《じょ》に徇《したが》ひ」の文言を削除したことを聞く。天皇は「世界の平和を念とすること、並びに文武各々その職分を恪守することの趣旨については、閣議において変更することなきように」と述べる。

25日、奈良武官長に、満州国軍の関内進出、石門寨《せきもんさい》占領に関し、参謀本部に注意するよう命ずる。奈良は参謀次長に電話にて注意したところ、「我が軍の関内進出の憂いはない」との回答に接した旨を答える。

27日、枢密院会議に臨席し、「国際連盟脱退に関する措置案」の審議を聴取。会議に先立ち、「今日の議案は重要につき、会議が午後に至るも苦しからず、十分慎重に審議せよ」と述べる。質疑応答の後、全会一致で可決。

29日、奈良武官長を召し、連盟脱退に関する27日の荒木陸相の陸軍全軍に対する訓示が詔書に言及なきことを問う。

30日、奈良武官長を召し、参謀本部が関内進出防止の措置を講じていることに満足する旨を伝達するよう命ずる。

白川義則上海派遣軍司令官の合祀

4月4日、*新渡戸稲造《にとべいなぞう》法学博士の講話「米国に於ける対日思想」を聞く。

7日、事務引継のため参内の奈良武官長に、熱河作戦軍の海陽鎮《かいようちん》占領を問う。

15日、真崎参謀次長より、熱河作戦一段落につき戦況を聞く。ついで熱河作戦に関し、関東軍に「氷雪を冒し険難を踰《こ》え長駆《ちょうく》速に寡《か》を以て衆《しゅう》を破却し」との勅語を下賜。

20日、本庄武官長より、武藤信義関東軍司令官が熱河作戦に関し、灤東《らんとう》地区の作戦が所期の目的を達したため、関内進出の部隊を長城線に帰還せしめ、長城線確保の態勢に移るべき軍命令を昨19日に下達した旨を聞く。雨天のため観桜会取り止め。

27日、靖国神社臨時大祭につき行幸*。

28日、「をとめらのひなまつる日にいくさをばとゝめしいさをおもひてにけり」の歌を入江為守御歌所長に色紙*に認めさせ、鈴木侍従長より白川の遺族に伝達する。

塘沽停戦協定

5月1日、ロンドン国際経済会議の予備交渉のため米国へ出発の石井菊次郎・深井英五らに対面、石井に「今回の会議は特に大切につき、国際協調の精神により会議を成功に導き、各国親善を加えることを努力すべき旨」を述べる。

10日、本庄武官長を召し、熱河作戦に同意したのは、参謀総長が関内に進出または爆撃はしないことを明言したためであり、状況の変化とはいえ、それに反する行動は綱紀上・統帥上よりも遺憾とする旨を述べる。

＊新渡戸稲造　約1年にわたって米穀 各地の大学・学会・ラジオなどで講演を行い、この年3月に帰朝した。

＊行幸　満州事変に関する勤務に服して戦傷後死亡した白川義則上海派遣軍司令官以下1698名、並びに維新に際して国難に殉じた13名を合祀。

＊色紙　詞書には「靖国神社にて故白川大将の昭和7年3月3日停戦命令を発して国際連盟との衝突を避けしめたる功績を思い出でて」とある。

17日、米国大統領ルーズベルトは国際経済会議と国際連盟一般軍縮会議への参加54か国の元首に親電を発し、会議の成功と世界各国が不侵略協約を締結するよう提唱。天皇は内田外相に「丁重に取り扱い、日米親善に資するように」と述べる。

20日、去る16日付の米国大統領の親電への答電案を裁可。答電案には「朕は貴大統領が世界平和を確立し、世界的不況を除却せむとする目的を以て為されたる今回の電報に対し謝意を表する」とある。

27日、明治37・38年戦役第28回海軍記念日祝賀会のため、水交社に行幸。握飯・数の子・膾《なます》ほか海戦料理を会食。東郷平八郎らと歓談し、日本海海戦当時を追想。

31日、石田侍従より、この日午前に塘沽《タンクー》にて日支停戦協定*が調印されたことを聞く。

新御府の建設

6月19日、満州・上海事変をはじめ昭和の事変・戦役に関する新御府建設綱領を裁可。建安府（日露戦争御府）休所を破却し新御府を建設。建坪は陳列室階下約50坪、階上約30坪、用材構造などは振天府（日清戦争御府）にならい素朴荘厳を旨とする。収蔵品は戦病死者の写真・姓名録・記念品。のち「顕忠府」と名づけられる。

7月12日、葉山御用邸行幸。滞在中は生物採集・標本研究・水泳。

28日、武藤信義関東軍司令官死去にて菱刈隆《ひしかりたかし》を後任とする。天皇より口頭で、条約の尊重、隣国との親善関係贈進への努力、諸外国への機会均等主義の尊重を厳達。

＊日支停戦協定　中国軍が速やかに延慶・昌平・順義・通州・蘆台などを通ずる線以西および以南の地区に一律に撤退し、爾後、同線を越えて前進せず、また一切の挑戦攪乱行為を行わないこと、日本軍隊は中国軍による条項遵守の確認の後、自主的に概ね長城線に帰還することを約するものであり、「満洲国の国礎が確立する」と『実録』にはある。

関東防空演習と葉山の灯火管制

8月10日、昨9日夜より関東防空演習が行われ、葉山御用邸も灯火管制を実施。2日目のこの夜は*非常動座訓練がなされ、天皇は空襲警報と同時に御座所を自ら消灯、皇后と汐見茶屋に。同所にて鎌倉方面より三浦半島西岸一帯の灯火管制状況を視察し、灯火管制の可否、ロンドン空襲の被害状況など談話。

16日、海軍特別大演習統裁のため逸見埠頭に着し、お召艦「比叡」に乗艦。伏見宮軍令部長より青赤軍の状況判断、*作戦計画を聞く。

25日、横浜港沖の海軍特別大演習観艦式に行幸。「比叡」にて諸艦船を閲す。

5・15事件海軍側公判の反響

9月1日、関東大震災10周年につき、生物採集・水泳を取り止め。

15日、小林謙五武官を召し、横須賀鎮守府軍法会議にて審理中の5・15事件海軍側公判に対する海軍少壮軍人の態度を問う（翌16日、本庄武官長を召し5・15事件海軍側公判の反響につき問う）。

16日、湯浅宮相より、紅葉山西南側に掩蔽《えんぺい》地下室を建設することに決した旨を聞く。

21日、本庄武官長より、5・15事件裁判の陸海軍への反響を聞く。

26日、荒木陸相より、5・15事件の陸軍関係者に対する第1師団軍法会議の裁判終結ならびにその顚末を聞く。また、荒木より*方振武《ほうしんぶ》軍の塘沽停戦協定地域への侵入に

＊非常動座訓練　非常時に際しての天皇皇后の避難訓練。

＊作戦計画　本年の海軍演習は6月1日より実施され、この日より第3期演習。

＊方振武　孫文の配下にあった中華民国の軍人。蒋介石の国民革命軍に属して北伐に従軍。1933年に察哈爾民衆抗日同盟軍に参加するも、蒋介石により同盟軍は解散させられて、香港へ逃れた。のち、広東省で暗殺される。

対する関東軍の討伐準備を聞き、武官を召し、事件拡大の恐れを問う。

福井県陸軍大演習

10月22日、陸軍特別大演習統裁のため福井県へ行幸。23日、夜、演習開始*を命ずる。30日、舞鶴要港部・要塞部行幸。京都御所にて晩餐、蒲穆《かばあつし》*第16師団長に明治37・38年戦役時の黒溝台《こっこうだい》での戦傷を聞く。31日、京都御所より宮城還幸。

新聞報道される陸軍の強硬意見

11月4日、本庄武官長に、新聞などで報道される国内政策をめぐる荒木陸相の内閣に対する意見如何を問う。武官長より、荒木は軍隊強化のため、農民の負担の軽減を計り農村の士気を振起せしめるべきことにあると復命。天皇は「軍部がその威力を以て要望を過度に強要することなきよう」述べる。

6日、本庄武官長を召し、荒木陸相が往年の陸軍2個師団増設問題における上原勇作陸相のように内閣瓦解を招来する如き行動をとることなきやと問う。

15日、本庄武官長を召し、新聞報道に見られる軍部の強硬な国内政策に関し、荒木陸相の真意如何を問う。

16日、本庄武官長は、荒木の希望は神兵隊事件*などの不祥事再発防止と時局不安の一掃にあり、そのため国事犯への大赦、農村・都市間の不均衡な負担の是正、緊縮財政の採用、来る第2次海軍軍縮会議に向けての国際情勢緩和の実現などにつき、閣僚

＊演習開始　福井大演習は、第9師団を主力とする北軍と第11師団を主力とする南軍に分かれ、相互に福井平野の領有を任務としてなされた。

＊蒲穆　陸軍中将。日露戦争で重傷を負う。騎兵第5連隊長などを経て第16師団長。予備役となり、日本傷痍軍人会会長をつとめる。

＊神兵隊事件　7月に発覚し未遂に終わった右翼のクーデター計画。愛国勤労党の天野辰夫らが中心となって斉藤実内閣を倒し、皇族内閣を樹立しようとした。

と意見調整に御奔走中と返答する。午後、本庄を召し、荒木提唱の緊縮財政が庁費節減に止まらず一般にも及べば、不景気を招来する恐れにつき問う。また、国際情勢緩和のため、英国にならい、自国文化などに関する宣伝機関を英米仏の主要都市に設置することが望ましいと述べる。

皇太子誕生

12月1日、鈴木侍従長を召し、予算編成にて海相と農林相の強硬な主張により閣内が紛糾している件につき聞く。

2日、斎藤首相より、海軍は復活要求を1500万円に止める代わりに、陸軍の満州事件予備費1000万円を海軍に融通するという荒木陸相の申し入れを受け入れることで、昭和9年度政府予算案が成立した旨を聞く。

18日、皇子誕生の際に賜うべき御剣（月山貞勝《がっさんさだかず》作）を見る。

19日、近年航空方面の飛躍的進歩に鑑み、以後、航空母艦の命名については戦艦・巡洋戦艦・巡洋艦と同様に、海相より奏請の上、治定になる旨の沙汰を下す。

23日、午前6時39分皇太子誕生。午前7時、東京市中に皇太子の誕生を意味する2回のサイレンを鳴らす。29日、浴湯の儀。命名の儀。名を明仁、継宮《つぐのみや》と称す。印章を榮《えい》とする。親王誕生命名奉告の儀は服喪中*につき、掌典部限りにて執行。

＊服喪中　11月3日の、朝香宮允子薨去による90日の喪。

第三章　暴走する軍国主義（1934～37・6）

海軍軍縮の挫折（1934）

宮中喪の新年

1月2日、八田《はった》善之進《ぜんのしん》侍医・桑折英三郎武官らとこの年最初のゴルフ。この年は年間47回ゴルフ。

8日、京都駅にて、呉海兵入団者の見送りの際に群衆が折り重なって転倒し、多数の死傷者を出す。

12日、植田《うえだ》謙吉《けんきち》参謀次長より、陸軍軍事学の進講としてソ連の最近の軍備ならびにその対策を聞く。なお進講前に本庄繁《ほんじょうしげる》武官長に、ソ連軍極東集中の現状に対する日本軍の行動に関し予め進講するものではないかと問う。武官長は、すでに上奏済みの作戦方針を申し上げるに過ぎないと答える。進講終了後、武官長を召し、陸軍のソ連対策の真意を尋ねる。15日、侍従・武官を相手に乗馬。この年の乗馬は47回に上る。

16日、皇太子誕生による政治犯への減刑・復権につき、斎藤実《さいとうまこと》首相からの報告。

19日、出光武官より、先般軍令部次長が軍事学進講を担当することに天皇が疑義を示したことに対し、加藤隆義*新次長の代から進講の光栄に浴せなくなるのは気の毒なので現状のままを望む、伏見宮博恭軍令部総長の意向が伝えられる。天皇は、海軍が

＊加藤隆義　海軍中将、のち大将。ロンドン海軍軍縮条約締結には加藤寛治らとともに反対した。軍令部次長を経て、第2艦隊司令長官、呉鎮守府司令長官などをつとめる。加藤友三郎の養子となり、子爵を継いだ。

＊研究結果　昨25日の衆議院で軍部大臣が現役軍人の政治関与について所見を問われた際、陸相は、軍人が純粋な立場で政治の一端を研究・議論する場合は不当でないと答弁。海相

困却するならば現状にて差し支えないが、よく当局で研究せよと述べる。

23日、本庄武官長を召し、林銑十郎《はやしせんじゅうろう》新陸相に対し、軍人勅諭の精神を遵奉《じゅんぽう》して軍を統率し、再び5・15の如き事件のないようにすべき旨を伝える。

26日、本庄武官長を召し、予《かね》て問うた軍人勅諭の「政治に拘らず」の意義につき、現役軍人の政治関与の程度に関する*研究結果を聞く。

29日、本庄武官長を召し、近衛師団における将校以下の思想状況を聞く。何ら懸念すべき状態になく特に近衛師団は良好との返答を聞く。本庄は、来月の同師団への行幸時に直訴などあれば政治問題を誘発すると憂慮し、近衛師団参謀長に注意を与える。

陸相のソ連への強硬方針

2月2日、本庄武官長より、ソ連が日本を国際孤立に陥れようとする動きについて聞く。午後、本庄を召し、陸軍の対ソ認識は判明したものの、思想が相容れないことを理由に排斥すべきとせず、寛容を以て大所高所より遇する方が適当でないか、疑心暗鬼は不詳事件にまで発展する嫌いがないかと問う。本庄は、ソ連は他国の労働者・無産者を扇動して自国と同様の共産体制にしようとしており、国体に累を及ぼすため、陸軍が特にソ連に憂慮する所以と答え、さらに、「しかしながら聖旨は恐懼《きょうく》に堪えず、当局者へも伝える」旨を述べる。夕餐後、皇后と映画『街の灯』などを見る。

8日、本庄武官長を召し、将校らが*農村の悲境に同情することはやむを得ないとし

は、総力戦下では現役軍人といえども政治に無関心であることはできずと答弁。武官長はこれを受け、その主旨は、国家が総力を挙げて戦争に傾注せざるを得ない現在、政治もその目的に適うよう指導されるべきなどと天皇に答える。天皇は、そのような意味ならば可であり、要は中庸に存すると述べる。

＊農村の悲境　経済不況のなか、農村では欠食児童、身売りなどの生活難が続いた。農村出身の兵士から家族の苦境を聞いた将校らが、財界や政治的特権層を攻撃するようになった。

た上で、政治に関心を持ち過ぎることの害を述べ、不可との意を示す。

15日、*天皇の御服に関する件の改正公布。

軍部内の派閥間対立と意見の相違

3月1日、満州国は帝政に移行し、執政溥儀《ふぎ》は皇帝に即位。溥儀の皇帝即位に祝電のほか、祝品として皇帝に書棚、皇后に屏風を贈る。

2日、本庄武官長を召し、昨日、外相より軍部内の派閥間の対立と意見の相違のため困難を生じていると聞いたが、その事実の有無を問う。本庄は、多少その傾向は存するも、荒木前陸相はその弊の除去に努力を払い、林現陸相も同意見にて軍部の強固な団結に努めつつありと答える。

10日、明治37・38年戦役陸軍記念日祝賀会につき、靖国神社外苑に行幸。日本刀鍛造工程や満州事変で使用の天幕・衣糧供給品を見る。宴会場にて野戦料理を会食。

17日、閑院宮載仁《かんいんのみやことひと》参謀総長・林陸相に、在満州軍備の増強によって隣国に対し積極的行動に出ることの有無を質《ただ》し、閑院宮より、「左様のことはない」旨を聞く。さらに両名に「予算は通過したとはいえ、すべて国民の負担であり、針一本すらも無駄にしないよう」注意する。

28日、林陸相に、最近における青年将校の思想動向につき問う。陸相は、青年将校の思想は漸次沈静化し、自分の新大臣としての処置を静観しつつあるが、今後政府が

＊天皇の御服に関する件　大元帥刀の佩用は、大正8年以後は平時では新年式および3大節など重要儀式の際、戦時事変の際は臨機による。昭和3年に正装着用の場合は大元帥刀佩用となり、今回の改正で、正装および礼装の場合は佩用となった。

＊定例日課　清水澄より火曜午前10時に行政法、金曜午前10時に皇室令制の学課だったが、金曜も行政法となる。月曜午前10時からの臨時研究、金曜午前11時

何事もなさず秕政《ひせい》続出すれば、憂慮すべき事態の発生なきを保証できず、善政の断行を願うと答える。天皇は本庄武官長を召し、善政は誰もが願うものであるが急激に進み得るものではなく、選挙法の改正など改善の途にあり、軍部当局より善政の方面を将校らに伝える方法はないかと述べる。

30日、学習院卒業式に3年ぶりに行幸。この日、*定例日課が改正される。

東宮初節句の鯉幟

4月16日、斎藤首相より、*林陸相辞任問題の経緯を聞く。

17日、清水澄《しみずとおる》より定例進講、ドイツのナチス政権における憲法につき聞く。

21日、本庄武官長を召し、満州国が極東大会に参加できない問題をめぐり、右翼や軍人が大日本体育協会の対応を攻撃したことに関し、青年将校の関与の有無を問う。武官長は川岸武官に調査させ、問題とすべきほどのことではない旨を答える。

26日、靖国神社臨時大祭、満州事変において死没した軍人・軍属ら1668名を合祀。合祀者の遺族には*建安府・新宿御苑の拝観が許される。

27日、靖国神社臨時大祭につき行幸。拝礼を終えて、社前に参集の遺族に会釈。

29日、天長節。代々木公園の天長節観兵式に行幸、乗馬にて諸兵を閲兵、分列を見る。内庭には東宮初節句の鯉幟《こいのぼり》が揚げられる。午後零時30分、*天長節宴会。

皇太子の初節句

からの軍事学、土曜午前の生物学研究は従前。

＊林陸相辞任問題　11日に林陸相の実弟白上佑吉が疑獄事件に連座し有罪判決、林陸相は辞表を提出した。斎藤首相らに慰留され、最終的に昨15日の陸軍3長官会議で留任が決定。

＊建安府　皇居内に設けられた木造倉庫（御府）のひとつ。日露戦争の戦利品や記念品、戦没者の名簿を納めた。

＊天長節宴会　本年より、宴会中の奏楽は欧州楽から舞楽演奏に。今回は「春庭花」「白浜」。午後6時、天長節内宴、蓄音機の演奏。

5月5日、皇太子誕生奉祝武道大会開催につき済寧館*に行幸、剣道・柔道を見る。午後6時、皇太子初節句*祝儀として、側近を交えて、鮨・おでんなどを食す。

26日、新設の独立歩兵第1連隊*の軍旗親授式（大正15年の皇室儀制令制定後、初）。

30日、東郷平八郎死去、追悼の意味をもってこの日の運動は控える。国葬にともない、翌31日予定の葉山行幸を延期。正午前、鈴木侍従長を召し、海軍軍縮会議に関する海軍の態度についての意見を牧野内大臣に伝えるように述べる。

岡田啓介内閣組閣

7月1日、ゴルフトーナメント、皇太子を同伴し吹上御苑ゴルフ場へ。

3日、各大臣の辞表*を提出した斎藤首相に「何分の沙汰あるまで依然その職務を執るように」と命ずる。牧野内大臣を召して今後の処置を問い、御殿場滞在中の元老西《さい》園寺《おんじ》公望《きんもち》を召す。

4日、清浦奎吾《きようらけいご》（前官礼遇者）・一木《いつき》喜《き》徳郎《とくろう》（枢府議長）ら重臣*が順次参内し、西園寺に対し、後継内閣については憲法の精神を遵守すること、内外時局多端の折柄無理をしてはならないと述べる。西溜ノ間にて元老・重臣の協議の結果、岡田《おかだ》啓介《けいすけ》海軍大将を後継首班に奏薦。天皇は「岡田ならば最も安心する」と述べる。西園寺の参内に対し、天皇・皇后よりメロン・生物学研究所産の野菜を下賜。

＊済寧館　皇居内に設けられた華族・宮内官・皇宮警察官の武道稽古のための道場。

＊初節句　天皇・皇后より皇太后へ5種交魚1折、天皇より皇太子に檜兜・飾太刀・旗・幟、天皇・皇后より皇太子に神武天皇御神像。

＊独立歩兵第1連隊　1934年に軍旗を拝受して満州駐留となった。日中戦争勃発後は北京周辺で戦い、38年に編成替えして歩兵第88連隊となる。

＊辞表　1934年の帝人事件が世上を騒がせた。被告は全員無罪となったが、政府への

6日、本庄武官長に対し、真崎甚三郎《まざきじんざぶろう》教育総監がロンドン条約に対し政治的な発言をしたことにつき、「教育総監としてその言動は不可解である」と苦言を呈する。

7日、前日の天皇の苦言を受け、本庄武官長より、真崎が牧野内大臣に送った書状につき委曲《いきょく》を聞く。この日、岡田による閣僚工作が進行するとの情報があり、天皇は折に触れラジオ・新聞、木戸幸一内大臣秘書官長・横溝光暉《よこみぞみつてる》内閣書記官らよりもたらされる情報の入手に努める。岡田参内に備え、就寝まで海軍軍装で過ごす。

8日、午前9時35分、岡田より閣員名簿を受ける。親任式終了後、西園寺に葡萄酒2本（シャトー・マルゴー1880年醸、1900年醸）を下賜。

11日、伏見宮博恭《ふしみのみやひろやす》は、海軍軍籍にある皇族として海軍軍縮会議に対する海軍の方針について意見を述べ、覚書を提出する。伏見宮退出後、鈴木侍従長に「皇族が個人の資格を以てかかる奏上をなすことは憲法発布後はあるまじきことである」と伏見宮の行為を難じ、覚書の処置を問う。覚書は本庄武官長を通じて差し戻しとなる。

14日、葉山行幸*（皇后は行啓せず、翌15日に皇太子と那須へ）。この行幸で御座船は「竹」、伝馬船は「名島」、新造の内火艇*は「葉山丸」と名付けられる。

24日、本庄武官長を召し、満州国在黒河ソ連領事館にて宮崎大尉（陸軍特務機関）が機密書類を窃取《せっしゅ》しようとしたとタス通信が報じた件を問う。

岡田啓介首相に海軍軍縮問題への注意を述べる

攻撃は強まり、斉藤実内閣は総辞職した。

＊重臣　宮中内での協議には内大臣も参加し、重臣の範囲は、枢府議長および首相たる前官礼遇者とした。この結果、初めて重臣が後継内閣の協議に参加。

＊葉山行幸　滞在中は政務のほか午前はラジオ体操・生物採集、午後は研究・水泳。当初は29日還幸であったが、30日の明治天皇祭の後に再び葉山へ行幸し、8月6日まで滞在。

＊内火艇　内火とは内燃機関（エンジン）の意味で、エンジン搭載の小型船舶のこと。

8月3日、ドイツ国大統領ヒンデンブルク死去につき弔電*。6日、葉山より那須*へ。
22日、米国より帰朝の近衛文麿公爵より、同国の状勢を聞く。
23日、岡田首相より、海軍軍縮会議問題に関し前内閣の五相会議決議に基づき行動することと、実施計画を研究中であることなどを聞く。「海軍の強硬なる主張を容れることはやむを得ざるも、海軍が過激に陥ることがないように注意すべきこと、軍縮妥協の成立を望むこと、万一不成立に終わる場合においても日本が責任を負うことがないようにしたいこと、漸く英米の対日感情改善の兆《きざ》しがある中、その芽を摘み取るようなことがないよう注意すべきこと」などを述べる。

ロンドン海軍軍縮会議予備交渉の原則

9月1日、震災記念日につき邸内で慎み。例年のごとく職員や守衛に、昼食として握飯・梅干・沢庵・福神漬を給与。本年は死者の霊を弔するため、各室にて1分間の黙祷を供奉員に指示。6日、東京還幸。黒磯駅*より原宿駅に着し、宮城へ。
7日、岡田首相より、ロンドン海軍軍縮予備交渉の帝国代表者への訓令案を聞く。帝国代表者は松平恒雄《まつだいらつねお》特命全権大使・山本五十六《やまもといそろく》海軍少将。訓令において、帝国の方針として、大海軍国間*における軍縮の方法は差等比率主義*を撤廃し、各国の保有し得る兵力量の共通最大限度の規定を原則とすること、またワシントン海軍軍縮条約の廃止を前提とすることが示される。天皇はこれに関し、しばしば鈴木侍従長を召す。

***弔電**　ヒトラーが新大統領に就任したとの認識のもと、新大統領に宛てられたが、そのような事実はなく、7日に首相たるヒトラーより礼電。

***那須**　9月6日まで滞在。政務のほか、午前は邸内で生物学研究、午後は乗馬・ゴルフなど。

***黒磯駅**　今回より、天皇・皇后が皇太子・内親王同伴で宮廷列車に乗車の場合、御剣・天皇・御璽の順に第1号車の昇降口から乗り、皇后以下は天皇を送って後、第2号車の昇降口より皇后・皇太子・成子・和子・厚子の順

この日より、宮城で天皇・皇后の手許にわたる内閣・宮内省・陸海軍各省よりの書類などは、原則として侍従職で消毒。

8日、伏見宮軍令部総長より、ロンドン海軍軍縮会議予備交渉の訓令中の統帥事項につき、海軍に関する事項として特に日本と米国の保有すべき海軍兵力量の最大限度を共通とし、かつそれをなるべく低く規定する件、ワシントン海軍軍備制限条約より速やかに脱却する件につき、国防用兵上適当と認める旨の説明を聞く。最大保有量の平等、比率主義の全面排撃などを種々問う。伏見宮は種々説明するも、天皇は納得せず。伏見宮は本庄武官長・出光武官に天皇への更なる説明を依頼。のち閑院宮参謀総長より、同じく訓令中統帥事項に関し、陸軍の作戦上支障なしの旨を聞く。

11日、大角岑生《おおすみみねお》海相に軍縮条約成立に対する意思を問う。大角は成立に努力する旨を答える。天皇は訓令案の方針で進める一方で、米国などと紳士協定のごときものを取り決め、兵力量の差や比率を多少容認する方法はないかと問う。大角は、過去の米国の態度などから紳士協定の効果はない旨を答える。天皇はさらに協約の成否に拘わらず過分の軍拡となる虞《おそれ》はないかと問う。大角は極力注意すると答える。

なお、この日朝、本庄武官長は天皇に、各国経済難の情勢下では協定不成立でも戦争になる虞はなく、英米より差等比率を押しつけられるよりは、協約不成立の方が国防上良いとみなしていると述べていた。

に乗ることとなる。降車の場合は乗車に準じ、内親王から順に行う。

＊大海軍国　海軍大国であるアメリカ、イギリス、日本など。

＊差等比率主義　各国間に格差をもうけ、船舶保有量などをその格差の比率で決定していく方式。

12日、出光武官は大角海相を訪問し、前日の天皇への回答要旨を記録に残すことを求める。海相が加筆した記録が作成され、天皇が見て、証拠として侍従武官府に保管*。

14日、岡田首相より、閣議決定の「対満関係機関の調整に関する件*」を聞く。該案が永久的なものか否かを問い、岡田は暫定的と答える。また、改正による官吏の失職を問い、岡田より極力少なくすると答える。

20日、田中光顕（元宮相）参内、退出後に鈴木侍従長に、川村鉄太郎伯爵の陞爵《しょうしゃく》、高松宮喜久子妃のこと、会津・仙台など東北方面の諸侯に陞爵のことなどを口達。

「陸軍パンフレット」の説明を聞く

10月12日、岡田首相より在満機構改革*の説明を聞く。

16日、清水澄の定例行政法進講にて、陸軍省新聞班発行の陸軍パンフレット（『国防の本義とその強化の提唱』）に関する説明を聞く。本庄武官長より在満機構改革に関する陸軍*の声明につき、陸軍省に確認した結果を聞く。

18日、本庄武官長は林陸相を訪問、天皇に在満機構に関する説明をするよう注意。

ワシントン海軍軍縮条約廃棄に関する元帥会議

10月23日、出光武官より、ワシントン海軍軍縮条約廃棄に関する元帥会議への諮詢を予定通り29日に願いたい旨を聞く。すでにロンドンにて開始された予備交渉の状況如何で延期することも含み置くよう述べる。

＊保管　訓令案につき、協定を成立させようとするものであること、軍拡とならないよう各国保有量の最大限度を低下させること、協定不成立の場合に米国が高度軍備を整備しても日本はそれに追随しようとするものではない、との覚書を前日に出光武官は加藤軍令部次長と交換、天皇が見て侍従武官府に保存された。

＊対満関係機関の調整　内閣に対満事務局を新設して拓務省所管の対満関係事項の大半を移管、在満機関を現行の関東軍司令部・駐満特命全権大使・関東庁の三位一体制より、関東軍司令部・駐満特命全

24日、伏見宮軍令部総長に、近く末次信正が軍人会館で講演を行うことにつき煽動的にならないよう注意する。また、ロンドンにおける軍縮条約不成立の場合、軍拡となり国民負担を増加させないか問う。伏見宮は、末次は近来穏健となったこと、条約不成立でも国費の過度の膨張とはならない旨を答える。

29日、閑院宮参謀総長・伏見宮軍令部総長より、ワシントン海軍軍縮条約廃棄通告に関する件の元帥府への諮詢を求められる。伏見宮は廃棄通告を急ぐ理由を、新条約の成否に拘わらず廃棄に応じる対策を速やかに行わなければならないためと答える。両総長退出後、元帥会議諮詢の必要を本庄よりの説明で納得するも、諮詢を急ぐ伏見宮の返答になお疑問を呈し、出光武官の報告と一致せず「諒解に苦しむ」と述べる。

31日、閑院宮参謀総長より、ワシントン海軍軍縮条約廃棄通告に関し元帥会議で可決した旨を聞く。両総長より、首相への奉答文の閲覧を願われる。その際、天皇は「事重大であるが故に関係当局になお慎重に審議させる旨、軍部はその意図のみを主張して協調を誤らないよう注意すべき旨」を述べる筈のところ、手違いで、両総長退出後、本庄武官長より伝達することとなる。さらに天皇は筆記した言葉の控えを武官より両総長に届けさせる。

11月1日、参内中の岡田首相に元帥会議の奉答文を見せるよう本庄武官長に命ずる。あわせて、昨日の両総長への天皇の言葉も首相に伝えるよう述べる。その際、本庄よ

権大使の二位一体制に改めること、関東州に知事をおくことなどが骨子。

＊**在満機構改革**　関東庁警務部長を関東軍憲兵司令官が兼任すること、関東庁警察官や拓務省に反発があることを天皇が懸念した。岡田は臨時議会のための参内と語り、それが新聞報道された。

＊**陸軍の声明**　この日の新聞に、関東軍幕僚談として、関東庁・拓務省の軍部批判に対する強硬な反駁が掲載された。

り、「軍部の意図のみを主張して協調を誤ることのないよう注意すべき」とするくだりにつき、外部に漏れた場合、軍部に不服の感懐を与える嫌いがあるとして見合わせを願われる。

桐生鹵簿誤導事件

11月10日、午前、生物学研究。午後、陸軍特別大演習統裁*のため、群馬・栃木・埼玉各県へ行幸。大本営（群馬県庁）に到着。

14日、高崎駅より観兵式場（乗付練兵場）に着し、「白雪」にて閲兵。賜饌場《しせんじょう》（歩兵第15連隊兵営庭）にて賜饌後、大本営（群馬県庁）に着す。大本営は行在所《あんざいしょ》となる。

15日、赤城登山、降雪で見晴台には行かず、地衣類・変形菌などを探す。

16日、行在所より桐生駅へ。鹵簿は自動車にて桐生西尋常小学校の織機天覧場へ向けて進発し、末広通りを左折すべきところ、先駆自動車はそのまま直進、続く町村金五行幸主務官搭乗の自動車も追従する。先駆自動車が異変に気づくも引き返せず、やむなく鹵簿は本町通りで左折し、第2の行幸先である桐生高等工業学校に着す。

桐生高等工業学校では準備が完了していたが、奉迎の際に休所で控えていた松田源治文相以下が間に合わなかった、などの支障があった。

夕刻、湯浅内相より、この日の行幸順路の手違い*につき聞く。

19日、後藤文夫《ごとうふみお》*内相・岡田首相より、去る16日の鹵簿誤導事件のお詫び*。

＊陸軍特別大演習　荒木貞夫陸軍大将を司令官とする西軍、阿部信行陸軍大将を司令官とする東軍との間で、群馬県内を中心に行われた。東西両軍は日没後行動を開始、西軍は桐生・太田付近より、東軍は下館・下妻付近より前進を開始。

＊手違い　後続車に搭乗の町村金五行幸主務官の措置がまずく、運転手も誤りに気づかなかったことによる。しかし、前駆自動車の錯誤と左折地点の標識の欠如という理由で、宮内官懲戒令としては最も軽い譴責処分となる。大臣官房総務課長の酒巻芳男が訓戒処分。

在満機構改革

12月10日、牧野《まきの》伸顕《のぶあき》内大臣より、南次郎《みなみじろう》（関東軍司令官満州国駐箚特命全権大使）と会談した内容を聞く。会談にて、南は今回就任の心得として、第1に日満関係は不可分の基礎の下に満州国の独立国としての成立・発達を期待すること、第2に国防については軍部により施設や方針が実現しつつあるが、治安については将来的には満州人にあたらせること、第3に産業・経済の発展についてはその道に経験のある人物に研究させ、大体についてはなるべく満州は満州人に治めさせ、日本はその大綱を掌って政治を行うものとし、日系官吏の淘汰を断行したいなどと発言。天皇はその内容に満足し、支障なく徹底的に行うことを望む旨を述べる。

19日、枢密院会議臨席、ワシントン海軍軍縮条約廃棄通告の件を、全会一致可決。

21日、本庄武官長より在満機構の大要を聞き、満州国の内面指導のごとき政治に関することを軍司令部が行うことは適当でなく、大使が行うべきではないかと尋ねる。本庄は、満州国を助成し、日系官吏や事業家の専横を抑え日満協和の真目的を遂行するためには、威力をともなう軍司令官が内面指導にあたることが良いと答える。天皇は、それは人の問題に属し制度の問題にあらず、今回の機構改革は暫定的であるべきと述べる。23日、皇太子誕辰日、余興に狸踊り、手品、「誕生日の歌」の合唱など。

28日、発熱ならびに倦怠にて仮床。

＊**後藤文夫**　内務官僚。1932年に近衛文麿らと国維会を結成、新官僚として話題を集める。斎藤実内閣の農林相、岡田啓介内閣の内相を歴任。のち大政翼賛会事務総長。戦後は原子力発電導入に尽力。

＊**お詫び**　桐生市民は言動を慎み、誤導した本多警部は謹慎中の18日午前9時8分の宮廷列車の前橋駅発車に合わせて自決を企て重態となった。群馬警察部長らには減俸処分など。

天皇機関説事件（1935）

宋哲元軍との交戦

1月1日、仮床中のため四方拝は取り止め。歳旦祭は代拝。晴御膳、拝賀も行わず。

4日、静養中につき政始は取り止め。5日、新年宴会、取り止め。

8日、静養のため陸軍始観兵式への行幸を取り止め。

9日、葉山行幸。滞在中は海洋生物採集・研究・海岸散歩で過ごす。

19日、本庄繁武官長を召し、満州国熱河《ねつか》省に侵入した宋哲元《そうてつげん》*（察哈爾《チヤハル》省政府主席）軍に対する関東軍の討伐情況を問う。21日、宮城還幸。

24日、歌会始、題は「池辺鶴」、詠進歌総数は3万9637首。夜、当直武官に対し、満州国熱河省において関東軍隷下の永見支隊が宋哲元軍を撃退したことに関し、越境如何を問う。

25日朝、本庄武官長より越境はないとの返答。その際、昨日の衆議院本会議にて軍事費の偏重などを指摘した斎藤隆夫《さいとうたかお》*議員の質問につき、武官長に問う。

28日、皇后と講書始*。

陸軍観兵式における溥儀への敬礼問題

＊宋哲元　馮玉祥の配下で蒋介石と対立。察哈爾省政府主席。宋の腹心秦徳純と、土肥原賢二との間に土肥原・秦徳純協定が結ばれ、宋は罷免される。

＊斎藤隆夫　1935年、「陸軍パンフレット」と軍事費偏重の流れを批判、2・26事件後には軍部の政治関与を批判するいわゆる「粛軍演説」、40年には混迷する日中戦争のあり方を問いただす「反軍演説」を行い、議員除名となった。しかし、42年の翼賛選挙で当選し議員に復帰した。

＊講書始　国書は新村出の「和名類聚抄」、

2月1日、本庄武官長より*ハルハ事件を、町尻武官より外蒙兵撃退を聞く。

2日、皇后・成子《しげこ》・側近者とカルタ会にて、小倉百人一首・能カルタを楽しむ。

18日、本庄武官長より、溥儀《ふぎ》来朝の節の観兵式に際する陸軍の対応を聞く。すなわち陸軍は、天皇同列の際に他国の皇帝に敬礼することは忍びないとして、観兵式への天皇の行幸を願わないことを宮内省に希望する。しかし、宮内省は国際慣例を無視するものであるとして、陸軍の意見緩和を求める。結果、観兵式に天皇の行幸を求め、陸軍は天皇に全軍隊の特別鄭重な敬礼を捧げることで決着。ただし、軍旗は溥儀に対し敬礼しないこととされる。午後、観兵式に際する陸軍の対応に同意しかねるが差し支えないと述べ、溥儀に軍旗の敬礼を行わない理由を問う。

22日、本庄武官長より、溥儀来朝の節の観兵式における陸軍礼式を聴許《ちょうきょ》。本庄より「天皇の表徴としての軍旗に対する全軍将兵の信仰につき」説明を受け、軍旗の敬礼を行わないことも許諾する。

陸軍パンフレットと天皇機関説事件

2月27日、本庄武官長より、陸軍省新聞班作成の「非常時に対する我等国民の覚悟」と題するパンフレットの内容を聞き、見る（翌日午前、これにつき本庄に問う）。

28日、夜、大金益次郎侍従を召し、*美濃部《みのべ》達吉《たつきち》貴族院議員の告訴問題を問う。

天皇機関説排撃は迷惑である

漢書は宇野哲人の「論語為政篇　為政以徳章」、洋書は姉崎正治の「十七条憲法の外国語訳文に就て　特に法の意義に就て」。

＊ハルハ事件　満州国興安北省ボイル湖畔のハルハ廟を占拠した外蒙軍を駆逐した事件。

＊美濃部達吉　去る18日、貴族院本会議にて、菊池武夫男爵より美濃部の著書（『逐条憲法精義』『憲法撮要』など）が国体に反する旨の質問が出され、25日に美濃部は弁明を行う。この日、江藤源九郎衆議院議員が東京地方裁判所検事局に不敬罪の告発を行った。

3月7日、本庄武官長を召し、南京《ナンキン》・広東《カントン》にて汪精衛《おうせいえい》（中華民国国民政府行政院長）ほか現地有力者と懇談を重ねる土肥原賢二《どいはらけんじ》（奉天特務機関長）の言動に関し、二重外交の弊害の有無につき問う。

8日、出光武官より、最近激増の海軍飛行機事故の原因と対策を聞く。

11日、本庄武官長より、去る9日に問われた林陸相の議会における答弁につき返答。本庄を召し、「天皇機関説排撃のために自分が動きのとれないものにされることは迷惑である」との感想を述べる。午後、再び本庄を召し、軍部の一木《いっき》枢府議長非難に関し、「一木は非難すべき点のない旨」を述べる。

28日、本庄武官長より、昨日の軍事参議会での天皇機関説に関する論議、南北朝正閏論決定当時の話につき聞く。

29日、午後、本庄を召し、天皇機関説につき陸軍が首相に迫り解決を督促するのではないかと問う。また、憲法第1章第4条「天皇は国の元首にして統治権を総攬し此の憲法の条規に依り之を行ふ」につき、すなわち機関説であるとの考えを示す。

溥儀の来日

4月2日、林陸相より、昨年11月の陸軍士官学校事件*の件を聞く。

6日、満州国皇帝溥儀、お召艦「比叡」にて横浜港に入港。秩父宮の出迎え。天皇は東京駅に行幸、挙手の礼にて溥儀を出迎え、秩父宮の紹介にて対面し、握手をする。

***陸軍士官学校事件**　陸軍士官学校の青年将校を中心に直接行動による国家改造を計画したとされるもので、のち4日、村中孝次陸軍歩兵大尉・磯部浅一陸軍一等主計らの停職処分が発表される。

晩餐会の半ばに天皇は起立し、「貴国と我国とは境を東洋に接し緊密離るべからざる関係に在りますことは今更《あらた》めて申すまでもありませぬ」との歓迎の挨拶を述べる。溥儀は、「朕位に即きて以来幸に貴国の終始一貫せる援助に頼り国基略々《ほぼ》茲《ここ》に定れり」と答詞。両国国歌奏楽の後、乾杯。その後、溥儀は約1時間にわたり舞楽を見る。

9日、溥儀のため陸軍観兵式挙行につき、代々木練兵場へ行幸。歓談の後、溥儀と馬車に乗り、乗馬の秩父宮を従えて場内を一周し閲兵。

10日、岡田首相より、昨日の閣議で美濃部達吉の著書（『逐条憲法精義』『憲法撮要』『日本憲法の基本主義』）に関し、出版法第19条により発売頒布禁止の行政処分を決定したことを聞く。

24日、本庄武官長を召し、帝国在郷軍人会本部発行の「大日本帝国憲法の解釈に関する見解」と題する天皇機関説排撃のパンフレット*につき問う。

29日、天長節。代々木練兵場にて天長節観兵式。乗馬で閲兵。分列式の途中より本降りとなるも、外套も着せず見る。午後、天長節宴会。柳原愛子《やなぎわらなるこ》ら旧女官より拝賀。

壮丁の体格

5月4日、酒井康武官より関東軍の討匪《とうひ》状況を聞き、去る2日の京図《けいと》線*列車襲撃事件で行方不明となった下士につき問う。また、夕刊に掲載された于学忠《うがくちゅう》*（甘粛省政府主席）の停戦協定無視と、これに対する関東軍の重大決意につき、武官に電話で問う。

***パンフレット**　翌日午後、本庄より、林陸相・真崎教育総監と会見した結果を聞く。27日午後には本庄に、パンフレットを精読した結果として、種々見解を述べる。

***京図線**　満州国首都の新京から朝鮮の図們までを結んだ満州国有鉄道。

***于学忠**　張作霖爆殺事件後の張学良を支えた。1932年に河北省政府主席となるも、35年の梅津・何応欽協定で罷免される。36年には西安事件前の張学良と会談、張が拘留されると、張に代わって軍を指揮した。

18日、本庄武官長を召し、陸相・海相が首相に対し、天皇機関説問題に関し強硬な進言を行った旨の新聞報道を問う。

31日、石田保秀武官より第1師管徴兵署*への差遣復命、その際、明治41年以降徴兵検査諸統計図表につき、壮丁《そうてい》の体格が明治時代に比してやや不良となりつつある旨の説明を受け、種々問う。

何応欽との交渉

6月7日、閑院宮参謀総長より北支の情勢および北支交渉問題処理要綱*を聞く。

8日、水田にて愛国などの苗を手植え。なお、赤坂離宮の稲栽培は本年限りとなる。

11日、本庄武官長より、北支交渉において何応欽《かおうきん》より国民政府が日本側の要求を全て容認する旨の回答をしたことを聞く。何応欽は、河北省内の中国国民党の一切の党部の即日撤廃をはじめとする4項目などからなる回答を口頭にて行うも、日本側は覚書とすることを要求し、7月9日、全ての事項を承諾し自主的に遂行する旨が記された梅津美治郎《うめづよしじろう》支那駐屯軍司令官宛ての通知書を受領（梅津・何応欽協定）。

13日、閑院宮参謀総長より北支問題のその後の状況、去る5日の察哈爾省張北《ちょうほく》にて宋哲元軍が日本軍人を拘束した事件（張北事件）を聞く。

15日、本庄武官長を召し、宋哲元軍への対策を聞く。

一木らにまで累が及ぶ嫌いがある

***第1師管徴兵署**　大日本帝国陸軍の師団が管轄する区域が師管区。兵の徴兵は、師管区のある本籍地で行われた。第1師管区は東京を中心に山梨・神奈川・埼玉・千葉を区域とした。

***北支交渉問題処理要綱**　6月5日に陸軍中央部で案を作成、海軍と外務当局との調整で翌6日に決定。内容は、塘沽停戦協定に基づき、反日満的実行機関の北支撤退、責任者の于学忠の罷免を要求、第51軍と中央直系軍の保定以南移駐を希望。この結果、陸軍は武力を背景に強硬態度をとり、何応欽らと会見。

7月6日、昭和10年度東京・横浜・川崎3市防空演習にて、宮城も灯火管制*を実施。

9日、朝、本庄武官長より、天皇機関説の議論につき、陸軍としては健軍の本義に悖《もと》るため放任しがたい旨、および一木枢府議長ほか個人に累が及ぶことではないと考える旨を聞く。後刻、本庄を召し、天皇機関説を明確な理由なく悪いとする時は必ず一木らにまで波及する嫌いがある故、陸軍などで声明をなす場合は、余程研究した上で注意した用語によるべきとの考えを述べる。

15日、葉山行幸。滞在中、「葉山丸」「三浦丸」によるドレッジ採集・研究・水泳などで過ごす。午後、林陸相より真崎教育総監更迭を聞き、天皇はこの人事が陸軍の統制上に支障を及ぼす可能性を問う。

16日、本庄武官長より、真崎の更迭につき「この度の如き強制的更迭は重大事にして軍の統制にも関わる問題であること」から、閑院宮・梨本宮《なしもとのみや》両元帥陸軍大将を召して善後処置に努めるよう命ずるのが良策と考える旨を聞く。天皇は直ちに両元帥を葉山に召す。

30日、林陸相より、昨年11月の陸軍士官学校事件により停職中の村中孝次歩兵大尉と磯部浅一一等主計が小冊子（粛軍に関する意見書）を配布したことに対する処分につき聞く（8月2日、両名の免官が発令される）。

永田鉄山刺殺事件

＊灯火管制　午後2時10分より翌日午前7時15分まで、6回にわたり空襲警報が発令され、表・奥両御座所など各所で遮蔽および消灯がなされる。天皇・皇后の在京時の灯火管制の初例。6月26日に宮城内で、7月4日に奥御座所などで予行演習がなされた。

8月2日、葉山沖に回航の連合艦隊の陣形運動を望遠鏡にて見る。連合艦隊60余隻の艦隊は登舷礼式にて御用邸を遙拝し、航空母艦は飛行機の発艦作業を行う。

12日午前、相沢三郎《あいざわさぶろう》歩兵中佐が軍務局長室に闖入《ちんにゅう》し、執務中の永田鉄山《ながたてつざん》軍務局長を刺殺。正午、侍従武官府は電話にて永田危篤を葉山に通報。午後、陸軍省人事局課員が御用邸に参着し、本庄武官長に永田進級*の進言を依頼する。

国際条約および親書などの帝国国号を「大日本国」から「大日本帝国」に統一。

19日、「葉山丸」に乗船した西園寺八郎の城ヶ島沖での採集物*を見る。

28日、林陸相より、去る26日の軍司令官・師団長を召集し永田遭難事件に関する陸軍大臣訓示、および師団長会議の経過を聞く。天皇は「今後注意すべき」と述べる。

リースロースの来日

9月4日、岡田首相より、林陸相提出の永田事件の辞表、および後任人事の件。元来、大臣辞任に際しては内大臣に問うのが例であるが、今回は特別の事情により、天皇は直ちに認める。

17日、今般渡来の英国政府主席経済顧問リースロースと対面。英国大使クライブよりリースロースの使命に関するジョージ5世よりの親書*を受ける。

18日、美濃部達吉の貴族院議員辞職を裁可。岡田首相より天皇機関説をめぐる美濃部の司法処分*を聞く。

***永田進級の進言**　刺殺後、陸軍少将から中将、正五位から従四位に。午後4時、陸軍省より永田死去と発表。

***採集物**　翌昭和11年、この日採集されたヒドロ虫類に付着した微少な海洋生物が、和名エノコロフサカツギとして発表される。

***親書**　リースロースの使命は、中華民国の混乱する経済状況を考究し復興案を建言すること、日本と協調して遂行されるべきことなどが記された。

***司法処分**　学説に対しての不敬罪の告発は、故意に不敬の言説をな

19日、ヒトラーより贈進の『嵯峨天皇画像』（伝小野篁《おののたかむら》筆）を見る。『嵯峨天皇画像』はベルリン民族博物館所蔵のもの。天皇はヒトラーに礼電。

26日、閑院宮参謀総長に、「各方面に下克上の風潮がある現下、時局問題に積極的な陸軍において部下に引きずられず、特に出先の専断を適宜戒めるべき旨」を陸相に伝えるよう述べる。

27日、平田武官より、昨日の海軍大演習中に発生した*第4艦隊の事故の大要を聞く。

第2次国体明徴声明

10月8日、本庄武官長より、天皇機関説に対する軍部の対策として、陸海相が共同し、政府が厳粛かつ速やかに統帥権の主体が天皇にあることを表明するよう岡田首相に申し入れた旨を聞く。

10日、本庄武官長を召し、天皇機関説問題に対する軍部の態度につき、政府にて再声明を出す以上、機関説信奉者を一掃する人事刷新の主張を止めては如何と述べる。午後、本庄より、再声明に関する件および人事に関する撤回は陸相として不可能である旨を聞く。

15日、岡田首相より、海軍軍縮予備交渉に対する英国への回答、および政府が発表した*国体明徴に関する再声明（第2次声明）につき聞く。

20日、皇后とともに、皇太子がメリーゴーラウンドで遊ぶ様子を見る。

したものと認め得ないとして、不起訴。

***第4艦隊の事故**　函館東南東の太平洋上で猛烈な低気圧に遭遇し、駆逐艦「初雪」「夕霧」が艦首を切断するなど艦船多数が損傷、多数の死傷者を出した。

***国体明徴に関する再声明**　軍部や右翼は美濃部達吉の議員辞職に際しての声明に反発、国体明徴の徹底を岡田啓介内閣に迫った。政府は、8月3日の天皇機関説は国体の本義に反するとした第1次国体明徴声明に続き、機関説は取り除かれるべきとした第2次国体明徴声明を発した。

31日、海軍大学校卒業式に行幸。約1時間、図上演習を見る。還幸後、川島義之陸相より、北支における反日満策動の排除を河北省政府首席の宋哲元に要求した件を聞く。

鹿児島・宮崎での陸海軍特別大演習

11月4日、湯浅宮相より、崇仁《たかひと》の称号候補案として「三笠」「常陸」「榛名」「筑紫」の4候補を受け、「三笠」を採択。

午後、岡田首相より、閣議決定のロンドン海軍軍縮会議帝国全権委員に与える訓令案などを聞く。伏見宮軍令部総長より、同訓令案中の統帥事項を聞く。訓令案では、帝国海軍軍縮の要旨を、西太平洋の制御と国家生存発展に必要な海上交通線の防護を以て、東亜の安定勢力たる日本帝国の地位を確保するに足る兵力の整備にあるとした。そして、海軍軍縮協定にては、日本帝国がアメリカと均等な海軍兵力を保有整備し得る権利の確立を必要とし、その上で兵力量の各国共通最大限度の規定や攻撃的兵力の極力削減などに基づく交渉が指示された。

5日、新宿御苑にて観菊会。済南《さいなん》事件・満州事変・上海事変の記念のため吹上御苑内に造営中の御府を「顕忠府《けんちゅうふ》」と命名。扁額の揮毫《きごう》は閑院宮載仁。

6日、陸軍特別大演習*・海軍特別大演習統裁のため、鹿児島・宮崎両県へ行幸。横須賀港よりお召艦「比叡」にて鹿児島へ向かう。夕刻、朝来の風邪のため寝室へ。

*大演習　青軍の陸軍主力は鹿児島県加治木・川内付近、上陸部隊は海軍護衛のもと大隅半島に向けて航行、赤軍の陸軍主力は宮崎県都城・鹿児島県国分付近、一部は海軍と協力して青軍の海上輸送を妨害し、大隅半島沿岸を警備。
　この日夜半、青軍は有明湾西岸に上陸を開始、また別に鹿屋飛行場を占領。赤軍は有明湾西岸にて敵の上陸阻止に努め、吉松・隼人付近にて青軍と対峙。

13日、観兵式場（都城飛行場）に向かい「白雪」にて閲兵。大本営へ戻り、陸軍特別大演習は終了。午後、地方行幸となり、宮崎駅に向かう。14日、宮崎神宮拝礼。

15日、美々津駅付近にて、神武天皇東征の舟出跡を車中より見る。

18日、「比叡」にて鹿児島港を出航、古江港より自動車にて*吾平山上陵《あいらのやまのうえのみささぎ》に向かい参拝。古江港より出港、航海中はしばしばデッキゴルフ。

21日、横須賀入港。宮城還幸。

27日、四手井《しでい》綱正《つなまさ》武官より、昭和8年5月の塘沽《タンクー》停戦協定により設定された日支停戦区域（河北省北部）における*殷汝耕《いんじょこう》の自治宣言（冀東防共自治委員会樹立）を聞く。

28日、午前5時に皇后は産殿に入り、午前7時57分に親王誕生（第2皇子）。ともにシャンパンを挙げ、特に岡田首相・一木枢府議長も加わる。*御剣を賜うの儀。

満州事変などの論功行賞

12月18日、本庄武官長を召し、帝国議会開催に際し、国体明徴運動などにより政党が内閣不信任案を出し、政府が解散を決断した場合の陸相の対応如何を問う。

21日、岡田首相より昭和6年ないし9年事変における論功行賞を聞く（23日、湯浅宮相より、論功行賞として、海軍大将の大角岑生《おおすみみねお》、陸軍大将の荒木貞夫・本庄繁に男爵を授ける旨を聞く）。

＊吾平山上陵　ウガヤフキアエズとタマヨリビメの陵。可愛山陵・高屋山上陵とともに神代三山陵の一つ。

＊殷汝耕　中華民国の政治家、実業家。日本に留学し早稲田大学を卒業後に帰国、日本との通訳などをつとめた。1935年、冀東防共自治委員会樹立に関与し、同自治政府政務長官となる。戦後、漢奸として逮捕され銃殺刑となる。

＊御剣を賜うの儀　鈴木侍従長を勅使として皇后の本宮に差遣。皇后宮大夫・女官を経て剣を親王に賜う。

2・26事件とその余波（1936）

山口一太郎の演説と満井佐吉の弁論

1月7日、本庄繁武官長を召し、一昨5日夜半、北平《ほくへい》にて宋哲元《そうてつげん》軍が日本軍へ発砲した事件を問う。夕刻、武官を経て、同件および満ソ国境におけるソ連兵不法侵入事件に関する参謀総長よりの報告を聞く。

11日、本庄武官長を召し、『東京日日新聞』に掲載された、山口一太郎*が、昨10日の初年兵入営日に見送りの父兄に対し内閣批判と国体明徴の徹底を求める演説を行った旨の記事を問う。本庄より、山口に訓諭した旨、ならびに詫びの言葉を受ける。

12日、岡田首相より、ロンドン軍縮会議全権に対する回訓案を聞く。

14日、講書始*。本庄武官長より、去る11日に長岡隆一郎（満州国総務庁長）より聴取した皇帝溥儀《ふぎ》の宮廷内の生活ぶり、少壮将校の横暴、統制経済と自由経済との関係など満州国の近状を聞く（翌日、長岡よりの話を川島義之陸相に伝えるよう命ずる）。

20日、歌会始。題は「海上雲遠」、詠進歌総数は4万255首。午後、広田外相に、ロンドン海軍軍縮会議脱退に関連し、英国との関係を特に慎重にすべき旨を述べる。

30日、本庄武官長より、永田鉄山事件公判における特別弁護人満井佐吉《みついさきち》（歩兵中佐）

＊山口一太郎　歩兵第1連隊第7中隊長、本庄繁の女婿。

＊講書始　国書は幣原坦の「国書と鄭成功」、漢書は羽田亨の「金史巻7、世宗本紀、大定13年4月の条」、洋書は穂積重遠の「ギールケ著『独逸団体法論』に就いて」。

＊第1師団　東京鎮台を母体に編成された師団。東京近郊の警備が主要任務。1936年2月22日、満州駐劄の

の発言などを聞く。後刻、本庄に国境画定に対するソ連の態度を問う。

2月5日、昨4日正午過ぎより東京地方に54年ぶりの大雪。5日午前零時に1尺4分（約30センチ）の積雪を記録。午後以後、連日侍従・侍従武官らとスキー。

11日、午前、本庄武官長を召し、外蒙古との国境問題に関し、外蒙兵不法越境に対するため関東軍が出動する旨の新聞記事について尋ねる。

13日、渡辺錠太郎《わたなべじょうたろう》教育総監に、永田鉄山刺殺事件は行政・司法両裁判の混合ではないのかと尋ねる。なお、同軍法会議は、昨日の公判において軍事上の利益を害する虞《おそれ》があるとして初めて公開が停止される。

第1師団の満州派遣と2・26事件

2月20日、杉山元《すぎやまはじめ》参謀次長より、第1師団*、第12師団*の満州派遣などを聞く。

24日、岡田啓介《おかだけいすけ》首相より、去る20日の選挙結果*を聞く。内庭や吹上御苑で連日スキー。一時は吹雪となり、午後7時の積雪は1尺1寸7分（約35センチ）。

26日、未明、第1師団・近衛師団管下の一部部隊が、侍従長官邸・内大臣私邸などを占拠。午前5時45分、当番侍従の甘露寺受長《かんろじおさなが》*は当番宮内事務官の高橋敏雄より、鈴木貫太郎侍従長が重傷、斎藤実《さいとうまこと》内大臣が即死した旨を聞く。6時頃、甘露寺は竹屋志計子女官長を通じ、天皇の目覚めを願い、ついで各所に電話連絡し、首相官邸襲撃などの情報を得る。6時20分、起床し、甘露寺より事件の報告を受ける。7時10分、本

命令が下されるが、青年将校は、満州駐劄前に事件を決行しようとして2・26事件を引きおこした。

＊第12師団　小倉に設置され、北九州方面出身者で編成。1936年4月から満州駐劄の任務にあたった。

＊選挙結果　解散前第一党の野党政友会は大量に議席を失い、与党民政党は大幅に延ばして、内閣は安定勢力を得た。

＊甘露寺受長　東宮侍従、侍従次長などを務め、戦後は皇太子妃となった美智子妃に宮中祭祀の講義を行った。

庄武官長は「恐懼《きょうく》に堪えない旨」を述べる。「事件の早期終熄《しゅうそく》を以て禍を転じて福となすべき旨」を伝え、かつて本庄が「斯様《かよう》の事態に至る憂慮」を語ったことに触れる。以後、本庄を頻繁に呼んで成り行きを聞き、事件鎮圧を督促、就寝まで14回におよんだ。7時20分以後、広幡忠隆侍従次長を呼ぶ（この日6回）。

7時30分、高橋信侍医より*鈴木侍従長の容態を聞く。9時40分、八田善之進《はったぜんのしん》侍医より*斎藤内大臣死亡の報告を受ける。10時15分、伏見宮軍令部総長より「速やかな組閣及び戒厳令の回避を要望する意見」を受ける。11時13分、川島陸相は首謀者の蹶起《けっき》趣意書を朗読し、恐懼に堪えない旨を述べる。天皇は「速やかな鎮定」を命ずる。11時38分、前日より予定されていた朝香宮鳩彦《あさかのみややすひこ》との対面を中止せずに行う。

午後2時7分、伏見宮軍令部総長は、第1艦隊を東京湾、第2艦隊を大阪湾に集合させる件などを伝え、裁可を得る。2時10分、杉山参謀次長は戦時警備下令を求め、3時に第1師管戦時警備が下令される。3時5分、一木喜徳郎《いっききとくろう》枢府議長になるべく側近に侍すべき希望を述べ、一木はじめ湯浅倉平《ゆあさくらへい》宮相・本庄武官長・広幡侍従次長・木戸幸一内大臣秘書官長らは、この日より3月8日まで宮城内に泊まる。

3時40分に高松宮、4時25分に東久邇宮稔彦《ひがしくにのみやなるひこ》と対面。4時5分、杉山参謀次長より、*第14師団の歩兵3大隊と工兵1中隊を東京に派遣する件を受ける。6時7分、大角岑《おおすみみね》生《お》海相より、後藤文夫《ごとうふみお》内相を首相臨時代理とする件を受け、裁可。7時55分、後藤文

＊**鈴木侍従長の容態**　以後、3月10日まで連日、スープを贈る。

＊**斎藤内大臣**　重傷危篤に際し葡萄酒を贈る。

＊**第14師団**　師団司令部は宇都宮。満州事変では北満を転戦、盧溝橋事件以後に華北戦線に出征、保定・山西・徐州を転戦。

＊**岡田首相即死**　叛乱軍は岡田啓介首相の殺害が目的だったが、岡

夫首相臨時代理より閣僚の辞表を受け、「速やかに暴徒を鎮圧すべき旨、並びに秩序回復まで職務に励精すべき旨」を述べる。後刻、本庄に「最も重い責任者である陸軍大臣の辞表が他の閣僚と同一文面である点」を指摘し、不審の念を漏らす。のち広幡にも同様の不満の意を示す。8時15分、陸軍省は一部青年将校の襲撃、*岡田首相即死などを発表（翌27日に大蔵省は高橋是清《たかはしこれきよ》蔵相が26日に重傷を負い死去した旨を発表）。

戒厳令発令

2月27日、零時、戒厳令に関する勅令に署名。午前1時13分、杉山参謀次長より戒厳司令部の編制などの報告。その際、天皇は徹底的な鎮圧と、戒厳令の悪用を禁ずる旨を述べる。1時45分、就寝。

午前7時20分、本庄武官長を頻繁に召し、事件の状況を聞く（午後5時27分まで12回）。この間、武官長に「自らが最も信頼する老臣を殺傷することは真綿にて我が首を絞めるに等しい行為である旨」を述べる。また、自ら「暴徒鎮圧」にあたる意志をしばしば示す（28日にも同様の意志）。8時45分、杉山参謀次長より、叛乱軍を原隊に復帰させるべき旨の戒厳司令官への奉勅命令につき聞く。奉勅命令は直ちに戒厳司令官*香椎浩平《かしいこうへい》に示され、翌28日午前5時8分に正式に発される。

午後1時35分、香椎戒厳司令官より、速やかに事態を平和裡に収束する意向を聞く。8時20分、再び香椎より明28日午前には平和裡に*鎮定する見込みである旨など聞く。

田は女中部屋の押し入れに隠れて難を免れた。叛乱軍は岡田の義弟で首相秘書官の松尾伝蔵を岡田と間違えて殺害、このため岡田首相即死説が流れた。のち、岡田は弔問客に紛れて首相官邸を脱出した。

＊香椎浩平　陸軍中将。支那駐屯軍司令官、第6師団長などを歴任。2・26事件に際し、戒厳司令官となる。

＊鎮定する見込み　この日夕刻、事件首謀者の要望に基づき、陸軍大臣官邸にて真崎甚三郎らと首謀者代表が会見し、その模様から香椎は解決の兆しありと推測した。

午後4時、大磯より帰京の梨本宮守正《なしもとのみやもりまさ》と対面。午後5時32分、秩父宮・高松宮と対面。秩父宮は任地の弘前を昨日午後11時22分の列車で上京し、この日午後4時59分に上野駅に着し、直ちに参内した。

事件鎮圧への強い意志

2月28日、午前7時38分、本庄武官長を召す（この日15回）。午前7時52分、伏見宮軍令部総長よりの、横須賀鎮守府特別陸戦隊を東京に派遣し海軍関係諸官庁の自衛警戒に任ずる件の書類を裁可。午前11時20分、広幡侍従次長を召す（この日7回）。

午後、本庄武官長より、川島陸相と山下奉文《やましたともゆき》軍事調査部長が首謀者一同は自決して罪を謝し下士以下は原隊に復させる故、自決に際して勅語を賜りたい旨の申し出があったことを聞き、非常な不満を示し叱責する。ついで堀丈夫《ほりたけお》*第1師団長が部下の兵をもって部下の兵を討ち難いと発言している旨を聞き、自らの責任を解さないものとして厳責し、直ちに鎮定すべく厳達するよう命ずる。

午後3時30分、杉山参謀次長より、第14師団主力および第2師団の一部を東京に派遣し戒厳司令官の指揮下に入れる件などを聞く。当該派遣部隊到着如何に拘《かか》わらず速やかに攻撃を開始することを希望する。5時22分、秩父宮・高松宮と対面*。

5時53分、杉山参謀次長と香椎司令官より、事件首謀者の言動が反覆して定まらず、奉勅命令にも反抗の態度に出たため、武力解決に着手するも諸般の関係にて明29日朝

＊堀丈夫　陸軍中将。1935年に第1師団長となる。

＊対面　午後、秩父宮・高松宮・伏見宮博恭・久邇宮朝融・梨本宮守正・朝香宮鳩彦・東久邇宮稔彦・竹田宮恒徳が参集し、事件につき皇族としての所見をまとめようとしたが一致を見ず、天皇へは告げられなかった。

に攻撃を実施する旨、また討伐準備とともに平和裡の解決手段を続行する旨の報告*。

7時30分、岡田*首相より詫びと辞職願、謹慎の旨を伝える。天皇は職務続行を希望。

11時24分、御格子後、躑躅杉戸前の廊下にて本庄武官長より明朝討伐決行を聞く。

事件の鎮圧

2月29日、午前6時、戒厳司令部より「断乎叛徒の鎮圧」を期す旨などが発表される。6時30分、第1師団に対し午前8時以後住民の避難状況に応じ速やかに攻撃前進すべき旨が、近衛師団に対し第1師団の前進開始にともない攻撃前進すべき旨が命じられる。攻撃開始に先んじ、戦車・飛行機による兵士説得のビラ散布、気球掲揚、拡声器・ラジオ放送などで奉勅命令下達の宣伝や帰順勧告がなされる。攻撃前進開始とともに叛乱部隊の兵士は漸次帰順し、事態は兵火を交えることなく収束。午後3時、戒厳司令部は午後2時ごろをもって完全鎮圧した旨を発表。

午前7時47分より、後藤光蔵武官より叛徒鎮圧に関する時々刻々の情勢を聞く。9時10分ごろより後継内閣銓衡《せんこう》の動きがあり、9時25分に一木枢府議長に「後継内閣銓衡は平定後を可とする旨」を示し、一木より後継内閣の問題は西園寺公望に願う旨を伝える。11時25分、事件関係者の免官を裁可。11時35分、秩父宮・高松宮と対面。

午後2時ごろ、本庄武官長より、叛乱軍は大方鎮定した旨を聞く。2時22分、広幡侍従次長より西園寺に出京を求める電話をするも、西園寺は暫時猶予を申し出る。2

＊報告　杉山らの退出後、侍立していた本庄武官長より、事件に関する陸軍の風評およびその誤解の甚しさにつき涙ながらの訴えを受ける。しばらくして本庄を召し、本庄の所感を軍事参議官に伝え、かつ速やかに事態を収拾するよう命ずる。

＊岡田首相　岡田は襲撃時の即死が報じられたが、昨日首相官邸を脱出、この日午後6時54分に参内。9時40分、岡田生存により去る26日の辞表は無効につき、あらためて岡田より各閣僚の辞表を提出。

時39分、杉山参謀次長より事件鎮定を聞く（3時12分、香椎司令官より同じ報告）。2時52分、入江為守皇太后宮大夫と対面、事件鎮定につき皇太后よりの挨拶を受ける。4時47分、伏見宮軍令部総長より今次事件で海軍が採った処置を聞く。5時、川島陸相より今次事件の詫びを聞く。5時32分、秩父宮と対面し、事件鎮定の挨拶を受ける。

陸軍軍服にて過ごす

3月1日、伏見宮博恭より今次事件の意見を聞く。香椎浩平戒厳司令官より、指揮下部隊の配置、叛徒の収容、一般治安につき聞く。本庄武官長より、閣議決定の東京陸軍軍法会議に関する緊急勅令につき聞く。各閣僚より今次事件につき機嫌奉伺*。夜、武官より今次事件における叛乱将兵の総数が千数百名の多数に上る旨の報告を受け、「左程の多数が参加する事件が予め判明しなかった事由」につき尋ねる。

2日、牧野元内大臣*と対面。香椎戒厳司令官より、叛乱軍参加将兵および叛乱に関与の民間人の詳細の報告を受け、「叛乱事件の根底は極めて広汎・深刻にて、迅速かつ徹底的検挙を要する旨」を聞く。元老の西園寺公爵*に後継内閣首班の人選を問う。

3日、杉山参謀次長より、今次事件のため東京に派遣中の第14師団の主力に原駐地帰還を命ずる件を聞く。秩父宮と対面、後継内閣につき意見を受ける。川島陸相より、今次事件につき詫びを受け、事件の根本的究明を以て軍紀を確立すべき所信を聞く。

4日、枢密院会議臨席、「東京陸軍軍法会議に関する件」にて全会一致可決。午後、

＊機嫌奉伺　事件発生後、各閣僚は宮内省に参集して職務を遂行し、この日午後4時30分、退去した。

＊牧野元内大臣　湯河原の旅宿で襲撃を受けるも難を逃れ、諸地転移の後に帰京し参内。

＊西園寺公爵　この日興津より上京して宮内省に入り、爾後、省内に宿泊、6日に退省。

＊広田弘毅　斉藤実・岡田啓介両内閣の外相、2・26事件後に組閣。第1次近衛文麿内閣で外相、戦争終結直前にはソ連との和平工作に尽力。極東国際軍事裁判では文官として唯一

西園寺公爵より後継内閣首班として近衛文麿公爵を推挙。近衛に組閣を命ずるも、健康上の理由により辞退。

5日、杉山参謀次長より、今次事件に伴う諸般の情勢、特に関東軍および満州国そのほか諸外国への影響を聞く。西園寺公爵より、後継内閣首班に*広田《ひろた》弘毅《こうき》外相を推挙。

6日、一木枢府議長を*内大臣兼任とし、松平恒雄を宮相、湯浅を内大臣とする。

本庄武官長を召し、叛乱将兵を出した近衛歩兵第3連隊・歩兵第1連隊・歩兵第3連隊・野戦重砲兵第7連隊の4箇連隊を廃止すべしとする軍部内の意見の成り行きにつき問う。香椎戒厳司令官より、叛乱軍に対する憲兵の取り調べが終了した旨を聞く。川島陸相および岡田首相より*人事を聞く。終えて、本庄武官長を召し、陸相の人事案に関し、「退職不満の結果、後害を遺《のこ》す虞《おそれ》なきや」と問う。

7日、本庄武官長に、広田の組閣難航が財界へ反響を与えた旨を話す。後刻、本庄を召し、陸軍の真意が広田内閣の絶対排斥にあるか否かを調べるよう指示。午後、本庄より、陸軍は広田個人を非難する意図はない旨を答える。

8日、朝、本庄武官長に、新聞が報じる軍部要求の強硬な様子を問う。*閑院宮参謀総長より、2月26日の事件につき、「未曾有《みぞう》の不祥事の惹起に対し恐懼に堪えない旨」、ならびに病のため直接処理に当たれなかったことに対する詫びを受ける。

9日、湯浅内大臣は、去る4日以降の軍部との交渉顛末、および政党出身閣僚を政

の絞首刑となった。

＊内大臣兼任　宮相を任ずるには内大臣の副署を要するため、一木を臨時の内大臣とした。

＊人事　川島陸相より、関東軍司令官の南次郎、軍事参議官の林銑十郎・真崎甚三郎・阿部信行・荒木貞夫の待命、植田謙吉陸軍大将の関東軍司令官補任が述べられ、岡田首相よりは、植田謙吉を特命全権大使に兼任する件が伝えられた。

＊閑院宮参謀総長　事件勃発当時、小田原で病気静養中であり、28日に上京し、この日参内した。

友会・民政党各1名のみとする陸軍の新要求による組閣断念の可能性の情報を得る。
本庄武官長に、陸軍新要求による広田組閣断念の件につき問う。本庄より、組閣は最早頓挫しない見込みである旨を聞き、その由を一木枢府議長・湯浅内大臣に伝えるよう述べる。午後、閑院宮参謀総長に「留任して軍の統制に努めるべき旨」を述べる。広田より閣員名簿を受け、「憲法の条章を遵守すること、国際関係において無理をしないこと、財界に不安を与えないように注意することを特に考慮すべき旨」を述べる。

新内閣成立につき、2月26日の事件勃発以来宮城内に連宿中の一木枢府議長・湯浅内大臣・本庄武官長・広幡侍従次長・木戸内大臣秘書官長は、この日帰宅する。

10日、寺内寿一《てらうちひさいち》陸相を召し、今次事件につき訓戒の言葉を与え、部下に徹底するよう命ずる。本庄武官長を召し、陸相がいかなる手段で全軍へ伝えるかを問う。

寺内陸相への訓戒には「近来陸軍に於て屡々《しばしば》不祥なる事件を繰り返し遂に今回の如き大事を惹《ひ》き起すに至りたるは」「憂慮に堪えぬ」とあり、その後、本庄武官長を召し、「最も信頼せる股肱《ここう》たる重臣及大将を殺害し自分を真綿にて首を絞むるが如く苦悩せしむるもの」との言葉を陸相に与える希望を述べた。

11日、事件以来初めての運動として覆馬場などで乗馬。寺内陸相より、昨日の天皇の言葉につき、「速やかに禍根を一掃し」「軍紀を粛正し団結を鞏固《きょうこ》にして御意向に応えるべき旨」を聞く。香椎戒厳司令官より戒厳状況を聞く。

12日、ロンドン海軍軍縮会議より帰朝の永野《ながの》修身《おさみ》全権より任務報告を聞く。国際条約などに記載する元首*の称呼を「皇帝」より「天皇」に改める件を治定《じじょう》。

13日、2・26事件以来初めて、嶋田《しまだ》繁太《しげた》郎《ろう》より海軍軍事学*の進講を聞く。

本庄武官長を召し、陸軍の教育法を問う。午後、本庄より、西義一《にしよしかず》教育総監よりの伝達として、「軍紀の刷新と武士道精神の昂上《こうじょう》を旨とする教育方針」を聞く。これに対し、「青年将校等が社会状勢の表裏に通じず緩急是非の識別能力のないことも事件惹起の所以ではないか」と述べる。（翌14日、本庄は後藤武官を経て、教育総監に「御言葉は常識の養成の必要を述べられたものである旨」を伝える）。

14日、事件以来取り止めていた生物学研究を再開（研究所へは3月28日まで出かけるのを控える）。香椎戒厳司令官より、叛乱者取り調べ状況、参加兵の大部の留置解除、歩兵第49、57連隊の主力を原駐地に帰還させた件を聞く。

17日、閑院宮参謀総長・寺内陸相より、事件にて叛乱者を出し陸軍内で廃止論が起こった近衛歩兵第3連隊ほかの処置に関し、連署で存置を伺う。天皇は存置を認め、将来の戒めを求める言葉を述べる。引き続き、寺内陸相より事件捜査の現況を聞く。

18日、伏見宮軍令部総長より、事件後に海軍の採った処置を聞く。昨日朝、本庄武官長より2月26日の事件につき軍長老としての責任、および親戚（女婿の山口一太郎）の事件関与の嫌疑をもって引責辞任の意向を聞き、この日午前、本庄を召し留任が最

＊元首の称呼　明治5年以来、諸外国元首と同じく「皇帝」であったが、昨年10月の枢密院審査委員会にて枢密顧問官より意見書が提出され、外務省の研究の結果、「天皇」となった。欧文は従来通り。

＊海軍軍事学の進講　海軍軍事学進講の際は海軍軍装だが、事件以来、終日陸軍軍装で過ごしたため、この日と27日の進講は陸軍軍装で臨んだ。4月17日以後、再び海軍軍装。

善の旨を述べ、退職やむなき場合の後任を海軍から選出する意図を示す。本庄は、規則上は差し支えないが多年の慣例および陸軍関係の仕事の比重の高さなどにより陸軍が難色を示し適当でない旨を答える。

26日、永野海相より、2・26事件に関連し海軍の執った処置、海軍の一般状況、近来続発の航空機事故の原因と対策、艦艇性能改善などを聞く。

戒厳令下の天長節

4月6日、事件後初めて参内の鈴木侍従長*と対面。この日のキューバ国臨時大統領就任親電の答翰より、日本元首呼称を「天皇」と記載する。

24日、皇后と吹上御苑にてこの年初めてのゴルフ。

29日、天長節祭につき宮中三殿にて拝礼。豊明殿にて宴会。2月26日の事件による戒厳令下のため、観兵式は取り止め。

第1師団の満州派遣と帝国国防方針

5月2日、岩越恒一《いわこしつねいち》*戒厳司令官より、4月28日より開始された公判の進捗状況につき聞く。

4日、第69議会開院式臨席のため貴族院へ行幸。「今次東京に起れる事件は朕が憾《うらみ》とする所なり」との異例の勅語。

11日、両総長より、帝国国防方針*および帝国軍の用兵綱領改定を聞き、新たに対英

*鈴木侍従長　事件で重傷を負い、侍従長官邸にて治療中だったが、参内可能な程度に回復、4月13日より出仕。

*岩越恒一　陸軍中将。東京警備司令官兼東部防衛司令官、香椎浩平の後任の戒厳司令官となる。

*帝国国防方針　軍事と国防の基本方針を定めた最高国策。陸海軍統帥部の意見の違いから、仮想敵国を絞りきれず、陸軍はロシア、海軍はアメリカを仮想敵国とみなしたため、世界最大の陸軍国と海軍国を相手に軍備拡張をめざす結果となった。

作戦が加えられた理由につき問う。両総長より、国際情勢上、万一に備えたものである旨を答える。永野海相に、加藤寛治《かとうひろはる》海軍大将はじめ在郷将官の政治的策動の処置方、去る9日の衆議院予算総会にて永野が海軍軍縮条約存置の希望を述べたことへの外国からの反響の有無を問う。

26日、連合艦隊特命検閲使の伏見宮博恭より、海軍士官に2月26日の事件の首謀者に同情する者がいることにつき、事件当時に当局が迅速かつ断乎たる処置を取らなかったために生じた誤解であり、速やかに当時の情況を明瞭にして誤解による謬見を是正するべき旨を聞く。

28日、岩越戒厳司令官より、今次事件の背後関係者の捜査進捗状況および叛乱将校以下の公判進捗状況、戒厳威力の漸進的な緩和につき聞く。

オリンピックの東京招致

6月2日、オリンピック東京招致のため欧州へ出発の＊副島道正《そえじまみちまさ》伯と対面。

5日、ベルリンの第11回オリンピック大会に、次回大会を東京に招致する目的を以て多数の選手を派遣するにつき、1万円下賜。

16日、第11回オリンピック役員としてベルリンへ出発の加藤真一（元東宮御学問所御用掛）と対面。

戒厳令解除

＊**副島道正**　副島種臣の3男。東宮侍従などをつとめ、京城日報社長など実業界でも尽力。伯爵で、貴族院議員もつとめた。東京オリンピック開催招致のため、渡欧してムッソリーニと会見、ライバル都市ローマの立候補撤回を交渉して成功させた。

7月1日、寺内陸相より、永田鉄山刺殺事件の上告裁判および2月26日事件の取り調べにつき聞く。永田事件の公判は去る5月7日に第1師団軍法会議にて、被告の相沢三郎を死刑に処す判決が下され、6月30日に上告棄却にて死刑が確定した。7月3日、陸軍衛戍刑務所にて死刑執行、同日、天皇は報告を受けた。

6日、寺内陸相より、2月26日の事件にて叛乱軍に参加した元将校らへの東京陸軍軍法会議*の審判結果を聞く。

12日早朝、2月26日事件で死刑判決を受けた17名のうちの香田清貞以下15名の刑の執行。この日、天皇は運動もせず、終日、奥にて過ごす。

14日、伏見宮軍令部総長に上海の事態*を問う。

17日、戒厳令解除。広田首相より、戒厳令解除後の治安対策を聞く。

20日、2月26日の事件奉告のため、神宮・神武天皇山陵・明治天皇山陵・大正天皇山陵へ勅使を向かわす。戒厳令解除ならび暑中機嫌奉伺に参内の奈良《なら》武次《たけじ》(元武官長)に、昭和6年の十月事件及び7年の5・15事件の処理不徹底が、2月26日の事件を引きおこしたとの感想を漏らす。また、あれだけの事件を未然に予知出来なかったことが不思議であると述べる。

22日、2月26日の事件につき宮中三殿に親告の儀にて拝礼、御告文。

相次ぐ中国での邦人殺害

＊**東京陸軍軍法会議**　陸軍省は翌7日に香田清貞（元歩兵大尉）ほか16名の判決とその理由を発表。

＊**上海の事態**　昨年11月、陸戦隊1等水兵が射殺され、今月10日、在留邦人の三菱商事社員が射殺された。

9月11日、宇佐美武官より、去る3日に広東省にて発生の日本人殺害事件（北海事件）の処置の報告を聞く。

24日、平田武官より、昨夜上海にて日本軍陸戦隊への狙撃事件発生により、第8戦隊、第3・第22駆逐隊を派遣する件を聞く。北海道における陸軍特別大演習統裁および地方巡幸のため、横須賀よりお召艦「比叡」にて室蘭へ向かう。

陸軍大演習と海軍大演習

10月1日、帯広駅より下富良野を経て岩見沢駅付近で臨時停車。池田清（北海道庁長官）より稲熱病防除聚落*の説明を聞きつつ、車窓より聚落一帯の稲作状況など見る。札幌駅より、大本営（北海道帝国大学農学部）に着す。閑院宮参謀総長より陸軍特別大演習*の想定を聞く。

8日、札幌より琴似駅へ。北海道帝国大学にて、同大の中谷宇吉郎教授の説明にて人工雪の結晶を見る。ジョン・バチェラーらに夕餐相伴。

10日、水産試験場函館支場にてアイヌ民族使用の漁具などを見る。津軽要塞司令部などを見て函館港より還幸。

21日、海軍特別大演習*統監、観艦式、海軍兵学校行幸のため、横須賀より「比叡」にて演習海域へ。午前、統監部員と記念撮影。午後、デッキゴルフ。

26日、軍艦「愛宕」に移乗して、江田島へ。宮島北東方面海面に仮碇泊。広島県下

＊稲熱病防除聚落　昨年10月に伊藤誠哉（北海道帝国大学教授）の講話で、稲熱病防除が好成績である旨を聞き、特別に計画した。

＊陸軍特別大演習　奥羽地方を根拠とする南軍独立第8師団が敵を撃滅すべく室蘭に上陸、旭川とその以北を根拠とする北軍独立第7師団がそれを撃攘すべく旭川付近に集結するとの想定で行われた。

＊海軍特別大演習　8月1日より10月29日まで本邦南方海面にて実施され、天皇はその第3期を統裁。

町村の灯籠流し・煙火・提灯行列を見る。

28日、神戸港にて「比叡」に移乗。29日、観艦式*。

日ソ漁業条約調印延期と日独防共協定

11月3日、明治節。この日、在郷軍人会*創立26年記念日に際し、勅語。

18日、枢密院会議に臨席、日ソ漁業条約修正*を全会一致可決。

19日、武官より、内蒙興和村付近における内蒙軍と傅作義《ふさくぎ》軍との交戦につき聞く。内蒙軍は、関東軍の支援の下に過日綏遠《すいえん》への進撃を開始するが、綏遠《すいえん》省主席傅作義率いる軍の反撃を受け、24日に要地の百霊廟を占領される（綏遠事件）。

25日、枢密院会議臨席、日独協定*締結の件など全会一致可決。

エドワード8世退位問題

12月1日、有田外相より、外蒙問題・日独防共協定に対する各国の反響とその対策などを聞く。その際、日ソ漁業条約調印延期の件を問う。

4日、百武三郎《ひやくたけさぶろう》侍従長に英国皇帝エドワード8世の件につき、報告を命ずる。同皇帝が米国人シンプソンとの結婚に固執のため内閣と衝突状態にある旨を聞く。翌5日、英国首相ボールドウィンの結婚に反対する旨の声明を聞く。エドワード8世は皇位放棄を決意し、11日に退位、皇弟ヨーク公がジョージ6世として皇位に就く。

11日、エドワード8世の退位に関する英国駐劄大使の電報を見る。宮内省第2期庁*

＊観艦式　本邦初の移動式観艦式（参列艦船が陣形を整え、お召艦の側近を通過し親閲を受ける）。艦船110隻、航空機100機参加。

＊在郷軍人会　9月25日に帝国在郷軍人会令公布、陸相および海相の監督下に。勅語に「朕時勢の推移と国防の整備とに鑑み茲に帝国在郷軍人会の組織を確立せしむ」とある。

＊日ソ漁業条約修正　翌年1月1日より8年間効力が存続。本月20日調印のところ、日独防共協定締結の動きを探知したソ連側が国内手続き未了で回避、調印延期が通達された。

舎竣工。

西安事件

12月14日、永野海相より、去る12日発生の張学良軍による蔣介石監禁事件（西安《せいあん》事件）、および同事件に対する海軍の自衛警備・自重静観の方針を聞く。有田八郎外相より、張学良軍による蔣介石監禁事件の内容、同事件をめぐる支那各地の情勢、列国の反響などを聞く。英国皇帝ジョージ6世誕辰日につき祝電、答電。

15日、広田首相に、文化勲章の図案について、賞勲局作成原案の桜よりも橘を可とする意向を示す。

16日、四手井武官より西安事件につき聞く。午後、伏見宮軍令部総長より、西安事件に伴う対支警備兵力の行動待機などにつき聞く。その際、同事件の結果、日支関係が改善するよう外交が適切に行われることへの希望を述べる。また、一昨日鹿屋《かのや》にて海軍飛行機事故が発生したことにつき、飛行機事故の減少を希望する。

18日、済南《さいなん》事件・満州事変・上海事変の記念のため昭和8年着工の顕忠府が去る16日に完成、同府に収蔵・展示される戦死者および戦病死者の名簿などを見る。

23日、皇太子誕辰日。「大正天皇実録」85冊、「天皇皇族実録」*52冊が奉呈される。

＊日独協定　ベルリンで武者小路公共大使とリッベントロップ大使により「共産インターナショナルに対する協定」「共産インターナショナルに対する協定の附属議定書」が調印。

＊宮内省第2期庁舎　鉄筋コンクリート造の地上3階、地階1階で、地階には防空室となる金庫室が備えられる。

＊天皇皇族実録　神武天皇より孝明天皇までの歴代天皇、光厳以下北朝の5天皇合わせて124名、皇后・後宮685名、皇族2241名を編年体で編修。1293冊が脱稿し、印刷を終えた52冊を奉呈。

政治介入する陸軍（1937・1〜6）

広田内閣総辞職と宇垣内閣流産

1937年1月8日、宮城前外苑にて挙行の陸軍始観兵式に乗馬にて臨席。この年は式場が代々木練兵場から宮城前外苑に変更*された。宮城前外苑の陸軍始観兵式は大正7年以来であり、皇后も二重橋付近にて見る。

19日、2・26事件被告の斎藤瀏《さいとうりゅう》以下の将校16名、民間人14名に対する東京陸軍軍法会議の審判結果に関する陸軍の報告書を見る。

21日、広田首相より、緊急に帝国議会の2日間の停会を願われる。衆議院本会議にて*浜田国松《はまだくにまつ》議員と寺内寿一《てらうちひさいち》陸相との間に議論の応酬があり、議場が混乱。

23日、広田首相より閣僚一同の辞表を受ける。帝国議会停会後、永野修身《ながのおさみ》海相と小《お》川郷太郎《がわごうたろう》商工相が陸軍と議会との調停を試みるも、両者間に妥協は成立せず、衆議院解散を主張する寺内陸相が辞表を提出して、閣内不統一となる。

24日、宇垣一成《うがきかずしげ》に後継首班を命ずる。その際、宇垣内閣誕生に対する不穏*な情報があることから、宇垣に組閣の成算を問う。宇垣より2、3日の猶予を貰い諸般の情勢を考究熟慮した上で返答したき旨を聞く。天皇は、厳に憲法を遵守し、侵略的行動と

＊変更　2・26事件被告が代々木練兵場に隣接する東京衛戍刑務所に収監されており晴れの儀式の場にふさわしくないこと、第一師団の将兵が満州に派遣されて出場人員が少ないこと、銀座〜渋谷間が地下鉄工事のため青山通りが鹵簿の通過に不便なことなどがその理由であった。

＊浜田国松　立憲政友会所属の衆議院議員。1934年から2年間、衆議院議長。37年に軍部の政治干渉を批判し、寺内寿一陸相に、「速記録を調べて私が軍を侮辱する言葉があるなら割腹して君に謝罪する。なかったら君が割

の誤解を生じないようにして東洋平和に努力するよう述べる。

25日、3月事件に関与した宇垣に組閣を命ずることは、昨年2・26事件後の3月10日の陸相に対する訓戒と矛盾するとの議論があることに対し、天皇は百武三郎侍従長に、しばしば陸軍に起こる不祥事の根源を探究するように諭したもので、特定の人物を否定したものではないと述べる。

27日午前、宇垣は湯浅倉平《ゆあさくらへい》内大臣と面談、組閣が陸軍の反対で進捗しない旨を報告。午後、湯浅は天皇に組閣難を伝える。

28日、平田昇武官を召し、宇垣の組閣難航に対する海軍の態度を問う。天皇は、宇垣内閣不成立の場合、陸軍はいよいよ増長すべしとの見通しと、優諚《ゆうじょう》を以て宇垣に組閣させた場合、その後は穏やかには収まらざるべしとの考えを示す。伏見宮博恭《ふしみのみやひろやす》軍令部総長の意見を尋ねた結果、平田武官より、陸軍は増長すべきも、優諚が下れば陸軍の不平は収まらず聖徳に関わることとなり不可、との伏見宮の意見を伝えられる。

29日、宇垣より、陸軍当局から陸相の推薦を得られず万策尽きたため大命を拝辞する旨を受け、「他日奉公の機会を期し自重すべき旨」を述べる。西園寺《さいおんじ》公望《きんもち》公爵より、平沼騏《ひらぬまき》一郎《いちろう》枢府議長・林銑十郎陸軍大将の推薦を受けるも、平沼は組閣を固辞、林に組閣を命ずる。その際、天皇は憲法を遵守すること、内治・外交に無理をしないこと、明治天皇より下された軍人の政治関与の趣旨を徹底すべき旨を述べる。


腹せよ」と詰めより、政党政治家の気骨を見せた（腹切り問答）。

＊不穏な情報　天皇や重臣の支持が強い宇垣一成の組閣に、陸軍青年将校や陸軍中堅層は軍の力が抑制されることを懸念して反発、石原莞爾らは軍部大臣現役武官制を利用して、陸軍大臣のポストにつく人材の輩出を拒む策動をした。宇垣は自らが現役復帰して陸相を兼任しようとしたが、湯浅倉平内大臣の賛意を得られず、組閣を断念した。

31日、湯浅内大臣・百武侍従長を召し、「将来の我が国存亡の分岐点、大権の下部への移行（陸軍中堅層による下剋上）、東洋の禍乱などに関する意見を聞く。

2・26事件1周年

2月2日、林陸軍大将より閣員名簿を受け種々問う。林を首相兼外相兼文相とする。

25日、伏見宮軍事参議院議長と対面、椅子の使用を許し談話。その際、陸相が、陸軍の粛正は早急には行いがたく、急ぎ実行すれば思いがけない事態を惹起する恐れがある旨を述べたことにつき、憂慮の旨を述べる。

26日、2・26事件1周年にあたり、運動を取り止める。斎藤実《さいとうまこと》・高橋是清《たかはしこれきよ》の1周忌。

3月31日、「防空法*」を裁可（4月5日公布）。

4月10日、昨夜、純国産朝日新聞社飛行機「神風号*」がパリに到着した旨の報告。朝、天皇は同機がロンドンに到着したかを侍従に問う。

16日、新宿御苑にて観桜会。来日中のヘレン・ケラーらと対面、言葉または握手。

23日、今井清陸軍中将より、御用掛就任後初の陸軍軍事学定例進講。この日は、フランス革命、ナポレオンの誕生、革命の軍制および戦略に及ぼした影響と戦争発達史上におけるナポレオンの意義を聞く。

26日、林首相より文化勲章*受章者選考案を聞く。

林銑十郎内閣総辞職と近衛文麿への首班指名

＊防空法　防空法における防空とは、戦時または事変に際し、航空機の来襲により生ずべき危害を防止し、またはこれによる被害を軽減するため、陸海軍の行う防衛に即応して陸海軍以外の者の行う灯火管制・消防・防衛・避難および救護、ならびにこれらに関して必要な監視・通信および警報を指し、また防空計画とは、防空の実施およびこれに関し必要な設備または資材の整備に関する計画を指す。

＊神風号　朝日新聞社の計画で、英国皇帝戴冠式奉祝および欧亜連絡記録作成の目的。6日に立川を発し、途中

4月30日、百武侍従長より、西園寺公望公爵より伝えられた内閣更迭手続き案を聴許。本案は、西園寺老齢により今後政変時の後任首相推薦の任を辞退する希望があり、成案を得たもの。この結果、後任首相の推薦は、内大臣が元老と協議して行うこととなる。内大臣と元老との意見が異なる場合は、内大臣が双方の意見を報告し、天皇が決定する。なお、内大臣が重臣ほかと協議することは制限されない。

5月31日、林首相より内閣総辞職を伝えられる。天皇は湯浅内大臣を召し後継内閣の組織を問う。湯浅は平沼枢府議長・木戸幸一宗秩寮《*そうちつりょう》総裁・松平康昌内大臣秘書官長との協議、並びに西園寺公爵の推薦に鑑み、近衛文麿《このえふみまろ》貴族院議長を首班候補とする。

吹上御苑にて最後のゴルフ

6月1日、近衛文麿に組閣を命ずる。

15日、近衛首相より、閣議決定の「我が国経済力の充実発展策に関する件」などを聞く。夜、皇后と英国皇帝戴冠式の映画を見る。

20日、吹上御苑にて側近相手にゴルフ。吹上御苑におけるゴルフはこの日が最後。

23日、百武侍従長より、定例進講は外交事情を除いて廃止し、あらためて政務の一部として政治経済および軍事に関する時事解説的な進講を設定することで時間を整理し、余裕の時間に修徳の意味にて経史の進講を設ける案を聞き、認可する。

24日、百武侍従長を召し、経史の進講者の人選につき、一部の宣伝または批判を招

11か所に着陸しながら、94時間17分56秒の新記録でロンドンに到着。

＊文化勲章受章者選考案　初の文化勲章は天長節前日の4月28日に、長岡半太郎・本多光太郎・木村栄・岡田三郎助・藤島武二・竹内栖鳳・佐々木信綱・幸田露伴・横山大観らに授けられた。

＊宗秩寮　宮内省の一部局。皇族・華族・王公族・爵位などに関する事務を担当。

かないよう、注意を要する旨を伝える。

乾岔子島事件

6月25日、酒井康《さかいやすし》武官より、去る19日に発生の黒竜江上の乾岔子島《カンチャズ》（露名、センヌハ島）および金《チン》阿《ア》穆《ム》河《ホウ》島（露名、ボリショイ島）に対するソ連兵士の不法侵入（いわゆる乾岔子島事件）につき聞く。

28日、酒井武官より、乾岔子島事件に関する閑院宮参謀総長の関東軍司令官*への指示、ならびに事件のその後の状況を聞く。

29日、湯浅内大臣を召し、北支地方の中央化は時間の問題にて必然と思われるから、むしろ先手を打って日本から支那の希望を容れること、また北支対策につき御前会議を開いて方針を決定することを提案。内大臣は、かえって毎日の因を作ることになるので検討を要すること、御前会議も十分な効果は期待できず、統帥の確信があれば差し支えない旨など返答。対して、天皇は7月2日予定の午餐陪食後に、陸相・参謀総長に統帥に関して問うことを述べる。

なお、湯浅内大臣は木戸宗秩寮総裁に、北支問題に関する天皇の意向を西園寺公爵に伝えるよう依頼。翌30日、木戸は興津の西園寺邸に赴く。木戸から伝言を聞いた西園寺は、御前会議の問題について内大臣と同じ意見を述べた。

***関東軍司令官への指示**　閑院宮参謀総長より関東軍に対し、攻撃中止および外交交渉の推移を待つべき旨の指示が出される。翌29日、ソ連外務人民委員のリトヴィノフは、乾岔子島・金阿穆河島より撤兵して原状を回復することに異存はなく、日本側も形勢を緩和することを希望する旨を提議する。

第二部◉盧溝橋事件から対米英開戦へ（1937〜41）

西暦	満	昭和天皇年譜	社会の出来事
1937	36	宮中に大本営を設置	第2次上海事変　日独伊防共協定 南京事件
1938	37	日中戦争の拡大を懸念 勝手に兵を動かすことを叱る（張鼓峰事件）	「国民政府を対手とせず」声明 国家総動員法公布
1939	38	満州事変の二の舞を怖れる（ノモンハン事件） 英仏が独に宣戦	独のポーランド侵攻（第2次世界大戦）
1940	39	木戸幸一が内大臣に就任 紀元2600年祭 最後の元老・西園寺公望亡くなる	汪兆銘南京政府樹立　北部仏印進駐 日独伊三国軍事同盟調印 大政翼賛会結成
1941	40	「日米諒解案」を歓迎 7月の御前会議は対英米戦を辞さずと決定 9月の御前会議で「よものうみ」を詠む 12月の御前会議、対米英開戦を決定	日ソ中立条約　独ソ開戦 松岡洋右外相の更迭 ゾルゲ事件　東条英機内閣成立 真珠湾を奇襲　マレー沖海戦

第四章　日中全面戦争（1937・7～39）

上海から南京へ（1937・7〜12）

乾岔子島事件

1937年7月1日、米内光政《よないみつまさ》海相より、昨日午後、黒竜江上のソ満国境乾岔子《カンチャズ》島《とう》付近にてソ連海軍の砲艦が日本軍隊を射撃したため応戦し、同艦を撃沈したとの報告を聞く。事件の見通しを米内と伏見宮博恭《ふしみのみやひろやす》軍令部総長に聞き、ともに戦争には発展しないと答える。

2日、百武三郎《ひゃくたけさぶろう》侍従長より、朝鮮における*陸軍特別大演習実施につき聞く。午後1時55分、閑院宮載仁《かんいんのみやことひと》参謀総長と杉山元《すぎやまはじめ》陸相に、乾岔子島事件にともなう対ソ戦備の状況、中国と開戦した場合の陸軍の見通しを問う。ともに、陸軍としては対ソ戦備は憂慮におよばず、中国と戦争になっても短期間にて処理できると答える。

5日、葉山御用邸へ。付属邸滞在中の皇太子と対面。海洋生物の整理、水泳。

盧溝橋事件から北支事変へ

7月8日午後2時35分、水泳のため海岸に向かう際に、*宇佐美興屋《うさみおきいえ》侍従武官より、この日払暁に盧溝橋《ろこうきょう》付近にて日中両軍が衝突し戦闘行為におよんだ旨を聞く。水泳より戻り、再び奈良武次《ならたけじ》侍従武官長より報告を聞く。

＊陸軍特別大演習　先の6月29日、陸軍が明年秋に朝鮮で実施したき旨を申し出たが、松平恒雄宮相は外交・治安などの点から西園寺公望に相談し、西園寺は、「治安上憂慮すべき」と述べた。

＊宇佐美興屋　陸軍中将。満州事変に際し騎兵集団を編成し馬占山軍を追撃した。第7師団長を経て、侍従武官長となる。

9日、鮫島方面で予定された採集は、日中両軍の衝突事件のため中止。午後2時19分、閑院宮参謀総長は盧溝橋における衝突事件の拡大防止のため、昨日、支那駐屯軍司令官に対して兵力行使を回避するよう指示したと報告。ついで同55分、近衛《このえ》文麿《ふみまろ》首相より約1時間にわたり、事件の原因・経過・閣議決定の不拡大方針などの報告。

この日未明、現地で停戦交渉が妥結し、両軍ともに盧溝橋の衝突現場を退却するも、10日夕刻に龍王廟*付近にて再び衝突する。

11日、閑院宮参謀総長より拝謁願い。湯浅倉平《ゆあさくらへい》内大臣は、北支への派兵は中国・ソ連との戦争につながる恐れがあると天皇に述べる。天皇は、満州事変のときのように陸軍が統帥権干犯論*を持ち出す恐れがあるので、首相を呼ぶのは参謀総長と会ってからとすべきこと、参謀総長の内容によっては首相の意見を聞くまでは裁可を保留することなどを語る。

11時25分、閑院宮参謀総長より日中両軍衝突の状況、事件への対策につき聞き、万一ソ連が武力を行使した場合の措置を尋ねる。

午後5時41分、近衛首相より、事件不拡大・現地解決の条件で北支への派兵*を決定した旨を聞く。

5時30分、政府は「北支事変」と称する旨を発表。6時25分、派兵に関する方針を声明。この日午後、天皇は百武侍従長を召し、北支の情勢窮迫に鑑み、宮城への帰還

＊龍王廟　盧溝橋の北側1キロの永定河左岸の堤防上にあった龍王を祀る古い廟。

＊統帥権干犯論　軍の最高指揮権は一般国務から独立して参謀総長・軍令部総長が発動するという考えから、天皇は軍より先に首相を呼ぶことを避けた。

＊北支への派兵　6時19分に杉山陸相より北支派兵を、7時28分に伏見宮軍令部総長より海軍特設連合航空隊等の編制を聞く。閑院宮参謀総長よりは、朝鮮軍隷下の第20師団を応急動員し、同師団と関東軍司令官隷下部隊の一部の北支派遣を聞く。

を松平宮相・湯浅内大臣と協議するよう命ずる。

13日、広田弘毅《ひろたこうき》外相より北支事変の外交事情を聞く。百武侍従長より炎暑ならびに時局重大の際、健康維持が必要につき運動を勧められ、以後、頻繁に水泳をする。

午後7時38分、閑院宮参謀総長と杉山陸相参内＊。

15日、閑院宮参謀総長より、北支事変にともなう臨時航空兵団の編成および満洲派遣命令などの報告。天皇は百武侍従長を召し、参謀総長の報告に対する政府了承の有無を確認させ、百武は閣議決定済みと答える。

17日、定例研究日なれど、北支事変を案じて、以後、本年は生物学研究所へ行かず。

3個師団派兵の見送り

7月20日、広田外相より、昨夜現地の宋哲元《そうてつげん》軍との間に停戦協定が成立したが、国民政府がこれを拒絶したこと、盧溝橋方面で戦闘再発のため閣議で3個師団動員を決定した報告を受ける。

21日、杉山陸相より、3個師団派遣の必要を聞く。今後国民政府側が当方の解決案を受諾した場合を尋ね、杉山はその場合は派兵しない旨を答える。

22日、午前11時7分、杉山陸相より、冀察《きさつ》＊政務委員会委員長の宋哲元による停戦協定の漸次実行に鑑み、3個師団の派兵を一時見送り、静観する決定を聞く。午後3時25分、閑院宮参謀総長より北支情勢の緩和による動員延期を聞く。夜、杉戸前にて酒《さか》

＊参内　このとき、陸軍は局面不拡大、現地解決の方針を堅持し、全面戦争を回避するため、現地調印の解決条件の実行を監視し、内地部隊の動員は暫時状況の推移を見て決すること、ただし中国が解決条件の実行に誠意を示さない場合または中央軍の北上により攻勢を企図する場合は、断固たる決意に出ることを告げられる。

＊冀察政務委員会　1935年に中華民国北部に日中間の緩衝政

井康《いやすし》侍従武官より昨夜までの北支事変の状況を聞く。

廊坊・広安門事件による急変

7月26日午後1時30分、閑院宮参謀総長より、昨夜北平《ほくへい》近郊の廊坊《ろうぼう》にて日中両軍再衝突につき、南満州に待機中の臨時航空兵団を支那駐屯軍司令官の隷下に入れる件の報告。2時5分、近衛首相より、2・26事件被告真崎甚三郎《まさきじんざぶろう》の大赦《たいしゃ》、北支事変の状況などを聞く。7時30分、参謀総長と杉山陸相より、今夕北平の広安門《こうあんもん》でも両軍が衝突し、状況急変悪化のため支那駐屯軍の兵力行使制限の解除を報告。

27日、杉山陸相より、廊坊・広安門事件発生のため、第5、第6、第10、第20の各師団などの動員を聞く。この日、政府は「北支において自衛行動を採るの已《や》むなきに至った所以《ゆえん》」を声明する。

28日、午後1時30分、米内海相より、北支事変の情勢とそれにともなう中支・南支における海軍の配備状況を聞く。午後10時、伏見宮軍令部総長より、永野修身連合艦隊司令長官に大海令第一号を発し、「北支那方面に於《お》ける帝国臣民の保護並に権益の擁護」などを命ずる。

保定までが限度

7月30日、閑院宮参謀総長より対支作戦計画の大綱を聞く。作戦目標について尋ね、閑院宮は作戦上の見地より保定《ほてい》の線まで前進すべき旨を答える。午後5時2分、近衛

権として成立した地方政権。冀は河北省、察は察哈爾省の別名。委員長は宋哲元で、37年の盧溝橋事件勃発により解散。

首相より、北支事変に関する*五相会議決定方針を聞く。

31日、閑院宮参謀総長と同行の石原莞爾《いしわらかんじ》参謀本部第一部長より、参謀次長代理の進講として北支の戦況および*今後の対支作戦の見通しを聞く。

第2次上海事変

8月2日、高松宮参殿、時局談。内閣で今後の北支事変処理策を定める必要性から、去月31日に閑院宮参謀総長が述べた陸軍の対支作戦の見通しを近衛文麿首相に伝えるように、百武三郎侍従長に命ずる。

5日、近衛首相より、日中両国間の外交交渉開始の方針を聞く。迅速な和平交渉の開始を希望し、「戦況有利な我が国より提議すべき旨」を述べる。

6日、伏見宮博恭軍令部総長より、中国沿岸・揚子江流域の警戒などを聞く。天皇は、上海にて船津辰一郎《ふなつたついちろう》（在華紡同業会）により実施予定の和平交渉に中国が同意しない場合は公表し、「日本の公明正大な和平条件」が中国に拒否されたことを明らかにすれば、各国輿論が日本に同情すると述べる。また、妥結しなければ戦うほかはないが、ソ連を考慮する必要上から兵力に限りがあると述べる。

9日、閑院宮参謀総長より、察哈爾《チャハル》省方面の中国軍掃滅に関する支那駐屯軍司令官・関東軍司令官への命令を聞く。夜、平田昇《ひらたのぼる》武官より、揚子江方面の居留民引き揚げを聞く。

＊五相会議決定方針　天皇は永定河東方地区平定後の軍事行動取りやめにつき尋ね、近衛は「なるべく速やかに時局を収拾すべき旨」を答える。五相は、近衛文麿首相・広田弘毅外相・賀屋興宣蔵相・杉山元陸相・米内光政海相。

＊今後の対支作戦の見通し　石原は、「兵力上保定の線への進軍が限度であり、その線まで進む前になるべく速やかに外交折衝による撤兵の機会を得ることが急務である旨」を述べる。

12日、現任務のほかに上海を確保し、同方面における「帝国臣民」を保護するための海軍上奏書類「第三艦隊司令長官に命令の件」を裁可。「状況的にすでに已むを得ないと思われる旨」「このようになっては外交による収拾は難しい」と述べる。

13日、米内海相より、上海方面への陸軍の派兵*の必要とその経過を聞く。

14日、近衛首相より、昨日来の中国軍の攻勢による上海戦局悪化に伴ない、緊急閣議で陸軍3個師団の現地派遣決定を聞く。永野修身連合艦隊司令長官らに、上海派遣の陸軍と協力して作戦遂行することを命ずる海軍上奏書類を裁可。

「暴戻を断乎膺懲」

8月15日、松井石根《まついいわね》上海派遣軍司令官に、海軍と協力して敵を掃滅し、要線を占領して在留邦人を保護すべき旨の陸軍上奏書類を裁可。政府は「支那軍の暴戻《ぼうれい》を断乎《だんこ》膺《よう》懲《ちょう》すべき旨」の声明を発表。天皇は米内海相に、「海軍の従来の態度・対応に対して充分信頼していたこと」「これ以後も感情に走らず、大局に着眼して誤りのないよう希望する旨」を述べる。三重県にて挙行予定の特別大演習の中止を裁可。

16日、伏見宮軍令部総長より中支方面の戦況を聞き、台湾海軍航空隊が大暴風雨の中、南京・南昌《なんしょう》まで爆撃を敢行したことを嘉賞《かしょう》（称賛）するも、各国大使館のある南京への爆撃は注意すべき旨を述べる。また、上海などでの犠牲者につき「誠に気の毒ながら已むを得ない旨」を述べる。

＊**陸軍の派兵**　去る9日の大山勇夫上海海軍特別陸戦隊中隊長ほかの射殺事件以来、現地の情勢が悪化し、居留民保護のため陸軍部隊が上海に派遣され、中国便衣隊と交戦状態となった。

17日、出征の松井上海派遣軍司令官に勅語を下し、派遣軍の任務遂行のための方針を問う。皇后は、北支事変により軍人・軍属の傷痍者《しょういしゃ》、失眼・四肢切断の者に対し、繃帯《ほうたい》・義眼・義肢を下賜する旨を述べ、炎暑中、連日繃帯巻き。高松宮妃も手伝いに数日参内。本月中、皇后より陸海軍に、5回にわたり繃帯・義眼・義肢を下賜。

近衛首相より、閣議にて不拡大方針を抛棄《ほうき》し、事態の拡大に対する経費支出のための臨時議会召集の決定を聞く。

18日、事変の中国全土への拡大を危惧し、早期収拾のため、北支または上海のいずれかに主力を注いで打撃を与え、日中どちらかから和平条件を提出することの可否を問う。政府に事変の早期収拾を伝えるよう命ずる。

19日、2・26事件被告の村中孝次・磯部浅一・*北輝次《きたてるじ》郎《ろう》・*西田税《にしだみつぎ》の死刑執行を聞く。

20日、広田弘毅外相より、英米仏各国より提議の*上海中立化案の拒絶を聞く。

21日、両総長は、8月18日の天皇の質問に対し、可及的速やかに敵の戦意を喪失させ、その後領土尊重主義にて適時和平に導くと返答。

24日、近衛首相より、北支の自衛強化の軍隊増派を閣議決定した旨を聞く。この日以降、京都の第16師団ほか東京・弘前・金沢の特設師団が動員される。

「支那事変」と呼称

9月2日、閣議にて、盧溝橋付近での衝突に端を発した今回の事変を「支那事変」

＊北輝次郎　北一輝の本名。国家社会主義者。軍事クーデターによる国家改造をめざし、2・26事件の首謀者である青年将校らに影響を与えた。事件の理論的指導者と目され死刑判決を受ける。

＊西田税　元陸軍軍人、右翼活動家。北一輝に心酔し、秩父宮雍仁に接近するなど国家改造の道をめざしたが、病気で軍を離れ、民間活動家となる。2・26事件では、北とともに首謀者とみなされて、死刑となった。

＊上海中立化案　イギリスが提議した案。日本軍隊の撤退と、その

と呼称することを決定。

4日、高松宮より、北支または上海における戦闘を視察したき旨の願い出あり。翌日、天皇は別当*ならびに所属長官と協議して再度伺い出るべき旨の親書を送る。

6日、伏見宮軍令部総長より、海軍の上海における作戦状況に鑑《かんが》み、陸軍の増兵の必要を聞く。閑院宮参謀総長に上海派遣軍の兵力増加の要否を問う。

中華民国駐劄《ちゅうさつ》英国大使ヒューゲッセンが上海郊外にて日本軍機の射撃により負傷したとして、日本政府に正式謝罪と責任者の処罰、将来の保障*を要求する。

9日、閑院宮参謀総長より、上海方面の兵力増加のための新たな3個師団動員を聞く。この日、第9師団、仙台特設の第13師団、久留米特設の第18師団が動員される。

10日、高松宮より、本月20日ごろに上海の戦地を視察したき旨の願い出あり。

11日、松平恒雄宮相・木戸幸一宗秩寮《そうちつりょう》総裁を通じて高松宮の視察の中止を進言。

閑院宮参謀総長より、一部兵力の上海・満州・北支への増派などを聞く。

14日、秩父宮が独国で享受した厚遇に対し、ヒトラーに礼電（秩父宮は昨13日、ニュルンベルグにてヒトラーに午餐に招かれ、会見）。


「戦争は不幸である」


9月15日、本日より5日間、関東地方にて防空演習。宮城内でも灯火管制*。

20日、閑院宮参謀総長より、長期戦の場合の作戦指導要領、その際の対ソ作戦計画

後の居留民保護はイギリス、アメリカ、フランスで行うとした。

＊別当　宮家にて当主たる親王を輔翼し家令以下の職員を監督する者。天皇の勅令で1名任命された。当時、土佐藩主の山内豊範の4男で、海軍少将をつとめ予備役となった山内豊中がその職にあった。

＊保障を要求　広田外相は、事件を遺憾とする中間的回答を日本駐劄大使クレーギーに手交した。

＊灯火管制　表御座所方面は警報にかかわらず点灯、天皇の御格子（就寝）で消灯される。

につき聞く。夕刻、平田昇武官より、昨日決行の南京空襲の戦況を聞く。

21日、広田外相より、6日の在中英国大使負傷事件に対する遺憾の意と再発防止への努力を記したクレーギー大使宛の最終回答を聞く。

22日、百武三郎侍従長より、南京・広東爆撃を聞き、「戦争は不幸である旨」を述べる。午後、事変勃発後はじめて乗馬。

25日、杉山陸相より、東京陸軍軍法会議における真崎甚三郎陸軍大将の無罪判決を聞く。


「全てをありのままに言上するように」


10月4日、本年の観菊会の取り止めを告げる。

5日、伏見宮軍令部総長より、去る9月22日に碣石湾沖にて第1潜水戦隊の潜水艦が中国ジャンク10隻を撃沈した事件の真相と対外措置を聞く。事件につき将来を戒め、真相を公表すれば日本が正直との印象を与えて良いのではないかと述べるも、現地からの報告遅延のため今となってはかえって不利との説明を受ける。海軍が事実をありのままに述べ、その措置まで報告したことに満足の意を示し、「全《すべ》てをありのままに言上《ごんじょう》するように仰《おお》せになる」。

8日、百武侍従長に、国際連盟総会が日本の対中軍事行動を九国条約*および不戦条約違反である旨を決議したこと、ならびに米大統領の反日演説および声明につき、「日

＊九国条約　1922年のワシントン会議において日・米・英・仏・伊・中・オランダ・ベルギー・ポルトガルの九か国で結ばれた中国に関する条約。中国の主権・独立の尊重と門戸開放・機会均等などを規定した。満州事変後の日本の中国への軍事侵攻は、この九国条約の違反として非難された。37年に日本はベルギーのブリュッセルでの九国条約会議への出席を拒否し、条約は事実上無効となった。

本との立場及び意見の相違のため致し方ない旨」を述べる。
14日、英国大使クレーギー夫妻のため午餐。天皇は英国皇室に懇篤《こんとく》な言葉を述べる。後日、英国皇帝より謝意。
17日、神嘗祭《かんなめさい》、今回はとくに支那事変を奉告、速やかな東アジアの平和を祈念。

九国条約国会議参加問題

10月19日、広田外相よりベルギーで開催予定の九国条約国会議への参加問題を聞く。
24日、百武侍従長より高松宮の上海方面出張を聞き、認可する。
27日、広田外相より、九国条約国会議への不参加を聞く。

日独伊三国防共協定

11月5日、満州国*新京にて、満州国における治外法権撤廃などの条約締結、溥儀《ふぎ》より親電。東溜ノ間の枢密院会議に臨御、*日独伊三国防共協定の件を可決。
10日、湯浅倉平内大臣を召し、上海戦局の進展と北支の平定により中国側から講和の申し入れを受けた場合の準備として、御前会議を首相に提案することの可否を問う。湯浅はあらかじめ元老に問うことを述べ、天皇は元老の意見を求める。元老西園寺《さいおんじ》公《きん》望《もち》は、「天皇の政治的責任回避のため、御前会議の開催は御下命形式ではなく、政府による奏請の形式とし、議事の決定に当たっても勅裁又は親裁とならないようにすべきである」と主張し、*原田《はらだ》熊雄《くまお》より翌11日に湯浅内大臣に伝えられる。

*新京　現在の長春。

*日独伊三国防共協定　対コミンテルンの対抗措置とソ連を仮想敵国とした1936年の日独防共協定に、イタリアを加えて英仏に対する枢軸体制強化を図って締結された。のち、40年の日独伊三国同盟に発展。

*原田熊雄　元老西園寺公望の晩年の私設秘書。天皇への後継内閣首班奏請のための政界情報などを収集したり、西園寺の意向を政界要人に伝えたりした。男爵で、近衛文麿や木戸幸一ら革新華族の政治グループ11会のメンバーでもあった。

12日、閑院宮参謀総長に、去る8日太原《たいげん》占領により北支戦局一段落につき、北支・内蒙方面に作戦中の北支那方面軍・関東軍などへ嘉賞*の勅語を朗読し、関係部隊に伝達すべき旨を述べる。広田外相より、九国条約国会議再招請への拒絶回答を聞く。

大本営の設置

11月17日、両総長より、宮中に大本営を設置する件を聞く。

20日、上海方面の陸軍将兵・連合艦隊司令長官・支那方面軍司令長官に、「前途尚《なお》遼遠《りようえん》なり」などの勅語を下す。

24日、東一ノ間にて第1回大本営会議。天皇は一同と記念撮影をし、陸海軍の作戦方針の審議を聞く。

27日、伏見宮軍令部総長は天皇に、大本営会議にて不同意があれば会議では述べず、参謀総長あるいは軍令部総長に尋ね、質問は会議で何なりとされたき旨を述べる。

南京陥落

12月2日、朝香宮鳩彦《あさかのみややすひこ》陸軍中将を上海派遣軍司令官に補す。

13日、伏見宮軍令部総長・米内海相より、揚子江で発生した海軍機による英米両国軍艦への誤爆*事件を聞く。昨12日夜より南京城内の敵兵が退却し、南京を陥落する。

14日、閑院宮参謀総長より、南京陥落の状況を聞く。両総長に、南京陥落につき「深く満足に思ふ此旨《このむね》将兵に申伝へよ」との勅語。

＊嘉賞の勅語　「異域の野を征きて困苦と欠乏とに堪へ」「惟ふに派兵の目的を達し東洋長久の平和を確立せむこと前途尚遼遠なり」とある。

＊誤爆事件　南京攻略戦の際に、中国艦船と誤認して日本軍が揚子江で活動していた英国のレディバード号を砲撃し、米国のパナイ号を沈没させ機銃掃射も行った事件。

「レディバード号」「パナイ号」誤爆事件

12月18日、閑院宮参謀総長より、海軍機による英国軍艦「レディバード号」への誤爆事件などを聞く。定例夕餐相伴後、南京陥落のニュース映画を皇后と見る。

21日、閣議、日中両国の和平交渉の仲介を申し出ていた在京ドイツ大使への回答文を決定。和平の基礎条件として、中国の容共抗日満政策の放棄、日満防共政策への協力、非武装地帯の設置、経済協定、賠償などを総括的に承認し、日本に和を乞う態度を表示してくる場合は交渉開始の用意があると記される。

22日、永井《ながい》柳太郎《りゅうたろう》逓相《ていしょう》より電力問題*を聞く。閑院宮参謀総長より、南京攻略による英米の反日感情の激化に鑑み、第5軍*を台湾に待機させる件を聞く。

24日、内務次官・警視総監などの更迭案について不満があって書類を留め置いたが、裁可前にラジオで異動が発表されたため、百武侍従長を召し内閣への注意を命ずる。

広田外相より、南京（揚子江）上流にて発生の海軍機による米軍艦「パナイ号」誤爆事件に関する対米回答文を聞く。

26日、午後、百武侍従長より「パナイ号」誤爆事件の解決を聞く。

27日、米内海相より、「レディバード号」「パナイ号」の誤爆事件の顛末を聞く。

28日、広田外相より、「レディバード号」への誤爆事件に関する対英回答文案を聞く。

＊電力問題　当時、戦時経済に対応する生産力拡充のため、発電力の増加と低電力料金政策が求められていた。翌1938年に電力管理法が公布され、電力の国家管理が進んだ。

＊第5軍　1937年12月8日に編成され、台湾軍司令官のもとに編入され、翌年12月15日に解除された。

混迷する中国戦線（1938）

「爾後国民政府を対手とせず」

1938年1月1日、四方拝《しほうはい》、歳旦祭、晴御膳《はれのごぜん》。新年式に従い拝賀。ただし、外国交際官*の拝賀に際しては、支那事変のため中華民国大使館員は全員欠席。

5日、支那事変下につき新年宴会は取り止め。

8日、陸軍始観兵式、支那事変下につき通例の陸軍正装を改め陸軍軍装を着用。

10日、近衛文麿《このえふみまろ》首相より、御前会議開催に関し、首相・両総長*の請願として、会議の処理は首相があたること、天皇は臨席のみにて発言のないことを願う。本年初の生物学研究。平田昇武官より、海軍陸戦隊の青島《チンタオ》占領を聞く。

遺家族の心情を問う

1月11日、支那事変処理に関する御前会議にて、国民政府の対応如何《いかん》では事変解決を同政府に期待せず、新興支那政権の成立を助長することを決定。

13日、百武三郎侍従長、慰安と健康増進のため生物学研究所での研究*を願う。

14日、日本学術振興会へ、時局に鑑みた特殊研究の推奨のため5万円下賜。

15日、近衛首相より、国民政府との和平交渉打ち切り、「爾後《じご》国民政府を対手《あいて》とせず」

＊外国交際官　日本との親善交流に関わる外国の外交関係官。大使・公使やこれに準ずる人びと。皇室と外国交際官との親善には、宮内省式部職があたった。

＊両総長　閑院宮載仁参謀総長、伏見宮博恭軍令部総長。

＊生物学研究所での研究　天皇は翌14日、「宮殿内にては不自由なるも、物議を醸さずして研究を継続するためには致し方ない」と述べる。

＊第3師団　名古屋鎮台を前身とし、名古屋方面出身者から構成さ

の声明を聞く。

21日、木戸《きど》幸一《こういち》厚相より、軍事扶助・軍事援護事業の地方の実情を聞く。戦死傷者最多の第*3・第*11師団管下の遺家族の心情を問う。

戦面不拡大を決定

2月2日、風邪のため仮床。11日、支那事変下につき紀元節宴会の催しはなし。

12日、広田外相より、建艦問題に関する英米仏よりの通牒に対する回答、独国の旧植民地回復政策に対する方策などを聞く。13日、床払い。

15日、大本営会議に臨御、陸海軍の作戦方針を審議し戦面不拡大を決定。

16日、閑院宮載仁《かんいんのみやことひと》参謀総長、静養のため葉山御用邸行幸を願う。天皇、自身の静養が第一線の将兵の士気に与える影響につき問う。

18日、近衛首相より、閣議決定の*国家総動員法案を聞く。

19日、葉山行幸。21日午前、2度にわたり百武侍従長を召し、ヒトラーが演説で満州国承認に言及した件につき、日本側への事前通知の有無を問う。

26日、午後2時31分、凱旋の松井石根《まついいわね》中支那方面軍司令官より軍状を聞き、勅語を下す。同じく凱旋の朝香宮鳩彦《あさかのみややすひこ》上海派遣軍司令官らより軍状を聞く。

イタリアのファシスト団と対面

3月5日、遠藤喜一侍従武官より、海軍による中国沿岸海上交通遮断状況を聞く。

れる師団。日清戦争・日露戦争・シベリア出兵に従軍。１９３７年には上海派遣軍の指揮下に入り、南京を攻略。38年には徐州作戦・武漢作戦に動員される。

＊第11師団　四国4県を徴兵区とした。日露戦争・シベリア出兵に参戦、１９３７年に第3師団とともに上海派遣軍の指揮下に入った。

＊国家総動員法案　長期化する日中戦争に際して必要な人的、物的資源を統制し運用する権限を政府に与えるための法案。１９３８年4月に公布され、戦後も46年まで統制経済の根拠法として機能した。

10日、皇族の閑院宮が参謀総長のため、参謀本部の下情《かじょう》に通じないきらいがあり、天皇の希望と陸軍の了解の上、臨機に参謀次長より報告を受けることとなる。

16日、平田侍従武官に、翌日の海軍軍医長会議で傷病者の状況報告を希望する。

18日、豊明殿にて閑院宮載仁・梨本宮・朝香宮鳩彦と午餐、松井石根前中支那方面軍司令官ら陪食。松井らから出征中の感想を聞く。

22日、鳳凰ノ間にて、イタリア政府派遣のファシスト訪日使節団*員らと対面、各団員よりファシスト式右手挙手の礼を受ける。

25日、近衛首相より、近く成立の中支新政権*の件を聞く。

傷兵保護院官制

4月7日、閑院宮参謀総長より、徐州付近の作戦に関する北支那方面軍・中支那派遣軍司令官の任務を聞く。

21日、去る2日より病気療養中の近衛首相全快につき参内。

26日、靖国神社臨時大祭*に行幸。境内に整列跪座《きざ》する合祀者遺族の前を通過の際には鹵簿《ろぼ》の速度を緩める。

徐州作戦

5月2日、地方長官会議参列の各知事らより、事変下の軍事扶助の施設・活動を聞く。時局柄、茶菓の供応を廃す。

＊ファシスト訪日使節　1938年3月〜4月、パウルッチを団長とするイタリアファシスト党の使節団が訪日した。

＊中支新政権　近衛文麿内閣の声明により中支方面に新政府を設立する必要が生まれ、陸軍省は「中支那政務指導要綱」を策定し、親日政権の設立を進めた。

＊靖国神社臨時大祭　満州事変および支那事変の戦死者・戦傷後死没者4532名合祀。

＊徐州作戦　徐州は華北と華中を連絡する要衝の地。華北の北支那方面軍と華中の中支那派遣軍が、南北から進

10日、来日のイタリア経済使節団と対面、ファシスト式右手挙手の礼を受ける。閑院宮参謀総長より*徐州作戦のため関東軍隷下の2独立旅団を北支に増派する件。

11日、満州・朝鮮に出張予定の*大谷尊由《おおたにそんゆ》拓相と対面。伏見宮軍令部総長より、厦門《アモイ》島作戦の件。なお前日、海軍陸戦隊は厦門島に上陸、占領。

宮内省屋上にてデッキゴルフ

5月13日、*宮内省第2期庁舎侍医寮屋上にて侍従・侍医らとデッキゴルフ。

15日、閑院宮参謀総長より、徐州会戦後の情勢に対応するため、新たに第106、第116師団動員、ならびに連隊機関銃隊の臨時動員の件。

19日、閑院宮参謀総長より*陸相更迭問題を聞く。

20日、大本営陸軍部、昨19日に徐州を完全に攻略したと発表。溥儀より祝電。

25日、徐州作戦勝利につき、両総長に「作戦の計画宜《よろ》しきを得、各部隊克《よ》く艱苦に耐へて勇猛果敢に行動し海軍航空部隊亦《また》適切に之に協力したる結果と認め、深く満足に思ふ」の言葉。

27日、徐州作戦が一段落し、百武侍従長や湯浅倉平《ゆあさくらへい》内大臣の勧めで、慰安と健康増進のため6月より生物学研究所へ出ることとなる。

28日、皇后と第2期庁舎屋上にて、世界新記録を樹立した試作長距離飛行機が飛行するようすを見る。ついでデッキゴルフ。

撃し、徐州付近に集結する中国軍を包囲撃滅する作戦。

＊大谷尊由　大谷光瑞の弟。第1次近衛文麿内閣拓相となり、のち北支那開発株式会社初代総裁。

＊宮内省第2期庁舎　この施設は先般竣工し、この日はじめて使用。

＊陸相更迭問題　近衛文麿首相は杉山元陸相への信頼を失っており、内閣辞職も意識したが、元老らが反対し、内閣改造で処理することとなる。この結果、5月26日に宇垣一成が外相となり、陸相は板垣征四郎に代わった。

漢口および広東攻略の決定

6月2日、北支より凱旋の＊板垣征四郎《いたがきせいしろう》前第5師団長は陸相候補者として大連《だいれん》より飛行機で帰京し、天皇と対面。

4日、昨年7月以降控えていた生物学研究所での研究を再開、以後おおむね土曜に。

15日、大本営会議に臨御、漢口《かんこう》および広東《カントン》の攻略を決定。会議中、「前回の大本営会議では消極的であった作戦が、本日の案では積極へと転じた理由等」を問う。

21日、不慮の厄災で死傷した陸海軍将校以下への祭粢料《さいしりょう》・菓子料の＊額の改正。

22日、清水規矩《しみずのりつね》侍従武官より、東京府下の陸軍軍需動員部隊および軍需品製造工場への差遣復命。＊池田成彬《いけだしげあき》蔵相より、鐘紡が満州・中国の河川・沼沢地に自生する葦草を人絹パルプ原料とすることに成功したことを聞く。

28日、山澄侍従武官より、＊揚子江遡江作戦その後の状況ならびに用兵事項を聞く。

「支那事変」1周年

7月4日、宇垣一成《うがきかずしげ》外相より、日本との和平に関する孔祥熙《こうしょうき》中華民国行政院長らの動き、日中和平に関する英国の動向につき聞く。

従来、親任官または勅任官の病気危篤に葡萄酒下賜のところ、果物に改正。

7日、支那事変勃発1周年の＊勅語。板垣陸相・米内海相を召し、「朕が親愛する陸海軍人に告ぐ」として、「鋒鏑《ほうてき》に斃《たお》れ疫癘《えきれい》に死し或は廃痼と為れるを悼《いた》む」「前途は尚

＊板垣征四郎　陸軍中将（のち大将）。関東軍高級参謀として石原莞爾とともに満州事変を起こした。

＊額の改正　大演習統裁中、または航空機事故・事変などで額に区別があったが、階級に基づき一律となる。

＊池田成彬　財界人。日本銀行総裁。第1次近衛文麿内閣の内閣参議、内閣改造で蔵相・商工相。首相候補ともなるが親英米派とみなされ陸軍に警戒された。

＊揚子江遡江作戦　揚子江に漢水が合流する地点の武漢三鎮を攻略する作戦。南京陥落後、

遼遠《りようえん》にして出師《すいし》の目的を達せんが為汝等の努力に俟《ま》つもの寔《まこと》に多し」との勅語。

８日、*本間雅晴《ほんままさはる》大本営陸軍部第２部長より、ソ連保安委員リシェコフが越境して満州に亡命した事件を聞く。

12日、去る22日に蔵相から経済事情を聞いてより、ガソリンはじめ種々の節約をし、食事も省略するようになったため、百武侍従長より、「常時余りに局部的事項につき御軫念《しんねん》になることは玉体に影響し、重大な御政務に対する精力の集中が不十分となる虞《おそれ》もあり、また聖旨の影響は動《やや》もすれば極端に走ることから、あるいは萎縮退嬰《たいえい》に陥り却《かえつ》て成績が挙がらないこともあり、この重大な時局においては、各有司《ゆうし》を信頼され、泰然とあらせられることが大切と考える旨」を伝えられる。天皇はこれに同意。

13日、運動のため奥のプールにて、侍従を相手にこの夏はじめて水泳。

張鼓峰事件

７月16日、閑院宮参謀総長より、張鼓峰《ちようこほう》付近でのソ連兵の越境に対し、朝鮮軍を満ソ国境近くに集中させる件。

18日、中支那方面軍参謀として出征の賀陽宮恒憲《かやのみやつねのり》と対面、「英米との摩擦回避を望む旨」を述べる。

20日、閑院宮参謀総長より、張鼓峰問題につき朝鮮軍の兵力使用を聞く。政府の諒解の有無、ソ連との全面戦争の可能性などを問う。閑院宮は、全面戦争の可能性が皆

武漢三鎮には国民政府の主要機関が集まっていた。

＊勅語 「朕が勇武なる将兵果敢力闘戦局其の歩を進め朕が忠良なる臣民協心戮力銃後其の備を固くせるは朕の深く嘉尚する所なり」「今にして積年の禍根を断つに非ずむば東亜の安定永久に得て望むべからず」とある。

＊本間雅晴 陸軍中将。秩父宮御付武官・陸軍省新聞班長などを歴任し、参謀本部第２部長。のち、第14軍司令官としてフィリピン方面で指揮をとり、戦後にバターン死の行進の責任者として死刑となる。

無とは確言できないと答え、天皇は裁可せず。宇佐美興屋武官長に「同件に関する拝謁は無益である旨」を伝えるも、板垣陸相は強いて願い、速やかなる実力行使を求める。天皇は語気を強め、満州事変・支那事変勃発時の陸軍の態度に言及し、「命令に依らずして一兵たりとも動かさないよう訓諭」する。

21日、宇垣外相より、「昨日の自身の奏上と陸軍大臣の奏上との齟齬《そご》の原因」を聞く。近衛首相より、*板垣陸相の辞意表明を聞く。

26日、松平宮相より願い出の葉山行幸を認可。「これより先、支那事変下の兵士の労苦、一般臣民の苦難への思し召しから避暑等は希望されない旨」を述べる。山澄侍従武官より、揚子江遡江作戦その後の状況を聞く。

28日、多田駿《ただはやお》参謀次長より、満ソ国境方面に集中させた朝鮮軍（第19師団）の主力に対する原駐地復帰の指示を聞く。

30日、*葉山行幸。今回の行幸につき、首相以下の関係者に対し、「東京駅及び関係各駅における奉送迎は、その儀に及ばない旨」の通達。

31日、午前8時1分、沢本理吉郎《さわもときちろう》武官より、「29日午前、ソ連兵の越境により、日ソ両軍は張鼓峰北方の沙草峰《しゃそうほう》にて衝突し、交戦状態に入る。この日、第19師団はソ連軍を撃退し、張鼓峰・沙草峰付近を占拠する」との報告を受ける。午後5時、多田参謀次長より張鼓峰方面の日ソ両軍衝突を聞く。

＊板垣陸相の辞意表明　翌22日、百武侍従長に、陸相への訓諭は陸軍全体または陸相への不信任ではなく、信任すればこそその訓諭であることを述べ、その旨を陸相に伝えるよう命ずる。

＊葉山行幸　葉山滞在中は、採集・水泳。しばしば常侍官候所にて将棋を見たり、したりする。

張鼓峰事件の戦闘停止協定

8月1日、百武侍従長より、張鼓峰事件に関し、昨夜政府がソ連大使に、不拡大主義を採り協同調査・国境画定に誘導させる方針を伝えた旨を聞く。閑院宮参謀総長より、朝鮮軍司令官に対し張鼓峰・沙草峰付近の占拠保持を命ずる件を聞く。

2日、百武侍従長を召し、昨日ソ連軍機の越境爆撃により情勢が悪化したことに関し、葉山滞在の如何を問う。百武は、国内外の安定上、移動がないことが適切と答えた。近衛首相より、閣議決定の張鼓峰事件不拡大方針を聞く。

5日、閑院宮参謀総長より、外交交渉の成否にかかわらず、機を見て張鼓峰・沙草峰付近を占領する部隊に撤退を命ずる件を聞き、裁可。

6日、宇垣外相より、張鼓峰事件に関する一昨4日モスクワでの重光葵《しげみつまもる》大使とソ連のリトヴィノフとの会談結果を聞く。

10日、板垣陸相より、張鼓峰事件の外交交渉を促進させるため、損耗兵力補充のための第19師団の応急動員、一部兵力を朝鮮軍に増加する件。

11日、葉山より横須賀海軍航空廠などへ行幸。弾痕おびただしい水上偵察機一機と岩城邦広*海軍大尉に目をとめ、平田武官に岩城の戦傷のその後の経過を聞く。宇佐美武官より、モスクワにて張鼓峰事件に関し日ソ両軍の戦闘停止協定成立を聞く。

13日、宇垣外相より、張鼓峰事件の経過、停戦協定成立を聞く。

＊岩城邦広　水上偵察機による広州の南雄航空基地攻撃に参加し、記録的な数の弾痕を受けるも任務を遂行し、感状を受けた。

15日、閑院宮参謀総長より張鼓峰事件の終結を聞き、「自重《じちょう》隠《いん》忍《にん》克《よ》く其任務を完《まっと》うせるは満足に思ふ」と述べる。

「のらくろ二等兵」を見る

8月20日、皇后・3内親王と夕餐後、『のらくろ二等兵』などの映画を見る。

22日、閑院宮参謀総長らより、張鼓峰事件から得た対ソ作戦*の教訓を聞く。

30日、宇垣外相より、五相会議決定の日独伊防共協定強化の対独回答案を聞く。

片翼の樫村機

9月15日、海軍大学校卒業式・海軍館行幸。支那事変に出動した片翼の樫村機*、支那軍戦闘機などの鹵《ろ》獲《かく》品《ひん》を見る。

20日、池田《いけだ》成彬《しげあき》蔵相兼商工相より、8月までの転業、代用品問題などを聞く。

宇垣一成外相兼拓相の辞任

9月22日、宇垣外相より国際連盟理事会よりの招請拒絶の経緯などを聞き、対英関係、孔祥熙、大使任命を認可した白鳥敏夫（イタリア駐箚）のことなどを問う。

26日、末次信正《すえつぐのぶまさ》内相より、神宮の設備、非常の際の御神体の動座計画を聞く。

29日、宮内省は皇后の妊娠を発表（懐妊5か月で経過順調）。湯浅内大臣より、宇垣外相兼拓相の辞表提出をめぐり近衛首相の総辞職の意向を聞く。

軍人援護会の設立

＊**対ソ作戦の教訓**　張鼓峰事件で日本軍は大打撃を受け、ソ連軍の輸送補給能力や火力・機動力が日本軍より優勢であることを知った。

＊**樫村機**　1937年の南昌攻撃の際に中国軍機と接触して左翼の3分の1以上を失いながら南京基地に生還、「片翼の樫村機」として広く知られた。

＊**謀略**　中国通として知られる土肥原賢二は、中国占領地の政治工作・行政指導・経済謀略などに暗躍した。

＊**軍人援護会**　「軍人援護に関する勅語」により、近衛文麿首相を

10月3日、近衛首相を召し、軍人援護に関する勅語を下し、内帑《ないど》金《きん》300万円下賜。

7日、中国より帰朝の土肥原賢二《どいはらけんじ》陸軍中将より、*謀略に関する報告。木戸幸一厚相より、下賜金による*恩賜財団軍人援護会の設立決定を聞く。

8日、支那事変勃発後、初めて花蔭亭《かいんてい》を散策、また初めて午前午後ともに生物研究所で研究。常侍官候所で侍従と談話中に、不意に中秋の名月であることを思い出し、しばし月を見る。夕餐には御月見料理として団子・塩蒸し衣かつぎが出る。

10日、飛行演習・兵器視察のため、*熊谷陸軍飛行学校行幸。東条英機《とうじょうひでき》陸軍航空本部長より「陸軍航空機の現状」を聞く。

19日、靖国神社臨時大祭に行幸。満州事変・支那事変の戦病死者1万334名合祀。

21日、皇后、内着帯の儀。鳳凰ノ間にて、徳王《とくおう》蒙古連盟自治政府主席と対面。

武漢三鎮陥落

10月22日、陸軍首脳との連絡に関し武官長の一層の努力を望むも、百武侍従長より、陸軍部内が不一致の状況においては武官長の言は時に微妙な結果を生じ、かえって悪結果となることもあるため、武官長の苦心を推察の上での要望を求められる。

大本営陸海軍部、広東市を完全に占領したことを公表。溥儀より祝電。

24日、閑院宮参謀総長・*古賀峯一《こがみねいち》軍令部次長より、それぞれ広東一帯攻略の状況を聞く。天皇より、「深く満足に思ふ此旨将兵に申伝へよ」との言葉。


設立者とする恩賜財団軍人援護会が設立された。恩賜金は300万円。各県に支部を置き、戦没軍人の遺族、傷痍軍人およびその家族遺族などへ各種援護事業を行うことを目的とした。

＊熊谷陸軍飛行学校　少年飛行兵養成など飛行機操縦の基本教育を行った。戦後、米陸軍キャンプとして利用され、58年に返還。航空自衛隊熊谷基地。

＊古賀峯一　海軍中将（のち大将）、軍令部次長。1943年に山本五十六の戦死を受けて第28代連合艦隊司令長官となるも、飛行機事故で殉職。

27日、大本営陸海軍部は陸海協力して武漢三鎮《ぶかんさんちん》を攻略した旨を公表。*大金益次郎《おおがねますじろう》よりその報告を聞く。御杉戸にて徳永鹿之助武官より武漢三鎮攻略を聞く。夕餐後、皇后と広東陥落のニュース映画を見る。本年の観菊会は催されない旨が告知される。

28日、閑院宮参謀総長・古賀軍令部次長よりそれぞれ武漢三鎮の攻略を聞く。参謀総長より、北支の治安維持のため山東方面に軍司令部新設の必要を聞く。

午後2時50分より乗馬で宮城前正門鉄橋上に出て、二重橋前における広東・武漢攻略を祝する市民の旗行列に会釈。7時30分、皇后と正門鉄橋《てつばし》（二重橋）上にて30分にわたり二重橋前広場を埋める提灯行列にこたえる。

代用品を見る

11月1日、イタリアへ赴任の白鳥敏夫大使にイタリア皇帝に宜しく伝えるよう依頼し、米国へ赴任の堀内謙介大使に日米親善に努力する希望を述べる。

3日、政府、東亜新秩序建設に国民政府の参加を拒否しないとする第2次近衛声明を発表。

6日、漢口・広東における明治節の模様についての特報ニュースを見る。皇后らと、商工省より提供の金属・羊毛・皮革などの代用として硝子・陶器・セルロイド・大豆蛋白製羊毛などを用いて製造された日用品の陳列を見る。

14日、吹上障害馬場の拡張工事完成につき、侍従・武官らを相手に乗馬。

*大金益次郎　宮内官僚、侍従。1946年、戦後初の侍従長として昭和天皇の全国巡幸に尽力した。

米国権益確保の要求を拒絶

11月18日、有田八郎外相より、米国権益確保を求める米国政府の公文*への回答を聞き、裁可。

27日、皇太子参内。内庭にて皇太子が自転車を乗る様子を見る。

29日、近衛公爵家にて国宝『御堂関白記』などを保存管理する陽明文庫設立につき2千円下賜。

汪精衛、近衛三原則に呼応

12月9日、宮内次官・侍従次長ら、任地より帰朝の大使報告の陪聴を止められる。

20日、事変地より凱旋の賀陽宮恒憲より、武漢攻略作戦参加中の話を聞く。

26日、皇后との昼餐に際し、陸軍糧秣本廠よりの野戦兵食として粟粥・豆麪《とうめん》・豚肉煮付・梅干を食し、乾燥野菜類を見る。28日、近衛首相より総辞職の決意を聞く。

29日、寺内寿一《てらうちひさいち》（前北支那方面軍司令官）より献上された石弓など中国武具類を見る。側近より健康増進のための運動を願われ、宮内省第2期庁舎屋上でデッキゴルフ。

30日、閑院宮参謀総長より、汪精衛工作*を聞く。重慶よりハノイに脱した汪精衛は近衛三原則に呼応して日本との和平を提議。

＊米国政府の公文への回答　事変前の事態に適用された観念・原則で現在および今後の事態を律し得ないとして、米国の要求を拒絶する内容。外相より米国大使に発され、全文が公表された。

＊汪精衛工作　長期化する日中戦争の和平工作として、中国国民党副総裁で親日派の汪精衛（汪兆銘）中心の新政権を擁立しようとし、1938年12月18日に重慶を脱出した汪と東京と上海で交渉したが、中国での汪への支持は弱く、日本の傀儡政権以上の勢力にはならなかった。

欧州情勢「複雑怪奇」（1939）

平沼騏一郎枢密院議長の組閣

1939年1月1日、四方拝、歳旦祭、晴御膳。支那事変下につき晴御膳以下の諸儀において陸軍正装を改め陸軍軍装を召す。

4日、政始*。近衛《このえ》文麿《ふみまろ》首相から全閣僚の辞表提出。近衛は辞表にて、「事変は新段階に入り東亜永遠の平和を確保する」ため、「新たなる内閣」の必要を述べる。湯浅《ゆあさ》倉平《くらへい》内大臣は興津の西園寺《さいおんじ》公望《きんもち》を訪問、平沼騏《ひらぬまき》一郎《いちろう》枢府議長を推薦。天皇は平沼に組閣を命じ、憲法遵守、蔵相と外相の厳選を述べる。

6日、宮内省第2期庁舎屋上にて、本年初のデッキゴルフ。その際、横須賀海軍航空隊の帝都訪問飛行を見る。以後、この年10回デッキゴルフをする。

7日、生物学研究所にて研究。以後、月・土に研究。

8日、代々木練兵場にて陸軍始観兵式。本年も事変下につき陸軍軍装。

13日、皇后着帯。大本営会議に臨御、*海南島《かいなんとう》攻略を決定。14日、葉山行幸。滞在中は海洋生物採集・研究、海岸散策などで過ごす。20日、宮城還幸。

日独伊防共協定強化問題

＊政始　近衛首相より昭和13年の神宮・各庁、松平宮相より昭和13年の皇室の報告。

＊海南島攻略を決定　日中戦争の長期化のなかで、蒋介石軍への支援物資が激増、日本軍は援蒋ルート封鎖の航空作戦基地を確保するため、海南島攻略におよんだ。

1月22日、有田八郎外相より、独伊より提案された防共協定強化案と五相会議決定の政府方針を聞く。政府方針には、主たる対象はソ連とし、秘密了解事項としてソ連が締約国を攻撃した場合の兵力援助が示される。

25日、伏見宮博恭《ふしみのみやひろやす》軍令部総長らより、第2連合航空隊*の作戦、揚子江遡江作戦の実施経過など聞く。27日、平沼首相より防共協定強化問題を聞く。

31日、歌会始、題は「朝陽映島」、皇后は欠席。詠進歌総数は4万523首。中島鉄蔵《なかじまてつぞう》参謀次長より海南島攻略作戦を聞く。

海南島上陸作戦

2月3日、米《よ》内光政《ないみつまさ》海相より、伊号第63潜水艦が演習中に豊後水道で衝突沈没した報告。

7日、外務省が平泉澄《ひらいずみきよし》東京帝大教授を招き外交官のための国史講座が開催された記事を読み、百武三郎侍従長にその影響を懸念する旨を述べる。

10日、四《し》手《で》井《い》綱正《つなまさ》武官より、台湾混成旅団による第1回海南島上陸作戦を聞く。

11日、加《か》藤寛治《とうひろはる》海軍大将葬送に牧野《まきの》貞亮《さだあき》侍従を差遣。ローマ法王ピウス11世崩御に弔電。

14日、皇太后参殿、皇后とともに昼餐後、ニュース映画を見る。皇太后に商工省より献上された金属・羊毛・皮革の代用として、硝子・陶器・セルロイド・大豆蛋白製

＊第2連合航空隊　第1連合航空隊とともに日中戦争において臨時編成された航空隊。第2連合は艦載機部隊として編成され、華中方面での空中戦を展開した。のち、対英米開戦緒戦のマレー沖海戦にてプリンス・オブ・ウェールズとレパルスを撃沈した。

羊毛・グラスファイバー・鯨皮・鮫皮などを原料とした日用品を披露する。

15日、内庭にて側近相手にスキー。20日、石渡荘太郎《いしわたそうたろう》蔵相より増税案を聞く。

22日、枢密院会議に臨御、満州国とハンガリーの防共協定参加に関する件。

23日、独逸大使オットと対面、ヒトラーより答礼の花瓶の説明を受ける。有田外相より、九龍半島の英国租借地内の誤爆事件*の陳謝、上海で頻発するテロの善後策などを聞く。

シャム領シンゴラ上陸の可否

2月24日、対支作戦中に英国と開戦する場合、シャム領シンゴラ付近に上陸する計画がシャムの中立を犯すことは日本の正義に反するゆえ認めがたいと述べる。

3月2日、石渡蔵相より、昭和14年度臨時軍事費追加予算を聞く。皇后、内親王を分娩。4日、新ローマ法王ピウス12世に祝電。

6日、板垣陸相より、大阪兵器支廠爆発事故・英国租界地内誤爆事件を聞く。

8日、内親王命名の儀、貴子、清宮。

傷兵の就職状況を問う

3月14日、多摩陵行幸、参拝。相模原の臨時東京第3陸軍病院に行幸。同院は事変における内地還送の戦傷者中、快復期にある者約4千名を収容。各種機能検査、職業準備教育の状況を視察。途次、宇佐美武官長に傷兵の帰郷後の就職状況を問う。

＊誤爆事件　日本の陸軍機が香港九龍半島深圳付近で中国領とイギリス租界地を誤認し、イギリス租界地を爆撃した。クレーギー英大使より抗議声明があり、有田八郎外相が陳謝、賠償、今後の保証などを公文として手交した。

16日、閑院宮戴仁《かんいんのみやことひと》参謀総長・板垣征四郎《いたがきせいしろう》陸相より、軍備充実計画を聞く。

22日、枢密院会議*臨御。

防共協定強化交渉問題

3月25日、平沼首相より防共協定強化交渉を聞き、種々問う。有田外相は天皇に、大島浩駐独大使と白鳥敏夫駐伊大使は、ソ連が締約国を攻撃した場合のみの武力援助義務は独伊側は受諾しないとして秘密了解事項の削除を要請していたが、両大使が従わない場合は両名を召喚し、独伊と妥協できない場合は交渉打ち切りと答える。

4月4日、有田外相より、モスクワにて調印の日ソ漁業条約の効力延長を聞く。

8日、有田外相より、先に大島駐独大使と白鳥駐伊大使が、それぞれ駐劄国の外相に、独伊がソ連以外の第三国から攻撃を受けた場合も日本は参戦義務を有すると明言したため、五相会議でこれを取り消す訓令を発することの決定を聞く。

10日、湯浅内大臣に、板垣陸相が訓令に反した大島・白鳥を擁護したことを叱責することの可否を問う。湯浅は、議論のなかの意見ゆえ叱責に及ばずと返答。天皇は、板垣陸相に、出先の大島・白鳥が参戦義務を明言したことは大権を犯すものであり、陸相がこれを擁護したこと、会議ごとに決定事項を逸脱する発言をすることを注意。

斎藤博駐米大使の遺骨送還

4月18日、閑院宮参謀総長より、中支那派遣軍の一部の作戦に関する命令などを聞

*枢密院会議　文化的協力に関する日独伊協定、スペインの防共協定参加の件など。

く。米国にて死去した斎藤博*大使の葬送。斎藤の死去に対しルーズベルト大統領や米国官民よりの同情、軍艦「アストリア」にての遺骨送還の配慮などに対し、礼電。

24日、斎藤の遺骨送還の米軍艦「アストリア」艦長らと対面。

25日、靖国神社臨時大祭*行幸。

27日、陸軍航空士官学校卒業式に臨席、埼玉県高萩飛行場*にて91式・95式戦闘機の特殊飛行などを見る。優等卒業生1名へ銀時計。

29日、天長節。代々木練兵場にて天長節観兵式に臨む。

独伊交戦における日本参戦の問題

5月1日、訪日ドイツ新聞記者団団長らと対面。平沼首相より、防共協定強化交渉の中間報告などを聞く。

9日、閑院宮参謀総長より、防共協定強化問題に関し、列国を欧州に牽制させ支那事変処理を容易にし、大戦に臨んでは独伊と提携してソ連・英国に対処し、北辺処理に利導という大本営陸軍部の意見を聞く。ソ連以外との独伊の交戦に日本が参戦することに明確に反対する。

12日、秩父宮より防共協定強化促進などの進言あるも、天皇は言葉を返さず。

サンプラチナ縁眼鏡を使用

5月14日、当直武官より、12日に発生したノモンハン付近の外蒙軍と満州国軍によ

＊斎藤博　外交官。駐米大使として満州事変後に悪化した日米関係改善に尽力。米国のパナイ号誤射事件では、全米にラジオ中継で平和的解決を訴えた。

＊靖国神社臨時大祭　満州事変・支那事変で死没の軍人・軍属ら1万389名合祀。

＊高萩飛行場　現在の埼玉県日高市に陸軍航空士官学校の高萩分教場として開かれた。現在の入間基地。

る衝突事件は拡大せずとの参謀本部の判断を聞く。

17日、イタリア皇太子より、同国アンノンシャドー勲章佩用者の肖像蒐集中につき、該当者の写真入手を希望。天皇は明治天皇・大正天皇と自身の写真を贈る。

19日、時局を考慮し、従来の金縁眼鏡を止めてサンプラチナ縁とする。

20日、平沼首相より、防共協定強化交渉の五相会議の結果を聞く。

22日、*陸軍現役将校学校配属令施行15年記念事業につき、「白雪号」にて二重橋前広場で全国の学校生徒3万5433名を閲する。荒木《あらき》貞夫《さだお》文相を召し、「文を修め武を練り質実剛健の気風を」との青少年学徒への勅語を下す。

汪精衛・呉佩孚合作

5月25日、畑俊六《はたしゅんろく》陸軍大将を武官長に、宇佐美興屋《うさみおきいえ》陸軍中将を軍事参議官に補し、百武侍従長を経て天皇より刀剣・金員を、天皇皇后より御紋付蒔絵《まきえ》手箱・御紋付銀時計・金員を下賜。

26日、畑武官長を召し、防共協定強化問題の紛糾の経緯とそれに対する考えを述べる。宮内省官制改正にて、専任侍従次長のほか兼任侍従次長1人を置く。新任の専任侍従次長に甘露寺《かんろじ》受長《おさなが》（兼任は広幡忠隆）。

30日、畑武官長より汪精衛《おうせいえい》・*呉佩孚《ごはいふ》合作を聞く。後刻、天皇は畑武官長を召し、近衛声明の「蒋介石を対手とせず」は、すこぶる弱い意味であったものが議会にて強い

＊陸軍現役将校学校配属令　1925年に公布。一定の官立または公立の学校に陸軍現役将校が配属され、軍事教練を受けた。私立は任意であった。

＊呉佩孚　袁世凱配下の軍人。1932年以後は北京で張学良の庇護を受けた。日本は呉を親日政権の指導者として擁立しようと試みたが、応じなかった。

意味に変化した旨を述べ、汪精衛・呉佩孚合作が頓挫した場合は蔣介石を認めても差し支えないのではないかとの考えを示す。

有田外相よりスロヴァキアの独立を聞く。畑武官長を召し、防共協定強化につき、海相・外相の考えるごとく陸相を指導するように外相から首相に伝えるよう述べた旨を話す。板垣陸相より汪精衛の動静を聞く。

米国参戦の場合の態度

6月5日、板垣陸相より、ノモンハン付近の衝突事件につき、陸軍は不拡大を堅持し、局地問題として解決を図るなどの方針を聞く。

平沼首相より、防共協定強化に関する駐独伊大使宛の訓電[*]につき聞く。葉山にて採集に使用の「三浦丸」は、油の消費節約などから海軍に無償譲渡。

6日、畑武官長に、防共協定強化で参戦について、米国が初めから英仏両国側に立つ態度を表明した場合は、陸軍も海軍に従って協約適用を原則としないことが至当ではないかと述べる。なお五相会議では、米国が英仏側に参戦した場合は、日本が無言の脅威を以てソ連などの戦争参加を牽制することが協約3国に有利の場合は、なんらの意思表示をなさないことがあり、また武力を行使しないこともあるとする外務省案が決定される。

天津租界封鎖問題

＊**訓電**　ソ連をふくまない第三国を対象とする場合は、必ず独伊側に与して英仏側には加わらず、武力行使ではなく政治・経済上の支持をとるなどとした。

6月14日、石渡荘太郎蔵相より、法幣《ほうへい》下落への対策を聞く。板垣陸相の人事内奏の際、北支那方面軍による天津《テンシン》英仏租界封鎖につき「徒《いたずら》に意地を張って対立することは不得策につき、解決の道を講じること、兵・憲兵・警察等の末端には意図の徹底が不十分につき、不意の事件が突発しないようにすべきこと」を注意する。

15日、閑院宮参謀総長・板垣陸相に、天津租界封鎖問題の速やかな解決を求め、閑院宮は事件発端となった程錫庚暗殺の犯人引渡しがあれば封鎖解除する旨を答える。天皇は湯浅内大臣を召し、有田外相に閑院宮の返答を伝え、平沼首相が同意ならば、犯人引渡しを条件に封鎖解除を進めるよう命ずる。

16日、畑武官長より、板垣陸相情報として天津租界封鎖の目的は単に犯人引渡しのみならず、日本の金融経済政策に協力させることにあることを告げられる。後刻、畑を召し、閑院宮参謀総長と板垣陸相情報との齟齬《そご》を指摘し、閑院宮の再説明を求める。

20日、有田外相より、天津租界封鎖問題・防共協定強化問題を聞く。天津英国租界での検問において英国人への侮辱的行為があり、駐日英大使より抗議が寄せられた件の事実関係の有無を問う。また、天津租界封鎖問題の早期解決を希望する。

21日、畑武官長を召し、天津租界封鎖問題解決のため、武官長と板垣陸相が打ち合わせることを希望する。

24日、閑院宮参謀総長より、ノモンハン国境事件処理に関し、野戦重砲兵2箇連隊

＊法幣　中華民国発行の不換紙幣。

＊天津英仏租界封鎖　日中戦争拡大のなか日英関係も悪化し、天津の海関(開港場の税関)監督で親日的とみられていた程錫庚が暗殺され、その容疑者がイギリス租界に逃れた。日本側はイギリスに容疑者引き渡しを要求するが拒否されたため、6月14日から英仏租界を封鎖した。

の満州派遣を聞く。その際、満州事変を引き合いに出し、事件拡大の虞《おそれ》を述べ、国境画定を提案し、さらに石渡蔵相の同意済みか否かを問う。

29日、ドイツがチェッコスロヴァキア国を併合するにつき、外相の願いにより資格自然消滅となる同国公使と対面。閑院宮参謀総長より外蒙国境方面における戦闘状況などを聞き、その際、国境紛争処理は事態を局地に限定すること、植田謙吉《うえだけんきち》関東軍司令官の独断攻撃に関する処分は慎重に研究することなどの報告を受ける。

天皇の陸軍批判

7月5日、平沼首相より、昭和15年度予算編成方針を聞く際、天津租界封鎖問題解決のための東京での日英会談を前に、国内で行われている過激な反英運動の取締りが可能か否かを問う。

板垣陸相より8月の人事異動を聞き、山下奉文《やましたともゆき》陸軍中将・石原莞爾《いしわらかんじ》陸軍少将の親補職*への転任に不満の意を示す。また、ドイツのナチ党大会に招聘された寺内寿一《てらうちひさいち》陸軍大将の目的として防共枢軸強化が強調されていることに不本意の旨を告げる。さらに防共協定強化問題が話題となり、陸軍の策動を批判し、日ごろ懐抱《かいほう》の陸軍の体質への批判・不満を種々述べ、ついには陸相の能力にまで言及する。陸相との対面は2時間余におよび、人事書類を裁可せず、漸く山下・石原の人事、寺内の出張の3事案を除き裁可する。

＊**親補職**　天皇自らが命ずる重要な職。司法官と武官があり、司法は大審院長・検事総長、陸軍は陸相以下師団長、海軍は海相以下警備府司令長官などが該当する。侍従武官長も親補職である。

6日、畑武官長より、板垣陸相が「頗《すこぶ》る恐懼《きょうく》し非常に重大に考えている旨」を聞く。のち畑を召し、辞表の提出を促したものではないことを述べる。

7日、閑院宮参謀総長より対支謀略の件。その際、山下・石原の親補職転任、寺内のドイツ出張につき、陸軍の長老としての意見を問う。

支那事変2周年につき、昼餐は簡素の献立。宮内省にて戦傷病職員への感謝と見舞い、応召入営職員への感謝と激励、関係戦没者18名の慰霊。

11日、閑院宮参謀総長より、ノモンハン付近における衝突事件の状況、攻撃計画を聞く。また、山下・石原の転任につき「妥当と考える」との答え。天皇は得心せず、改めて善後策を問う。畑武官長を数度召し、結局、石原は浅原事件*の取調べ終了まで、山下は天津租界封鎖問題解決まで発令せず、寺内のドイツ出張は単に同国の招聘に応じる形とすることとなる。

12日、平沼首相より、天津租界封鎖問題をめぐる英国との交渉方針を聞く。

13日、有田外相より、天津租界封鎖問題に関する日英東京会談の方針を聞く。

木炭瓦斯自動車に乗る

7月17日、百武侍従長より、潜水艦演習視察の際に「潜水艦乗組員士気鼓舞の御言葉を賜れば、海軍にとり至幸である旨」を聞く。

18日、11日の閣議にて、ノモンハン付近の衝突事件は支那事変に準じて取り扱うこ

＊浅原事件　石原莞爾と交流のあった元労働運動家の浅原健三が、治安維持法違反容疑で逮捕された事件。背景には石原一派の排斥を狙った東条英機の動きがあり、東条は浅原が軍の「赤化」を謀ったとみなしたのであった。

とが決定し、戦死の陸軍将校以下に天皇皇后より祭粢料《さいしりょう》。

21日、葉山より連合艦隊に行幸。御召艦「長門」にて秩父宮・高松宮と対面。大島付近の第1潜水戦隊の襲撃教練、第1戦隊*の飛行機射出*を見る。

22日、畑武官長より、有田外相と英大使クレーギーとの日英会談などを聞く。

30日、明治天皇例祭のため皇霊殿《こうれいでん》で拝礼。皇霊殿へは供奉車を改造した木炭瓦斯《ガス》自動車に初めて乗る。

日米通商航海条約廃棄の影響

8月1日、畑武官長より、汪精衛工作を聞く。その際、米国より経済断交を受けた場合は屑鉄・石油などの資源は立ちゆかないとの情報を懸念し、「支那事変の前途を深く憂慮され、陸軍の真意及び対策につき」尋ねる。

7日、閑院宮参謀総長より、ノモンハン方面の戦況打開のため航空部隊にてタムスク付近など敵の航空根拠地を攻撃することを聞く。北支より凱旋の李垠《イウン》と対面。

10日、閑院宮参謀総長と昼餐の際、日独伊三国軍事同盟を提案した板垣陸相の翻意の可能性を問う。

14日、畑武官長に日米通商航海条約廃棄が及ぼす戦争指導への影響を問う。畑は参謀本部にて資源獲得と戦争指導につき聴取し、翌15日に1時間25分にわたり説明、天皇は種々問う。平沼首相より、板垣陸相が提案した三国軍事協定締結問題を聞く。

＊**第1戦隊**　戦隊は、艦隊を構成する基本単位の一つで、戦艦・駆逐艦2〜4で編成される。1941年の開戦前の第1戦隊は第1艦隊に所属し、開戦後は戦艦「長門」「陸奥」で編成され、連合艦隊司令長官が直接率いた。

＊**飛行機射出**　カタパルト（射出機）によって艦艇から飛行機を射出させること。火薬式・油圧式・空気式などがあった。

16日、畑武官長を2度召し、当面の諸問題に関して政府が陸軍の主張に服従して実行し、うまくいかなかったときの責任の所在を問う。

19日、中島参謀次長より、総長代理としてノモンハン方面の状況、とくに敵の攻勢企図と事件処理方針を聞く。

独ソ不可侵条約の締結

8月22日、常侍官候所にて側近相手に外交談話。ドイツとソ連との不可侵条約締結報道に、防共協定付属の秘密協定*に反すると批判し、また締結に対し陸軍がどう出るかなどと話す。翌日、畑武官長に「これにより陸軍が目覚めることになれば、むしろ可とする旨」を述べる。

28日、平沼首相より全閣僚の辞表*を受ける。平沼は「莫斯科《モスクワ》に於て正式調印を了せる独蘇《ドクソ》不可侵条約は防共協定の精神に背馳《はいし》し複雑怪奇なる情勢を顕現せり」と記す。

天皇は後継首班を湯浅内大臣に問い、湯浅は近衛枢府議長、御殿場の西園寺《さいおんじ》公望《きんもち》と面談し、第1候補として阿部《あべ》信行《のぶゆき》陸軍大将を伝える。天皇は阿部に組閣を命じ、憲法を厳に遵守すること、時局・財政は英米との調整を必要とするので外相などの人選に注意すること、「陸軍には久しく不満足であり粛正しなくてはならず」、畑武官長、梅《うめ》津《づ》美治《よしじ》郎《ろう》陸軍中将のほかに陸相適任者がなく、3長官の反対があっても実行するつもりであることを述べる。

＊秘密協定　日独防共協定には、ソ連を仮想敵国とする秘密協定があった。そして日独の相互合意なく同協定の意思に反した単独条約をソ連と締結しないことになっていた。このため独ソ不可侵条約締結は、防共協定の秘密協定に反すると解した。

＊辞表　1939年8月23日、ドイツはソ連と独ソ不可侵条約を締結した。当時、共産主義に対抗するためドイツとの関係強化をめざしていた平沼騏一郎内閣は、日独防共協定の秘密協定に反するドイツの動きに対し、欧州情勢は「複雑怪奇」として総辞職した。

29日、湯浅内大臣、ついで畑武官長を召し、新聞報道にある＊磯谷廉介《いそがいれんすけ》・＊多田駿《ただはやお》（ともに陸軍中将）の陸相案に不同意を述べ、「自分の信頼する者を任命すべき旨を激しい御言葉にて仰せになり」、その旨を板垣陸相に伝達するよう命ずる。畑は、＊山脇正隆《やまわきまさたか》陸軍次官より3長官会議で畑の陸相後任推薦が決まったことを聞き、これを受諾。

30日、閑院宮参謀総長より、ノモンハン事件の作戦に関する関東軍司令官への任務付与を聞く。関東軍司令官に対し、ノモンハン方面にては作戦を拡大することなく速やかな終結を策するため、小さな兵力で持久すべきことが命ぜられる。

31日、蓮沼蕃《はすぬましげる》陸軍中将（駐蒙軍司令官）を後任武官長に補す。

英国の対独宣戦布告

9月1日、阿部首相より外交関係を聞く。ドイツ・ポーランド開戦が報じられ、常侍官候所にて当直を相手に国際関係など。

＊興亜奉公日。天皇は震災記念日の昼餐は簡素にしており、この日より毎月1日は3食通じて1菜程度の簡単な食事とする。

3日、閑院宮参謀総長より、ノモンハン方面攻勢作戦中止を聞く。午後4時前、常侍官候所にてラジオニュースを聞き、内大臣・侍従長・当番常侍官相手に欧州情勢など話す。午後9時前、再び常侍官候所にて世界情勢など話し中に、英国の対独宣戦布告のニュースを聞く。

＊磯谷廉介　中国通の陸軍中将。2・26事件の収拾に尽力。のち香港総督となり、皇民化政策や軍票発行などを進めた。戦後、南京軍事法廷で戦争犯罪人として終身刑。

＊多田駿　陸軍中将（のち大将）。盧溝橋事件後に参謀本部次長となり、戦線不拡大に尽力。平沼騏一郎内閣総辞職にあたり磯谷廉介とともに陸相候補となった。

＊山脇正隆　陸軍中将（のち大将）。歩兵第22連隊長などを経て陸軍次官。第3師団・駐蒙軍司令官などを歴任。戦後、戦犯容疑者とな

4日、阿部首相より、欧州動乱には介入せず支那事変解決に邁進する旨を聞く。

6日、閑院宮参謀総長より、ノモンハン方面攻勢作戦中止に関し、植田謙吉関東軍司令官よりハルハ河右岸の兵士の遺体収容のため一部攻勢を求められたが奏功の望みなく、採用しなかったことを聞く。

7日、陸軍士官学校・陸軍航空学校卒業式のため行幸。優等卒業者へ銀時計下賜。

ノモンハンでの軍旗焼却

9月11日、閑院宮参謀総長より、ソ連との停戦交渉、歩兵第64、71連隊軍旗の件を聞く。歩兵第64、71連隊はノモンハン付近でソ連軍の重囲に陥り、第64連隊長は軍旗を焼き、残片を埋めて自決、第71連隊長は軍旗を完全焼却して部下と突入して戦死。

12日、大本営陸軍部は、時局に即応し支那事変処理の完遂を期すため、新たに支那派遣軍総司令部を編成した旨を発表。

14日、蓮沼武官長の説明により、奉還された第114師団隷下の軍旗を見る。

日光より帰京の皇太子参内

9月16日、早朝、当直侍従より目覚めを願われ、6時5分に中島参謀次長よりノモンハン事件の日ソ停戦協定成立を聞く。午後1時45分、阿部首相より日ソ停戦協定成立を聞く。

19日、阿部首相より、閣議決定の価格等統制の応急的措置を聞く。


るも無罪、偕行社会長などをつとめた。

＊興亜奉公日　国民精神総動員運動の一環として毎月1日に実施された生活運動。国旗掲揚・宮城遙拝・神社参拝・勤労奉仕などが行われた。食事は一汁一菜、児童は日の丸弁当。9月1日はもともと震災記念日であり、従来より天皇も質素な昼食をとっていた。

20日、植田謙吉（前関東軍司令官）より軍状を聞く。植田はノモンハン事件の関係により凱旋将軍としての優遇を辞退。

22日、大本営会議に臨御、対支謀略の大綱などの説明を聞く。

湊川での楠木正成の戦法、論功行賞を問う

9月26日、板沢武雄（東京帝大助教授）の「後醍醐天皇御事蹟」を聞く。楠木正成《くすのきまさしげ》の湊川での戦法、正成への論功行賞など種々問う。

27日、後醍醐天皇600年式年祭、皇霊殿にて拝礼。

30日、和子誕辰日、夕餐後、映画『雪の結晶』（中谷宇吉郎《なかやうきちろう》指導）を見る。

歩兵第64連隊旗の残片は顕忠府へ

10月4日、第15師団長より長江鰐が献上され、上野動物園へ下賜。

14日、沢田茂参謀次長より、近衛師団の一部を南寧《なんねい》*作戦に参加させる件を聞く。

16日、大本営会議臨御、南寧作戦計画の審議。畑陸相より、ノモンハンの戦闘で軍旗を焼却した歩兵第64・71連隊への軍旗の再親授を願われる。なお、9月下旬に発見された歩兵第64連隊旗の残片は顕忠府《けんちゆうふ》へ保存。

20日、靖国神社臨時大祭*に行幸。


「偏せざる史学者、実際的経済学者を採用すべし」

10月27日、百武侍従長より今後の進講の方針を聞く。従来の陸海軍の御用掛の進講

＊南寧作戦　1939年11月15日から12月1日まで、「援蒋ルート（仏印ルート）」遮断や奥地爆撃の航空基地確保を目的として広西省の南寧を攻略した作戦。近衛師団は本来、天皇や宮城の警護にあたる特別な部隊であったが、39年に中国戦線に動員された。その後、広東作戦・南寧作戦に従軍し、南寧では中国国民革命軍と激戦となった。

＊靖国神社臨時大祭　遺族の前を通過の際は「御料車の徐行を仰せ付けられる」。満州事変・支那事変で死没の軍人・軍属1万379名合祀。

は打ち切り、清水澄《しみずとおる》枢密顧問官の行政法進講も事変勃発以来中止につき打ち切り。毎週1回の外交事情進講は継続、世界興亡史の進講として古今の名君・賢者の事蹟、実際的な経済学・政治学・軍事学の臨時進講は設ける。

百武侍従長を召し、京都学派など哲学的に歴史を研究する風潮の進講は不可、科学的に研究する学者を可とする意見を述べる。また国史では、皇室への批評論議をせず万事を可とする進講は、「聴講しても何の役にも立たず」と評す。さらに新経済学者などの極端な学説は不可にして、穏健なる進講者で各種学説を紹介する程度を可と述べる。対して、侍従長は「政治を総攬されるお立場として、一方に偏する説を聴取されると同時に、反対説も聴取され、聖断の資料とされることも必要である旨」を述べる。人選につき文相に依頼し、「偏せざる史学者、実際的経済学者を採用すべし」との意向を伝える。よって来年初頭以後、汪精衛新政権成立など事変の一段落した時期に実施するよう調整。

30日、御用掛退任の古賀峯一海軍中将と対面。支那事変以降は軍事学進講取り止めのため古賀の進講は一度もなし。これを機に参謀次長・軍令部次長が軍事学進講のために御用掛となる慣例は取り止め。

第10回国民体育大会

11月1日、沢田参謀次長より汪精衛を中心とする支那新中央政府樹立工作の現況を聞き、新政府樹立の時期など種々問う。

2日、沢田参謀次長より汪工作、欧州戦争に伴う当面の対外策を聞く。

第10回明治神宮国民体育大会に行幸、秩父宮の説明にて日本産業体操・野外剣道集団試合・蹴球優勝試合・陸上決勝・手榴弾投擲《とうてき》突撃などの国防競技ほかを見る。

7日、富士裾野における近衛師団演習のため静岡県に行幸。沼津御用邸にて非公式に原田熊雄《はらだくまお》らに対面。

8日、富士裾野演習場にて秩父宮と対面。南北両軍の参加人員は1万3900名。天皇は乗馬のまま第一線の歩兵中隊および重火器の配備、陣地設備を見る。

9日、支那事変で大陸の孤児を救護し、日支親善の実をあげ東亜興隆の契機にしようとする大阪府の隣邦孤児愛育会*の事業奨励に、天皇皇后より5000円下賜。

10日、沢田参謀次長より南寧攻略作戦計画（和号作戦）を聞く。去る8日のミュンヘンの爆弾事件にてヒトラーが危害を免れたことを慶賀し、殉難者を哀悼する親電を送る。

14日、畑陸相より、植田謙吉（前関東軍司令官）・中島鉄蔵（前参謀次長）以下のノモンハン事件責任者の処分を聞く。

15日、支那派遣軍視察の閑院宮参謀総長より、中支方面の状況、南寧攻略作戦につき聞く。また、広東周辺の作戦命令、近衛混成旅団の支那派遣を聞く。

＊隣邦孤児愛育会　1939年に大阪隣保事業協会が開き、日中戦争で親を亡くしたりした中国人児童68人を大阪に呼び、養育を開始した。45年5月までに30人が順次、中国に帰り、通訳などの仕事についた。愛護会では報告書「伸びゆく大陸の孤児」を作成し、子どもたちをモデルにした映画『朋友』を制作したという。

20日、野村吉三郎《のむらきちさぶろう》外相より、欧州情勢・蘭印問題・天津疎開問題・日米関係・ソ連関係など聞く。

27日、陸軍大学校卒業式に行幸、優等卒業生の戦術講演などを聞く。優等卒業生6名に軍刀下賜。

28日、阿部首相より、日英外交・支那新政権樹立問題・内閣強化問題を聞く。夜、杉山元陸軍大将より献上の支那楽器などを皇后と見る。

丹那トンネル概要を聞く

12月1日、百武侍従長より丹那隧道概要など聞く。昨年の静岡行幸の際に初めて丹那トンネルを通過して、その工事の苦心、東海道線の輸送力増加などを問うたため。

4日、永井《ながい》柳太郎《りゅうたろう》逓相より、兼任していた鉄相の所管事項として、運賃引き上げ、東京・下関間の広軌鉄道布設と大陸との連絡、日満支の陸海空の連絡などを聞く。沢田参謀次長より新支那中央政府樹立工作、欧州情勢を聞く。

在極東の赤軍兵力増強

12月12日、閑院宮参謀総長より在極東の赤軍兵力増強*の状況を聞く。

14日、ノモンハンより帰還の江橋英次郎（前航空兵団司令官）より軍状を聞く。

15日、山本《やまもと》五十六《いそろく》連合艦隊司令長官らと対面。

16日、夜、海軍省より鑑賞願いのあった映画『海国日本』を皇后と見る。

＊**赤軍兵力増強**　独ソ不可侵条約が締結され、ソ連の動向を警戒する日本にとって大きな脅威となった。とりわけ同年5月から9月に満州国とモンゴル人民共和国との間の国境線をめぐって発生したノモンハン事件で日本軍は大敗北を喫し、その後のソ連極東軍の配備が懸念された。

19日、閑院宮参謀総長と帯同の富永恭次第1部長より広東北方作戦計画を聞く。

食用ツンドラを食す

12月21日、神宮徴古館農業館にて、国産奨励の陳列のため、宮城内水田産の籾種、紅葉山養蚕所の蚕繭、生糸を下賜。

22日、ドイツより帰朝の大島大使より、ドイツの軍事・外交・国力の見通しなどを聞く。

23日、夜、皇后と映画『奥村五百子*』を見る。

25日、去る18日の閣僚陪食の際、金光庸夫《かねみつつねお》拓相より樺太のツンドラには食用になるものがあることを聞き、食用となる黄色粉の試食を希望。翌26日に大膳寮《だいぜんりょう》にて小麦粉と混ぜた菓子を食す。

26日、第75回帝国議会開院式、「欧州の禍乱勃発し世界の情勢複雑を極む」との勅語。

27日、当番武官より南寧の作戦・戦況を聞き、しばしば問う。

28日、蓮沼武官長に、御用納め後においても南寧の戦況、汪工作の進捗につき、参謀本部との連絡を密にすべきことを命ずる。

＊奥村五百子　明治期の社会運動家、愛国婦人会創設者。義和団の乱で現地視察をした際、女性による兵士慰問や救護、遺族支援の必要を痛感、近衛篤麿や華族婦人たちの支援のもと愛国婦人会を設立する。愛国婦人会は以後も継承され、1941年に大日本婦人連合会など婦人3団体の統合が閣議決定され、42年に大日本婦人会に吸収された。

第五章　行きづまる中国戦線（1940〜41）

紀元2600年祭（1940）

阿部内閣の閣内不一致

1月1日、四方拝、歳旦祭、晴御膳。皇后とともに朝昼夕それぞれ野戦兵食料理を食す。本年は紀元2600年に相当するため、多くの国民が宮城二重橋前広場に参集し、君が代斉唱、天皇陛下万歳を連呼。

6日、生物学研究所にて研究、この年は主に土曜日に生物学研究所へ。

閑院宮戴仁《かんいんのみやことひと》参謀総長より、中国軍の冬季攻勢状況、南支方面の作戦、汪精衛《おうせいえい》政権樹立工作などを聞き、各部隊の戦果を嘉賞、蓮沼蕃《はすぬましげる》武官長に中国軍の冬季攻勢反撃に参加した将兵に言葉を賜う旨を告げる。

9日、阿部首相より、「支那新中央政府樹立に関する処理方針」などを聞く。

10日、伏見宮博恭《ふしみのみやひろやす》軍令部総長に、米内光政《よないみつまさ》海軍大将を首相とすることへの海軍の意向を問う（阿部内閣は軍事予算成立をめぐり閣内不一致が顕在化）。

11日　両総長に中国軍の冬季攻勢に対する陸海軍の勇戦へ「大なる戦果を収めたるは深く満足」との言葉を下賜。12日、阿部首相より内閣総辞職を聞く。

米内光政内閣の成立

1月14日、阿部首相より全閣僚の辞表を受ける。湯浅倉平《ゆあさくらへい》内大臣に、後継首班につき問う。百武三郎侍従長を通じ、枢府議長・首相前官礼遇者に対し、後継首班の意見を内大臣に申し述べるよう告げる。岡田啓介《おかだけいすけ》・平沼騏一郎《ひらぬまきいちろう》は米内光政海軍大将を、近衛文麿は池田成彬《いけだしげあき》（米内を第2候補）とし、西園寺公望《さいおんじきんもち》より米内で異存のない旨を聞く。

16日、米内より閣員名簿提出、米内は予備役《よびえき》編入。

19日、百武侍従長より推選された東洋興亡史の進講者を羽田亨《はねだとおる》京都帝大総長とする件を認可。百武より松浦鎮次郎《まつうらしげじろう》文相に、5月の溥儀《ふぎ》来朝後に隔週1時間30分程度の進講を、羽田を候補に考えている旨を伝える。

23日、講書始*。百武侍従長より興津の西園寺の病状を聞く。天皇皇后より牛乳・蘭を下賜。

「浅間丸」臨検事件

1月24日、有田八郎外相より、英国軍艦による「浅間丸」*の臨検ならびにドイツ人乗船客の拉致などを聞く。閑院宮参謀総長より、安北以西の作戦命令を聞く。

27日、在京満州国大使官邸全焼につき、天皇より毛布、天皇皇后より料理、皇太后より料理下賜。溥儀より礼電。

百武侍従長に、西園寺の病勢贈進の新聞報道につき問う。百武より予断を許さない

＊講書始　国書は西田直二郎「日本書記神武天皇の御紀」、漢書は小柳司気太「周易（易経）の一節」、洋書は平賀譲「最近軍艦商船の進歩」。

＊「浅間丸」の臨検　1940年1月21日、房総半島沖でイギリス海軍軍艦が日本郵船所属の客船「浅間丸」を臨検し、ドイツ人男性21人を戦時捕虜の名目で逮捕連行した。ドイツと友好関係にあった日本は、イギリスの暴挙を非難、結局、イギリスは行きすぎを認めたが、日本国内では組閣早々の米内光政内閣の弱腰を批判する声が高まった。

状況を聞き、天皇皇后より毎日スープ、時々料理を下賜。

29日、歌会始、題は「迎年祈世」、皇族以下の詠進歌総数は3万8643首。

中国山西省にて製造の兵器など見る

2月5日、蓮沼武官長より南寧《なんねい》方面の作戦の戦果を聞く。閑院宮参謀総長より南支那方面軍司令部と第22軍司令部の新設を聞く。鮫島具重《さめじまともしげ》*武官を支那方面艦隊へ差遣。

11日、紀元節。神武天皇即位2600年にあたり、「君民一体以て朕が世に逮《およ》び茲《ここ》に紀元二六〇〇年を迎ふ」との詔書。パラオ諸島コロール島に南洋神社を創立し、官幣大社とする。

13日、当初は11月に天皇皇后で山陵参拝の予定のところ、溥儀来日前が至当であること、皇后の都合が悪いことのため、天皇のみ4月に行幸となる。

16日、5月に溥儀来日、宿所は東京は赤坂離宮、京都は大宮御所が定まる。

宮内省第2期庁舎屋上にてデッキゴルフ、以後、5月23日まで6回。

徳永鹿之助武官の説明で、山西省太原・祁《き》県《けん》の軍管理工場にて製造の追撃砲弾・煙草・硫化燐燐寸《マッチ》・小麦粉などを見る（事変地より帰還の第109師団長より献上）。

18日、天皇皇后は、個人資格で興津《おきつ》の西園寺を見舞う百武侍従長に葡萄酒を託す。

桐工作

2月21日、沢田茂参謀次長より対支謀略*の開始につき聞く。

＊**鮫島具重**　海軍少将（のち中将）。男爵。岩倉具視の孫で鮫島家を嗣ぐ。高松宮宣仁の御付武官などをつとめ、侍従武官を経てのち第4艦隊司令長官となる。

＊**対支謀略**　鈴木卓爾（支那派遣軍司令部付、陸軍大佐）が重慶政府要人の宋子文の実弟と自称する宋子良に香港で接触し、和平条件を検討したい旨の回答を得た（桐工作）。

23日、閑院宮参謀総長らより、航空作戦綱要の制定を聞く。その際、東条英機航空総監よりソ連に対して、満鮮接壌地域にて作戦する場合を考慮した旨を聞く。

25日、中支那戦線（広東・海南島・南寧・南京・上海）より帰朝した秩父宮と対面。

27日、陸軍士官学校卒業式臨御、「白雪」にて閲兵。優等生徒13名に銀時計。

竹田宮昌子の薨去

3月5日、帰任のローマ法王使節大司教パウロ・マレラと対面、法王ピウス12世より贈進の『マテオリッチ世界地理書』を受け、法王に礼電。

8日、*竹田宮昌子《たけだのみやまさこ》薨去。4月予定の関西行幸延期、5月予定の溥儀来日延期願。

12日、皇后とニュース映画を見る。支那事変の拡大にともない昭和12年9月以降、弟宮を招きニュース映画を見ることが常例となり、漸次火曜夜を恒例としたため、服喪中も平常どおり行う。ただし弟宮の招きなし。

13日、畑俊六《はたしゅんろく》陸相に、満州事変以来の日本への国際的信用の喪失について述べる。

14日、閑院宮参謀総長・山田乙三教育総監より、作戦要務令第4部制定など聞く。第4部（特種陣地の攻撃、大河の渡河、湿地および密林地帯における行動、瓦斯用法、上陸戦闘を記載）は秘密取扱につき、3月20日に*軍令陸乙第3号をもって制定施行。

15日、沢田参謀次長より「桐工作」の交渉経過を聞く。満州国承認、*汪蔣合流などで対立。米内首相より、汪兆銘《おうちょうめい》政権樹立に伴い阿部信行陸軍大将を特命全権大使とし

*竹田宮昌子　明治天皇6女。常宮。北白川宮恒久妃。北白川宮成久妃房子（周宮）、朝香宮鳩彦妃允子（富実宮）、東久邇宮稔彦妃聡子（泰宮）は実妹。

*軍令陸乙　軍令の重要度に応じて、陸軍では陸甲と陸乙の2種があり、甲は動員計画や戦時編制などの軍事機密事項、乙は平時編制や諸勤務令などの秘密事項をあつかった。

*汪蔣合流　沢田参謀次長らは、蔣介石と汪兆銘の合流政権を実現させて和平を結ぶ計画で、汪兆銘の南京政府承認を遅らせていた。

て南京に派遣する件を聞く。その際、「桐工作」に正式代表を派遣しない理由を問う。米内首相、「重大事項につき慎重に研究したい」旨を答える。

28日、学習院卒業式。服喪中につき行幸なきため、閑院宮載仁を差遣。

天皇、打撃和平を提案し軍票価値維持策を問う

４月１日、徳永鹿之助武官より五原《ごげん》付近の戦況を聞く。

４日、大本営会議臨御、支那事変勃発後の陸軍の兵站《へいたん》、野戦車の兵器、航空兵器、経理、衛生の状況などを聞く。閑院宮参謀総長より満州派遣師団の交代を聞く。

５日、山梨勝之進《やまなしかつのしん》学習院長に、本月より皇太子の学習院入学につき慰労の言葉。

６日、夜、土曜定例相伴の後、皇后とベルリン・オリンピック大会の実況映画を見る。

８日、皇太子より学習院初等科入学の挨拶を受ける。皇后、風邪のため硝子戸《ガラスど》越しに制服着用の皇太子を見る。

10日、沢田参謀次長より、兵站事項、北欧に対する独軍の進駐状況を聞く。天皇、在満師団を交代時期に支那方面に転用して敵軍に打撃を加え和平の機運を促進することを提案。また軍票価値維持策*を問う。

11日、根本博南支那方面軍参謀長らより各軍の現況を聞く。支那軍の実力、その軍需品の補給経路、共産軍の北支地方への勢力拡張方法、マカオの状況などを問う。

＊軍票価値維持策　軍票は、占領地域などで軍費調達のため政府・軍部が発行する紙幣で、日中戦争でも、法幣（蒋介石政権が発行）と需給関係があった。法幣が暴落し軍票の購買力が低下すると、現地関係各機関は、軍票用物資交換組合を強化拡大するなど軍票価値の維持につとめようとした。

＊靖国神社臨時大祭　満州事変・支那事変の

13日、閑院宮参謀総長・影佐《かげさ》禎昭《さだあき》陸軍少将（支那派遣軍総司令部付）より、支那新中央政府樹立の経緯を聞く。

15日、島田《しまだ》俊雄《としお》農林相より米穀の需給現況を聞き、節米、木炭・木材の不足を問う。

25日、*靖国神社臨時大祭に行幸。

29日、服喪中につき天長節観兵式など取り止め。

30日、訪日のドイツ親善大使ゴーダ大公より表敬、ヒトラーの親書を受ける。ヒトラーよりの天長節祝電、神武天皇即位紀元２６００年慶祝の親書に礼電。

ドイツのオランダ進攻

5月3日、沢田参謀次長より「桐工作」を聞く。

4日、沢田参謀次長より、近衛師団の支那派遣の伺い。土曜定例相伴後、皇后とベルリン・オリンピックの映画を見る。

6日、徳永武官より、漢水付近の作戦（*宜昌《ぎしょう》作戦）の状況を聞く。有田外相より、英仏両国に対処するためタイと特別協約を締結する件。

10日、山澄武官より、欧州戦況（ドイツ軍のベルギー・オランダ・ルクセンブルクへの進撃）を聞く。

13日、近藤信竹《こんどうのぶたけ》軍令部次長より*蘭印問題、沢田参謀次長より欧州戦況を聞く。

15日、皇后と吹上御苑にて夕刻まで桜樹調査。

死没軍人・軍属1万2799名合祀。

***宜昌作戦**　湖北省の宜昌攻略を目的とした作戦。宜昌は重慶に近いため、重慶に直接圧力を加える戦略上の理由からなされた。5月1日に日本軍は攻撃を開始、6月24日に市街を掃蕩、蒋介石に精神的打撃を与えた。

***蘭印問題**　日本は蘭印（オランダ領インドネシア）への不介入方針を堅持し、蘭印の現状が変更される事態には随時有効適切な処置をとると声明した。一方、オランダは英・仏・米3国の軍事的支援を要請した。

16日、広幡忠隆《ひろはたただたか》皇后宮大夫を召し、ペルー国リマ市の邦人襲撃情報の有無、ドイツのオランダ進攻にともなう皇帝ウィルヘルミナの英国待避への見舞電報発送の要否を問う。

20日、有田外相より、第2次欧州大戦と一般外交事情を聞く。

23日、来朝の陳公博《ちんこうはく》（中華民国国民政府立法院長）と対面。宮内省は「答礼専使」とするも、外務省は新中央政府未承認のため単に要人とする。

湯浅倉平内大臣の辞意と木戸幸一の就任

5月27日、桜内幸雄《さくらうちゆきお》蔵相より、欧州戦争の影響、金の現状、揚子江の開放問題*を聞く。湯浅内大臣、はげしく咳き込み、静養。東郷平八郎を祭神とする神社創立、銅像建設、東郷邸保存などに7千円下賜。

28日、百武侍従長を召し、陸相が揚子江開放問題に関し、開放による軍票の価値下落は困るが、政府が適当な処置を講ずれば陸軍は差し支えなきことを武官長に回答した旨などを語る。夜、皇后と在京ドイツ大使館所持の映画『落下傘部隊』を見る。

29日、松平宮相より湯浅内大臣の辞意を聞き、元老の意見を聞くことを命ずる。沢田参謀次長より欧州戦局・桐工作を聞く。その際、ドイツ空軍のイギリス空軍に対する制空権の獲得、ドイツのイギリス本土上陸作戦実施の見込み、桐工作以前に欧州に和平*が到来することの有無を問う。

＊揚子江の開放問題　1937年に日本軍は揚子江を閉鎖、米国などが開放を要求していた。陸軍は対米関係改善のため開放を是認したが、海軍は反対した。

＊欧州に和平　前日、ベルギー軍50万人がドイツ軍に降伏したニュース報道があった。

30日、勝正憲《かつまさのり》逓信相より、ドイツのデンマーク占領に伴う大北電信会社*の本邦における事業の接収などを聞く。来る6月1日から24日まで満州国出張の高松宮と対面。元老に内大臣後任の推薦を依頼するも、西園寺は「老齢及び近来の事情に不通のゆえ」辞退。

31日、松平宮相、内大臣に木戸幸一を推薦し西園寺の同意を得る。さらに近衛と米内首相の同意。木戸は近衛と協議し、受諾。

乾岔子島事件当時の処置を悔やむ

6月1日、木戸幸一を内大臣に任ずる。

3日、木戸内大臣を召し、新党樹立問題*に関し既成政党が1週間以内に解党するとの新聞報道の真相を問う。また、支那事変勃発当時を述懐し、乾岔子《カンチャズ》島《とう》事件を理由に支那との交渉案を作らせたかったが実現せず、支那への出兵が現実になるとソ満国境を憂慮して北満より兵が回せず、ついに今日の事態になり、「最初の処置如何によっては局面が相当変化していたのではないか」との旨を語る。

8日、7月初旬の葉山行幸につき、天皇は松平宮相に、溥儀の滞在の間は不可ではないかと述べる。沢田参謀次長より、桐工作の一時打ち切り*、欧州の戦況を聞く。前回の欧州大戦と比較し、「ドイツ軍と英仏両軍との間の戦力に著しき相違が生じた原因」につき問う。土曜定例相伴に新任の木戸幸一を召す。

＊大北電信会社　デンマークの電気事業会社。

＊新党樹立問題　平沼騏一郎内閣総辞職後、近衛文麿は木戸幸一らと挙国一致による強力な政党結成をめざした。この近衛の動きに、諸政党が自ら政党を解散、近衛新党に合流しようとした。しかし、政界は一党独裁ではなく無党状態となった。

＊桐工作の一時打ち切り　マカオでの第2次会談も、満州国承認・日本軍駐兵をめぐり妥協が成立せず、板垣征四郎・蔣介石・汪精衛の3者会談での一挙解決を申し合わせる。

9日、神武天皇即位2600年につき、神宮・山陵参拝のため京都ほかに行幸*。

10日、陸軍軍装にて神宮参拝。紀元2600年を奉告し、興亜聖業の完遂を祈念。

イタリアの対英仏参戦と日支新関係

6月11日、神武天皇陵・橿原神宮に向かう車中にて、木戸内大臣よりイタリアの対英仏参戦（11日午前2時）に関し日本の採るべき態度、新党樹立問題を聞く。「真の日本人を錬成」するために外苑に建設された橿原道場を展望。京都皇宮にて京都帝大の国策科学*の研究業績を見る。夕餐後、献上の蛍を春興殿前に放つ。

12日、京都皇宮内を散策。石原莞爾《いしわらかんじ》第16師団長ら行幸関係者らに夕餐陪食。常侍官候所にて昨日放った蛍を見る。武官にしばしばイタリアの状況、情報の到着を問う。

14日、大正天皇陵参拝にて2600年に伴う参拝を終える。沢田参謀次長より欧州戦況（この日早暁、ドイツはパリに無血入城）を聞く。

17日、陸軍大学校卒業式臨御、優等卒業生6名に軍刀下賜。大本営陸軍部にて欧州戦局要図・新兵器・事変関係写真（土嚢代用に使用の乾パン空容器など）を見る。

18日、木戸内大臣より、近衛枢府議長の進退、新党樹立の見通しなどを聞く。

19日、閑院宮参謀総長・畑陸相に、軍備充実延期の年数、近衛師団・第4師団の支那への派遣、欧州戦局の帰趨による蘭印・仏印への出兵の有無を問う。今般出征の近衛師団に乗馬にて行幸し、出征部隊を閲す。

＊行幸　4月中に予定されていたが、竹田宮昌子の薨去により延期された。

＊国策科学　海洋化学、高オクタン価航空燃料の合成、米の増殖、合成石油など。

マキャベリズムでなく八紘一宇

6月20日、*紀元２６００年奉祝武道大会に臨御、宮城内弓道場の玉座に着す。済寧館柔道場にて古式型の*起倒流《きとうりゅう》の投げ技決勝など見る。

木戸内大臣より、近衛枢府議長の辞意を聞く。天皇は、仏印問題につき、フリードリッヒ大王やナポレオンの如きマキャベリズムでなく、神代からの*八紘一宇《はっこういちう》の真精神を忘れないようにしたい旨を述べる。

21日、木戸内大臣より、後継首班奏請手続きに関する意見を聞く。木戸に、朝香宮《あさかのみや》鳩彦《やすひこ》と空軍独立につき議論したこと、軍事参議官の空気も独立論である旨を述べる。陸軍航空士官学校卒業式行幸予定ながら、伝染病発生につき取り止め。

24日、木戸内大臣を召し、近衛枢府議長の後任人事をめぐる新聞報道の真偽を問う。原嘉道《はらよしみち》枢府副議長を枢府議長とする。

木戸内大臣を召し、最近の桐工作の進捗状況に鑑み、葉山行幸の可否を問う。木戸は、未だ謀略の域を出ていない工作を理由に延期すること、工作の成果を天皇が期待しているかの印象を与えることなどは好ましくなく、予定通りが最良と答える。

26日、紀元２６００年慶祝のため訪日の溥儀を東京駅で迎える（秩父宮が6月21日に発病のため、高松宮が名代で横浜港に出迎え）。溥儀は参内し、２６００年慶祝、日本の援助による満州国の発達、張鼓峰《ちょうこほう》・ノモンハンの解決への謝意を示す。溥儀よ

＊紀元２６００年奉祝武道大会　6月18日から20日にかけて、皇居内の済寧館で催された。剣道のほか、剣道対銃剣術・柔道・弓道などが実施された。

＊起倒流　江戸初期に開かれた柔術の流派。投げ技を特徴とし、天神真楊流とともに講道館柔道の基盤となった。

＊八紘一宇　神武天皇が大和橿原に都を定めたときの詔勅にある「八紘（あめのした）をおおいて宇（いえ）となす」が原義。のちアジア・太平洋戦争で日本が中国や東南アジアに侵攻する際のスローガンとなった。

り長白山《ちょうはくさん》産大虎皮など贈られる。

援蒋ルート阻止問題

6月27日、有田外相より、印度支那ならびビルマの援蒋《えんしょう》ルート阻止問題を聞く。木戸内大臣を召し、小川元鉄相と溥儀、近衛と真崎甚三郎《まさきじんざぶろう》の接近などを述べる。28日、木戸を召し、新党樹立運動のその後の動向などの会話。

有田八郎外相の放送演説事件

7月1日、木戸内大臣を召し、有田外相の放送演説の真相などを問う。本事件は去る6月29日、外相の演説案に陸海軍側から不必要に英米を刺激することは得策でないと意見が出され、一部修正されたとの報道があり、これは陸海軍の意見が軟弱との印象を与えるとして記事執筆者を憲兵隊に召喚するなどに端を発した。結果、この日の新聞は英米との摩擦が生じるのも已《や》むなしと軍の毅然たる態度を報道し、翌2日、陸相は外相に対し、陸海外3省の不一致を感知させ内外に悪影響を与えたと抗議。

溥儀、参内。天皇より太刀（堀井俊秀作）と『丹鳳朝陽図』衝立を贈進、溥儀より、太刀は建国神廟の神宝として永久保存とする旨を述べる。2日、溥儀、退京。

2日、溥儀、外国元首として初めて神宮を参拝。満州国より持参の鏡を、神宮大麻として本国に持ち帰る。木戸内大臣より、有田外相の放送演説の真相を聞く。今回は外務省に欠点があり、軍の態度は緩和。須磨弥吉郎《すまやきちろう》外務省情報部長へ注意、記事掲載

＊援蒋ルート　去る19日、谷正之外務次官は在京仏国大使に、仏印ルートによる援蒋物資の輸送禁止を厳重に申し入れ、現地検査員派遣容認を求め、20日に仏国大使の同意を得た。

＊『丹鳳朝陽図』　朝陽に赤（丹）の鳳凰を描いた図で瑞祥を示す。清代の沈南蘋ほか和漢の多くの画家が描いた。

＊神宮大麻　伊勢神宮の神札。明治になって御璽が捺され、神宮大麻となった。罪を祓い除ける神具。

の記者は自主的に外務省記者クラブから脱退。

5日、木戸内大臣より、米内首相らを標的とする神兵隊事件関係者検挙*を聞き、種々問う。木戸より「検挙者の行動は憎むべきも、その心情については為政者もまた大いに反省すべき趣旨」を聞く。宮内省『陵墓要覧』の追号読法が小学国定教科書記載と異なるため調査し、反正《はんぜい》・顕宗《けんぞう》・元明《げんめい》・平城《へいぜい》・明正《めいしょう》とする。

6日、有田外相より、ソ連との協定交渉の件、ノルウェー・ベルギー・オランダ3国の外交権をドイツが代行することに関して、ドイツに対し蘭印の特別扱いを要求した件などを聞く。

7日、支那事変3周年につき、正午、黙祷。

8日、葉山行幸。木戸内大臣に近衛文麿の新体制運動*につき問う。

9日、葉山にて海岸散歩。夜、皇后とドイツ戦況のニュース映画を見る。

10日、閑院宮参謀総長・畑陸相・山田教育総監らより軍備改編など聞く。その際、陸軍中野学校*の新設に伴い内政への謀略を行わない監督指導、内地の軍司令官が濫《みだ》りに地方長官を圧迫しないことなどを述べる。また、桐工作につき種々問い、工作失敗後の第3国への仲介に際しては十分準備することを述べる。

11日、木戸を召し、英国が援蒋ルート閉鎖を拒絶した場合、日本は香港を占領し、宣戦の恐れがあり、米国はエンバーゴ（船舶抑留・輸出入禁止）の手段に出るだろう

＊神兵隊事件関係者検挙　神兵隊事件の関係者のうち、前田虎雄・影山正治・村岡清蔵らが米内光政首相暗殺を計画（皇民有志蹶起事件）したが、事前に検挙された。

＊新体制運動　近衛文麿を中心とした政治運動。政治経済の行き詰まりや国民不満の増大などを打開するため、挙国一致による強力な政権の確立をめざした。

＊陸軍中野学校　戦時の諜報・防諜・宣伝などを秘密裏に行うため1938年に防諜研究所として新設された。40年に陸軍中野学校と改名した。

と述べる。また、盧溝橋《ろこうきょう》事件勃発前、乾岔子島事件に伴う対ソ戦準備、支那と開戦した場合の見通しを問うたところ、対ソ戦備は憂慮に及ばず、支那と戦争になっても2、3か月で処理できると答えたため御前会議開催を断念したが、「その後支那との戦闘に及ぶと、実際は兵力不足のため今日の事態を招いたことなど」を述懐。さらに桐工作が失敗した場合、陸相と外相はドイツに仲介を依頼する意向であると述べる。

14日、閑院宮参謀総長より南支作戦（香港威嚇）の動員を聞く。英国を威嚇する理由、現地軍司令官の独断専行の抑制につき問う。沢田参謀次長より、ドイツの対英攻撃により英国の地位に大変動が予期されるため、日本は東亜新秩序建設に一大躍進の必要があると答える。また、英国が援蒋ルート遮断を受諾した場合の動員中止如何を問い、閑院宮ははじめ中止すると答えるも、取りやめないと修正。

木戸内大臣に、内外の情勢による内閣更迭は已むを得ないが、自分は現内閣を信任している旨を首相に伝えるよう述べる。

16日、木戸内大臣より、畑陸相の辞表提出のため内閣総辞職の予想を聞く。木戸より後継首班選出方法を聞き、認可。枢府議長・元首相らを宮中に召して意見をまとめ、元老に相談することとなる。

内閣総辞職に伴い、翌17日宮城還幸、明後18日予定の連合艦隊行幸を取り止め。

近衛文麿の組閣

＊**風見章**　新聞記者、政治家。木戸幸一・有馬頼寧らと、近衛を党首とする新体制運動をはじめる。第2次近衛内閣で司法相。

7月17日、陸相より辞表提出の経緯とお詫び。天皇は辞職を遺憾と述べた上で、畑が辞表に「臣の信念と相容《い》れざるものあり」と理由を明記したことを評価。

有田外相より、ビルマ・ルート閉鎖、ソ連の中立条約への回答遅延、太平洋地域における欧州交戦国の属地・領土の現状維持に関する駐日米大使の提議への見解などを聞く。夕刻、香港ルートは全面、ビルマ・ルートは3か月封鎖となる。

近衛が後継首班に推薦され、西園寺公望は、「病気により責任を持って奉答し難い」と述べる。天皇は近衛に組閣を命ずる。

18日、畑陸相より後任を東条英機とする案を聞くも、天皇は組閣中のため手続き上に問題があると指摘。木戸を召し、「桐工作が相当有望」との情報を伝える。

21日、木戸内大臣に、司法相候補の*風見章《かざみあきら》につき新体制運動への関与の心配はないかを問う。また文相候補の*橋田邦彦《はしだくにひこ》の行政手腕への懸念、内相候補の*安井英二《やすいえいじ》は部内統制上問題ないかを問う。

22日、木戸内大臣に、去る昭和13年6月3日の杉山元《すぎやまはじめ》陸相の更迭の経緯を語る。近衛より閣僚名簿を受ける。内相人事や兼任者の多い理由などを問う。

23日、木戸内大臣を召し、桐工作の進捗状況に期待を寄せ、8月上旬に呉行幸を実施する可否を問う。木戸は桐工作は未だ謀略の範囲を出ず、予定は不都合と答える。

25日、国民新聞の立憲民政党新政綱攻撃をめぐり、*国体明徴論者または右翼の天皇

＊橋田邦彦　医学博士。第2次近衛・東条英機内閣の文相。戦争終結後、A級戦犯容疑者に指定され、服毒自殺。

＊安井英二　内務官僚。第1次近衛内閣の文相となるが、近衛と対立し辞任。第2次近衛内閣でも内相に就任するが、省内での安井排撃で平沼騏一郎に代わる。

＊国体明徴論者　天皇の絶対性や天皇の統治権拡大を主張し、天皇機関説を排撃する論者。美濃部達吉が貴族院議員を辞任して後も、政治的反対派を攻撃するために国体明徴を掲げる者も少なくなかった。

大権に関する観念および論調などにつき、木戸内大臣と議論。

「世界情勢の推移に伴う時局処理要綱」の決定

7月27日、松平宮相より、時局柄、8月の海軍兵学校卒業式、呉鎮守府行幸（「大和」進水式）を願わない旨を聞く。

29日、近衛首相より「世界情勢の推移に伴う時局処理要綱*」の説明を聞く。両総長・両次長よりも聞く。両次長に、印度・濠州占領意図の有無、対米開戦の場合の勝算、今後のドイツの国力判断など多岐の問題を問う。伏見宮軍令部総長は、「日米開戦の場合、持久戦になれば不利が予測されるため、特に資材の準備が完成しない限り軽々に開戦すべきではない旨」を述べる。閑院宮参謀総長は、「南方問題の解決を容易にするため、支那事変の速決に努める旨」を述べる。閑院宮に事変解決の見通しを問う。沢本理吉郎武官より、英国人諜報容疑者として検挙されたロイター通信社のコックスが憲兵隊本部庁舎から投身自殺した事件を聞く。

30日、木戸を召し、「世界情勢の推移に伴う時局処理要綱」実行に関し、政府・陸軍・海軍の3者間の意向に異同がある感想を述べる。また蓮沼蕃《はすぬましげる》武官長に、「陸軍が無理に海軍を引き摺らないよう注意すること」を命ずる。

31日、葉山行幸。常侍官候所にて、コンピエーニュの森にての独仏休戦会談*のニュースの話を聞き、「何《ど》うしてあんな仇討めいたことをするか」「あゝ云《い》ふやり方の為めに

＊世界情勢の推移に伴う時局処理要綱　長期化する日中戦争などへの対応策として陸軍が決定した基本方針。「速やかに支那事変を解決」「対南方問題の解決に努む」などとある。

＊独仏休戦会談　フランスに勝利したドイツが独仏間で休戦協定を締結した際、ヒトラーはその休戦の調停地を、第1次世界大戦の終結の際にドイツが降伏調印をしたコンピエーニュの森に指定した。

＊松岡洋右　外務官僚。1933年の国際連盟脱退の際の日本側全権。

結局戦争は絶えぬのではないか」との感想を述べる。

伏見宮、「戦争はなるべく遅いほど望ましい」と述べる

8月5日、天皇より、葉山参邸は略服（背広）で差し支えない旨あり。

7日、欧州より帰朝の佐《さ》藤《とう》尚武《なおたけ》大使より、伊国のムッソリーニ、チアノと会談し東亜は日本に委任する件、独のリッベントロップは蘭領印度の件は国交強化次第との態度などを聞く。

8日、木戸を召し、松岡洋右*外相が「外交一元化に努力し、孤立外交に陥ることを極力回避するという考えは評価するが、米国に対する見通しが十分でないことを遺憾とする旨」を述べる。

10日、昼餐会食にて伏見宮軍令部総長より、「現在海軍としては蘭印・シンガポール等への武力行使の発動は回避したく、戦争の決意後少なくとも準備に八箇月を要するため、戦争はなるべく遅いほど望ましい旨の話」がある。

新体制運動の進捗

8月11日、久邇宮朝融《くにのみやあさあきら》より軍艦「大和」命名式などへ差遣の復命。

12日、木戸内大臣に、桐工作について、岳州付近まで停戦を認めたが、第1次近衛*声明の修正を求めたため一致しないことを話す。

13日、木戸内大臣を召し、松岡外相が対ソ国交調整を急がない理由を問う。

第2次近衛文麿内閣の外相として国際関係解決に尽力、日独伊三国同盟・日ソ中立条約などを締結させた。しかし、日米交渉をめぐって対立、近衛は総辞職して外相からはずした。

＊第1次近衛声明
「帝国政府は爾後国民政府を対手とせず」とした第1次近衛文麿内閣の声明。蒋介石が主導する国民政府ではなく、親日的な勢力による新政権との提携をめざしたが、事態は進展せず、汪兆銘の親日政権に蒋介石を合流させる「桐工作」が進められた。結局、第1次近衛声明の内容撤回を求められ挫折した。

16日、この頃、近衛より憲法運用を聞くたび、憲法の精神に抵触しないかを尋ねる。

23日、沢田参謀次長より、*幌筵島《パラムシルとう》への臨時要塞の建設の件など聞く。秩父宮へ天皇皇后より病気御尋として果物・鶏卵を贈進。

24日、伏見宮軍令部総長より戦時編制改定など聞く。その際、米国の海軍拡張に対する日本側の研究の有無を問う。

28日、石黒忠篤《いしぐろただあつ》農林相より米作状況を聞き、外米の輸入状況、木炭需要状態などを問い、山林資源の確保に専念すべき旨を述べる。

30日、松岡外相より、北部仏印進駐に関する仏国との協定につき緊急締結の必要上、枢密院通過を待たず、政府の責任で調印する旨を聞く。この日、*松岡・アンリー協定成立。

近衛首相より、憲法の運用などへの意見書を受ける。木戸内大臣に、憲法改正が必要なら異存はないが、近衛が議会を重視していないように思われること、相対立する2つの勢力を統一することは困難であるとの感想を述べる。

北白川宮永久の薨去

9月5日、北白川宮永久《きたしらかわのみやながひさ》、駐蒙軍参謀として蒙疆張家口《ちょうかこう》にて墜落した飛行機に衝突され負傷、病院にて薨去。6日、立川飛行場に永久（遺骸）到着。

両総長より、ハノイにて調印された日本の北部仏印駐兵のための*西原・マルタン協

＊幌筵島　千島列島の北東部にあり、「波羅茂知島」とも。陸軍が臨時要塞を建設し海軍も飛行場を整備。日本降伏後はソ連が占領。

＊松岡・アンリー協定　フランス領インドシナと中国との国境閉鎖に関する協定。フランスはインドシナにおける日本の政治経済上の優越的利益を認め、軍事上の便宜供与をはかるという内容で、援蒋ルートを遮断しようとする日本の要求に屈する形となった。

＊西原・マルタン協定　これにより北部仏印への平和進駐が約されたが、参謀本部第1部長

定調停（日本の上陸地点と作戦地帯との自由通過など）を聞く。

6日、木戸内大臣を召し、新体制運動の問題、対米施策のための陸海軍一致の必要を述べる。両参謀総長の在職による陸海軍統帥部の運営上の問題につき、意思疎通のための茶会を提案するも、木戸は政治的影響を考察するため暫時の考慮を述べる。

10日、木戸内大臣を召し、「大英博物館炎上か」の新聞記事にふれ、文化の破壊を懸念し、独英両国への申し入れ方法を問う。

両総長より西原・マルタン協定の経緯を聞く。閑院宮参謀総長より、9月6日の北部仏印国境における第5師団の一部の不法越境を聞く。陸相より北部仏印での越境（去る7日、仏印軍司令官は現地交渉中止を申し入れる）、上海憲兵拉致事件を聞く。

北部仏印進駐の決定

9月13日、木戸内大臣を召し、1時間30分にわたり独伊両国との関係を談話。松岡外相と2時間余にわたりスターマー*公使との交渉の件など聞く。

松岡外相より北部仏印への自主的進駐開始を聞く。両参謀総長より仏印抵抗の場合の武力行使を聞く。木戸を召し、外相と両総長の説明に不一致があるが政府方針を実行せしむるほかなしと問う。木戸より、進駐遅延の場合は英米両国の策動が熾烈となり、支那が仏印と提携する恐れもあるので認可すべき旨を答える。

両参謀総長・沢田参謀次長より、陸海軍の北部仏印進駐に伴う作戦を聞く。仏印側

の富永恭次が現地に出張して強引に軍を進めて死傷者を出し、内外に信を失った。

＊スターマー公使　ドイツの外交官。日独防共協定締結に関わる。リッベントロップ外相の側近として日独伊三国同盟締結に尽力し、１９４０年、同盟締結のため特派公使として来日。

が要求を承諾した場合、進駐部隊のさらなる越境の恐れを問う。沢田より、仏印側譲歩の場合は平和進駐に、越境は取り締まる旨を答える。

15日、木戸内大臣より日独同盟の経過を聞き、米国の対日態度悪化の場合の生糸輸出対策*などを懸念する。また、近衛首相について、「困難が生じた場合には逃避することなく、真に自分と苦楽を共にするよう望む旨」を述べる。

16日、近衛首相より、閣議にて日独伊三国同盟締結の決定を聞く。対米開戦の海軍の態度、敗戦にいたる場合の首相の決意などを問う。

17日、近藤信竹軍令部次長に元武官の資格として対面し、米国の勢力拡張への海軍の戦備増強を聞く。百武侍従長よりの、公務多忙のため東洋興亡史の進講を一旦打ち切る件を認可。沢田参謀次長より、北部仏印進駐日時を9月23日午前零時以降に変更する件を聞く。

18日、北白川宮永久葬儀。馬車使用のところ、陸軍側の強い希望で砲車を喪車に充て、挽馬《ばんば》6頭で牽引する。

日独伊三国条約締結

9月19日、木戸内大臣を召し、両参謀総長更迭の考えを述べる。蓮沼武官長は木戸と協議の上、陸海両相に協議したところ、陸相は同意するも、海相は反対。木戸は次善の策として、海軍との権衡《けんこう》上、後任参謀総長に新たな皇族を願うも、陸軍側は、海

＊生糸輸出対策　日本の生糸輸出など繊維産業は、輸出総額の過半を占め、獲得した外貨は軍艦購入費などに充てられて日本の経済発展の原動力となった。しかし対米関係の悪化による輸出入封鎖の危機が生じていた。

軍の意向にかかわらず参謀総長は「臣下」を以て充てたい希望を示す。

日独伊三国条約締結に関する御前会議開催について、百武侍従長と近衛首相との意見の齟齬《そご》。のち松岡外相より、枢密院諮詢奏請を仰がない旨の意向あり。木戸内大臣に枢密院諮詢が適切と述べる。

第3回御前会議にて日独伊三国条約締結の審議を聞き、日米戦争の場合の鋼材・石油確保の見通しなどの質疑応答がなされ可決、裁可。

20日、及川古志郎海相より伊号第67潜水艦の遭難*、米国汽船誤爆事件などを聞く。箱根藤田別邸で静養中の秩父宮に野菜・鮎・鶏卵を贈進、勢津子妃には和菓子。

21日、ドイツ本国より大使館へ訓電。木戸内大臣より、独伊と軍事同盟を結べば英米と対抗となることは明白につき、一日も早い支那との国交調整を求められる。

22日、沢田参謀次長より、北部仏印への平和的進駐は不可能と告げられる。仏印の遅延策の背景を問い、沢田は英米の裏面的煽動が相当あると答える。沢田参謀次長より、仏印軍司令官マルタンと西原一策《にしはらいっさく》（仏印監視団長）との間に軍事細目協定締結を聞く。松岡外相より独外相リッベントロップの伊国訪問を聞く。

23日、蓮沼武官長・鮫島武官に北部仏印進駐に軍事衝突があったことを問う。

24日、沢田参謀次長より、第5師団がドンダン地方*で戦闘を惹起するも、すでに沈静したことなどを聞く。日英同盟のときは宮中でなにもしなかったが、独伊との同盟

***伊号第67潜水艦の遭難**　1940年8月29日、南鳥島南方水域で連合艦隊応用訓練中に沈没、艦長以下88名全員の死亡が確認された。後部昇降口の閉鎖がなされず浸水したと推測されている。

***ドンダン地方**　ベトナム北部。中国と国境を接する。

では重大な危局に直面するため「神の御加護を祈りたい」と木戸内大臣の意向を問う。木戸は、「お気持ちが満足されるよう取り計らうべき旨」を答える。

25日、松岡外相より、日独伊三国条約調印をベルリンで行う旨を聞く。東条陸相より、北部仏印進駐の経過を聞く。沢田参謀次長より、北部仏印ドンダンでの戦闘がランソンに波及し、仏印軍が降伏したことを聞く。また、仏印が平和的態度ならば平和的進駐、戦闘を欲するならば徹底的に撃破すべき旨を聞く。

26日、近衛首相より日独伊三国条約締結を聞き、枢密院会議にて可決、裁可。鮫島武官より、西村琢磨《にしむらたくま》印度支那司令官率いる部隊がドーソンにて敵前上陸を敢行し、ハイフォンを爆撃したこと、これを不当として西原仏印監視団長が引き揚げたことを聞く。近藤軍令部次長より、西村部隊の強行上陸と、これに反対した海軍部隊の現地引き揚げを聞く。沢田参謀次長より、西村部隊の単独上陸、海軍部隊との不和、ハイフォン爆撃についての陸軍側への報告未到着、ならびに南支那方面軍の越権行為を阻止するため安藤利吉《あんどうりきち》司令官更迭につき聞く。天皇は「陸軍部隊による上陸並びに爆撃を不可とされ、改めてその統率方を命じられる」。

27日、沢田参謀次長より、ハイフォン爆撃が偶然の過失たること、今後の北部仏印進駐にて航空部隊の爆撃の中止命令などを聞く。三国条約締結につき、ドイツ宰相ヒトラー、イタリア皇帝エマヌエーレ3世より祝電。

30日、二度にわたり沢本武官より、日独伊三国条約の反響を聞く。

閑院宮参謀総長の辞任

10月2日、松平宮相より、閑院宮の参謀総長辞職に伴う賜金の件を聞く。松岡外相より、日独伊三国条約の諸外国での反響、タイとの軍事同盟締結考慮中の件、支那事変対策はまず重慶政権*と交渉して後にソ連と国交調整することなどを聞く。

3日、杉山元陸軍大将を参謀総長に補す。

5日、来朝中のドイツ公使スターマーと対面。日仏協定の効果を確信する仏国執政ペタンのメッセージに満足し、謝意を伝達。

木戸内大臣を召し、松岡外相の外務省人事に種々注意。

9日、昨8日に在京英国大使は松岡外相にビルマ・ルート再開を通告。杉山参謀総長より、仏印進駐の状況、桐工作の中止を聞く。

「事変の見透しを皆が誤り、…」

10月11日、横浜沖の紀元2600年特別観艦式*へ行幸。

12日、常侍官候所にて、食糧問題につき米のみに依存するのは如何《いかが》と述べる。また、武官の陪席がない折、「支那が案外に強く、事変の見透しを皆が誤り、特に専門の陸軍すら観測を誤ったことが今日各方面に響いてきている」と述べる。

14日、従来の帰還将官への賜饌《しせん》は物価統制の影響で存続困難につき祝酒に改める。

＊**重慶政権**　蒋介石の国民政府。1937年の南京陥落の後、国民政府は武漢・重慶へと疎開した。

＊**特別観艦式**　高松宮（「比叡」砲術長）・伏見宮博恭・朝香宮鳩彦・久邇宮朝融・閑院宮春仁・竹田宮恒徳・山本五十六（観艦式指揮官）らと対面。

17日、神嘗祭《かんなめさい》、御告文に日独伊三国条約の締結を奉告。

18日、靖国神社臨時大祭*に行幸。

19日、両総長より、ハイフォン上陸における陸海軍協同作戦を聞く。木戸内大臣を召し、秩父宮が肺結核にて静養中につき、万一の場合は高松宮が摂政となるため、第一線に勤務させないよう海相に話した旨を述べる。

21日、紀元2600年記念観兵式につき代々木練兵場へ行幸。「白雪」にて閲兵。参加部隊は約4万3千名、徒歩部隊・戦車200余台・各種機械化砲兵の行進、飛行機500余機の飛行。

23日、木戸内大臣を召し、外相の外交方針、国民服*の制定などへの考えを述べる。

25日、一昨日以来風邪につき吸入治療。

28日、宮城内水田産の水稲（愛国・小針糯各1株）、陸稲（江曽島糯1株）を神宮徴古館農業館に下賜。

31日、近衛文麿紀元2600年奉祝会長より、来る11月11日の奉祝会にあたり、秩父宮総裁静養中につき、高松宮を代理としたき願いあり、天皇は聴許。

紀元2600年奉祝

11月1日、明治神宮鎮座20年祭に天皇皇后より祭資700円。皇后と同神宮に行幸し、帰途に紀元2600年奉祝第11回明治神宮国民体育大会に立ち寄る予定なるも、風邪

＊靖国神社臨時大祭　去る15日、満州事変、支那事変にて死没の軍人軍属ら1万4400名を合祀。

＊国民服　1940年11月1日、衣服の合理化・簡素化のため、男子の標準服として制定。上衣・中衣・袴のほか、帽子・外套・手袋・靴などの制式が定められた。当時の陸軍軍服と同じ国防色（帯青茶褐色）を基調とした。

で取り止め。三菱重工長崎造船所の軍艦「武蔵」命名式に伏見宮博恭《ふしみのみやひろやす》を差遣。

2日、国民服令公布。観桜会・観菊会に*国民服甲号礼装も着用しうることとなる。

3日、仮床中につき、明治節の拝賀・宴会は取り止め、参賀のみ。

4日、従来皇后より歌副本・菓子が下賜された支那事変・張鼓峰事変・ノモンハン事件の戦死者の範囲を拡大し、公務による傷痍・疾病の者が退職などして陸海軍部外の施設で死亡した場合も加える。

8日、床払い。木戸内大臣を召し、仮床中における*重慶工作（銭永銘《せんえいめい》工作）の現況を問い、日本側の提案が張群《ちょうぐん》を経由して蒋介石に伝達されたとの報告を受ける。松岡外相より、野村吉三郎を駐米大使、大島浩を駐独大使にする件を聞く。

9日、甘露寺《かんろじ》受長《おさなが》侍従次長より、紀元２６００年に際し、*神代三山陵代拝差遣の復命。牧野貞亮《さだあき》侍従より、霧島・鹿児島・鵜戸《うど》・宮崎各神社代拝差遣復命。この月、天皇親拝の*山陵を除く歴代山陵（110陵）へ侍従ら差遣。

10日、紀元２６００年奉祝式典に臨御のため、陸軍式軍装に勲章・記章すべてを佩用し、皇后と二重橋前広場に行幸。近衛首相の「天皇陛下万歳」の発声で万歳三唱。ラジオにて実況放送。新京・広東・上海・北京・南京各地でも奉祝行事。タイ・ルーマニア・イタリア各皇帝、ユーゴスラビア摂政・ドイツ宰相よりの祝電に答電。スロヴァキア大統領の祝電には、ドイツとの関係上、答電せず外相より謝意。

＊国民服甲号　甲号と乙号の2種あり、甲号は上衣に衽型と帯型をつけた。乙号は軍服調。

＊重慶工作　南京政権を容認するか重慶政権との和平を実現させるかを模索するなか、満鉄の西義顕と浙江財閥の銭永銘との間で両政権を合流させる和平案が浮上。しかし、その後の進展はなく、日本側は汪の南京政権承認を決定した。

＊神代三山陵　可愛山陵、高屋山上陵、吾平山上陵。

＊山陵　神武・仁孝・孝明・明治・大正天皇陵。

11日、陸軍式軍装に勲章・記章すべてを佩用して、二重橋前広場の紀元2600年奉祝会に行幸。饗宴の主饌に軍用携帯食、副饌に伸烏賊《のしいか》・乾鱈《ほしだら》など詰合ほか。高松宮の「天皇陛下万歳」の発声で万歳三唱。ラジオにて実況放送。

「支那事変処理要綱に関する件」

11月13日、東一ノ間に開催の第4回御前会議にて、「支那事変処理要綱に関する件」など可決、裁可。武力戦続行、英米援蒋行為の禁絶強化、日ソ国交調整、重慶政権の屈服、長期大持久戦への適応、大東亜秩序建設のための国防力の回復増強、日独伊三国同盟の活用が国の方針となる。また、汪蒋合作を建前《たてまえ》とする和平工作は政府が行い、軍民の諸工作は一切中止となる。

14日、東条陸相より、タイへの兵器譲渡に関する件。農林省は第1回より減退の第2回米予想収穫高を発表、懸念した天皇は石黒農林相を召す。西園寺公望が腎盂炎にて発熱、食欲減退のためスープ・牛乳を下賜。

18日、木戸内大臣、興津の西園寺を見舞う。

19日、百武侍従長より、原田熊雄から電話連絡の西園寺の国事を憂慮する心境を聞く。昭和16年歌会始題「漁村曙」の題材を得るため「葉山丸」で秋谷から佐島を廻る。

22日、木戸内大臣は松岡外相に電話し、松岡より、重慶工作は蒋介石と交渉中で汪精衛政権を承認すれば和平は不可能となること、和平成立のときは日本軍が撤兵することなどを聞き、天皇に伝える。

西園寺公望の死去

11月24日未明、新嘗祭《にいなめさい》終了後、御格子に先立ち、侍従より西園寺重体を聞く。天皇・皇后・皇太后より果物、天皇より花・果物、皇后より花卉・野菜。午後9時54分、西園寺死去。溥儀より弔電。

25日、木戸内大臣を召し、1時間余にわたり西園寺の死去を悼む。小倉倉次侍従に、摂政時代に元勲の弔問に赴いた記憶があるが、如何にすべきかを問う。木戸内大臣は、死去後の行幸はしないほうがよいと表明。

26日、山本五十六連合艦隊司令長官より、連合艦隊の行動ならびに訓練につき聞く。米国より帰朝の堀内謙介大使より、米国の件を聞く。堀内に侍従長を介して支那事変国債（25円券）1枚、菓子1折を下賜。

重慶工作の失敗と汪精衛政権の承認

11月27日、枢密院会議*に臨御。

28日、大本営政府連絡会議にて、南京国民政府を承認し、重慶政府より停戦が申し込まれても変更しない旨を決定。会議の席上、松岡外相が、重慶工作は依然謀略の域を出ない旨を発言。西園寺の霊柩、興津より東京駅に着す。

29日、木戸内大臣を召し、重慶工作の失敗、汪精衛と条約締結すれば長期戦となる

＊枢密院会議　日華基本条約締結の支那事変解決におよぼす影響、汪精衛政権承認に伴う重慶政府処理の質疑応答を聞く。

見込みを語る。

30日、杉山参謀総長に、「汪精衛政権承認後の対支長期武力戦に関し、重慶まで進攻できないか否か、進攻できない場合の兵力整理の限度と方法、占拠地域の変更の有無、南方作戦の計画」などを聞く。南京にて汪精衛と日華基本条約*・日満華共同宣言が調印される。

経済新体制確立要綱

12月3日、木戸内大臣を召し、日ソ国交調整の前途を憂慮して種々感想を述べる。

5日、西園寺公望国葬、ハンガリー執政より弔電。

9日、及川海相より、潜水母艦「高崎」、同「剣埼」の改装を聞く。木戸内大臣を召し、対支戦線縮小による持久戦態勢の確立に関する海相の意向を話す。

10日、木戸内大臣を召し、支那派遣軍内に交通銀行*に莫大な預金をした者があるとの情報を話す。

侍従職編纂「皇太子殿下海外御巡遊記」の完成

12月13日、侍従職にて編纂中の「皇太子殿下海外御巡遊記」本記121章・外記19冊完成につき奉呈を受ける。

18日、枢密院*会議に臨御。

20日、大島浩陸軍中将にドイツ駐劄を命ずる。近衛首相より閣僚人事報告、夕刻、

＊日華基本条約・日満華共同宣言　日華基本条約は、大日本帝国と汪兆銘の南京政権との間で調印され、第2次近衛文麿内閣は南京政権を中国の中央政府として承認した。同時に、汪兆銘と満州国との関係を結ぶため、日満華共同宣言も公布された。

＊交通銀行　清朝が郵便・電信・交通の為替や現金収受のために設けた銀行で、1908年に北京で設立された。その後、本店が上海に移転、35年以後は法幣を発行する銀行の一つとなり、国共内戦の時期まで存在した。

近衛は木戸内大臣を呼び、勝田主計《しょうだかずえ》の内相起用は天皇の満足を得ないと察したので再考する旨を述べ、木戸と意見交換の結果、平沼騏《ひらぬまき》一郎《いちろう》を内相とする。

21日、近衛首相より、柳川平助《やながわへいすけ》を司法相とする件。木戸内大臣を召し、柳川入閣は支那事変の速やかな解決と南方への平和的発展を条件としたことを述べ、一方で、大島浩は近い将来の英国打倒を駐独大使就任の条件としており、両条件の矛盾により将来首相は「困ることとなるにあらずや」との懸念を示す。

＊枢密院会議　ハンガリー・ルーマニア・スロヴァキア3国の日独伊三国条約参加に関する件など可決。

紀元2600年諸儀式の終了

12月23日、紀元2600年関係の諸儀式が滞りなく終了につき、秩父宮妃・三笠宮はじめ諸皇族・皇族妃を招き、昼餐、茶菓、歓談。籤を催し、川合玉堂一門が描いた色紙など贈進。夕刻、皇太子誕辰日の御祝御膳、食後、秋山徳蔵厨司長《あきやまとくぞうちゅうしちょう》の飾り付け（盆景の岩）製作など見る。

24日、杉山参謀総長に、近い将来における大作戦実施の有無、米国が参戦した場合の陸軍の意向を問う。

湯浅元内大臣危篤につきスープ・牛乳を賜う。午後、危篤の報に果物を下賜、午後2時死去。

31日、平沼騏一郎内相より全国の治安状況を聞く。節《よ》折《おり》の儀、大祓《おおはらえ》の儀。

対米英開戦へ（1941）

「支那を見くびりしこと」

1月1日、従来、ベルギー・ノルウェー・オランダ各皇帝と祝電交換のところ、欧州における戦争により電報が不確実のため発送せず。のちオランダよりの祝電に答電。

8日、積雪泥濘《でいねい》のため、陸軍観兵式行幸を取り止め。

9日、葉山行幸。海岸散策、生物採集。夕刻、常侍官候所にて側近相手に米・肥料・石油などにつき談話。その際、「日本が支那を見くびりしこと、早く戦争を止めて十年ほど国力の充実を図ることが最も賢明」と述べる。夕餐後、侍従・女官らと謡カルタ、以後、滞在中しばしばカルタ。

タイ・仏印国境紛争

1月15日、侍従武官より、タイと仏印間の国境紛争*を聞く。タイは仏印に積極的な動きを見せ、ラオス国境方面で仏軍と戦端を開く。

17日、杉山元《すぎやまはじめ》参謀総長より、対支長期作戦指導計画策定などを聞く。木戸幸一内大臣を召し、杉山参謀総長が支那事変の戦線縮小は慎重を要すると報告したが、財政上の見地から堪えうるか近衛文麿《このえふみまろ》首相の意見を聞き、木戸の見解を問う。木戸は可と答

＊タイと仏印間の国境紛争　1940年6月12日にフランスとタイは相互不可侵条約を調印。フランスがドイツに敗れ、日本軍の仏印進駐が迫っていたことなどから、タイは旧領回復を求めたが、フランスはこれを拒否した。日本の北部仏印進駐が進むと旧領回復が難しくなると判断したタイ政府は、仏印との国境付近で紛争をくりかえし、侵攻を開始した。日本にとってはタイもフランスも友好国であり、両国の戦力消耗を憂慮して、和平の斡旋に努めた。

える。ついで東条英機《とうじょうひでき》陸相に、参謀総長の報告は軍略としては可なるも政略としては如何《いかが》と問う。東条は70余万人の兵力を65万人程度に減ずると答える。

20日、松岡洋右《まつおかようすけ》外相より、タイ・仏印国境紛争への調停申し入れを聞く。杉山参謀総長より、歩兵第170連隊の仏印派遣を聞き、武力衝突を惹起しないよう留意すべき旨を述べる。宮城還幸。木戸内大臣を召し、在支兵力の削減で財政に余裕は生じるも、占領地域を維持し、沿岸封鎖強化の協力作戦が実施できるか疑問に思うと述べる。

23日、両総長より、日タイ軍事協定案*を聞く。杉山参謀総長より、仏印における航空機使用制限解除など聞く。両総長に、軍事協定の秘密保持の可否、軍事協定に反対とされる松岡外相との調整を問う。外相は、軍事協定に反対ではないが、実行の時期について慎重である旨を述べる。

24日　両総長を召し、日タイ軍事協定案に関し、タイには親英派が多く慎重を要すること、関係良好な仏印を刺激すること、の2点により、実行の時期は政府と十分協議することを条件として裁可する旨を述べる。

25日、杉山参謀総長より仏印作戦準備など聞く。その際、北部仏印駐屯部隊（近衛歩兵第2連隊）の交代帰任の有無、対仏印作戦の対支作戦への影響の有無などを問う。

木戸内大臣を召し、仏印が紛争調停を承諾しない場合の陸軍の対策につき談話。松岡外相より、タイ・仏印国境紛争調停申し入れを仏国が受諾した旨を聞く。

＊日タイ軍事協定案
タイは日本の政策に好意的で、満州国も国家として承認した。また、日本がタイ・仏印国境紛争の和平斡旋を進めた結果、旧領のほとんどを回復できたため、日本に協力的であった。日本はタイを同盟国とすることで、タイ領を経由してイギリス領マレーへの侵攻を企図しており、その同意獲得のための軍事協定案が作成された。

タイ・仏印国境調停問題

２月１日、杉山参謀総長より、＊信陽《しんよう》北方地区作戦、＊香韶《こうしょう》公路遮断作戦を聞く。

近衛首相・両総長より「＊対仏印泰施策要綱」を聞き、英米を刺激しないための輿論指導などを問う。後日、木戸内大臣に、相手の弱みに乗じるのは好ましくないが、「＊宋襄《そうじょう》の仁《じん》をなす結果となるは好ましくない」と述べる。

松岡外相より、今後の外交の腹案を聞く。外相は、訪独し対英作戦を協議し、ソ連との国交調整、支那との全面和平、南方に向けての全力を述べる。

５日、木戸内大臣よりの、皇族と時折会合を願う旨の申し出を受納。

７日、木戸内大臣を召し、＊来栖《くるす》三郎《さぶろう》駐独大使が離任のためヒトラーを訪問した折、ヒトラーは独ソ関係はいつ変化するかわからないことをほのめかした旨の電報情報をもとに談話。近い将来独ソ戦が勃発した際に、南方進出を企図するため、同盟に基づく対ソ参戦は「由々しき事態」との感想を漏らす。木戸は、外相の独伊訪問の際にヒトラーらの真意を充分把握せしめること、今春から初夏にかけて生起すべき欧州の動きを冷静に観察することを述べる。

９日、及川古志郎《おいかわこしろう》海相より、広東省西江《せいこう》右岸の黄揚山にて遭難の大角岑生《おおすみみねお》海軍大将以下の死亡を聞く。

10日、病気の首相代理の松岡外相より、自身の欧州訪問ほか、ソ連を日独伊の英国

＊信陽北方地区作戦　信陽北方に進出する湯温伯軍を撃破する作戦。

＊香韶公路　香港より韶州への援蒋ルート。

＊対仏印泰施策要綱　１９４１年１月30日決定。「大東亜共栄圏」建設において日本は自存自衛のため仏領インドシナとタイに対して軍事・政治・経済にわたり緊密な結合を設定するとした。

＊宋襄の仁　無益の情けをかけて損害を被ること。宋の君主襄公が、人の困っているときに苦しめてはいけないと敵に情けをかけて負けてしまった故事による。

打倒政策に同調せしめ、独は日本の軍備充実援助、日本は独の原料・食糧の供給につとめるなどの対独伊ソ交渉案要綱を聞く。

17日、杉山参謀総長より、第11軍の予南作戦*、南支那方面軍の蘆苞作戦*につき聞く。

18日、徳王（蒙古自治政府主席）と対面。木戸内大臣より、対米英関係の急激な悪化に鑑み、外相の渡欧が内外に与える影響を研究すべき旨を聞く。松岡外相より、タイ・仏印国境紛争協定の件を聞く。仏国は獲得地域をタイに割譲し、タイは1千万バーツを支払う調停案。

皇族・王公族との懇親夕餐会

2月19日、皇族・王公族との懇親、理解の深化を目的とした第1回夕餐会（閑院宮《かんいんのみや》載仁《ことひと》・伏見宮博恭《ひろやす》・梨本宮守正・東久邇宮稔彦《なるひこ》・賀陽宮《かやのみや》恒憲《つねのり》）。第2回は25日（朝香宮鳩彦《やすひこ》・閑院宮春仁・久邇宮朝融《あさあきら》・竹田宮恒徳）、第3回は28日（三笠宮・東久邇宮盛厚・李鍵《イコン》・李鍝《イグ》）。

26日、タイは最後案に無条件受諾するも、翌27日に仏国は拒否。

28日、木戸内大臣を召し、タイ・仏印国境紛争調印問題の経過を問う。夜、松岡外相よりの「明日、又は明後日頃には調停が成立するやもしれない」との情報を、木戸より当番侍従を通じて伝える。

近衛文麿首相の病気全快

＊来栖三郎　外交官。1940年、駐独特命全権大使としてベルリンで日独伊三国軍事同盟に調印。のち、米国ワシントンに派遣され、野村吉三郎駐米大使を補佐して日米交渉にあたる。戦後、公職追放。

＊予南作戦　湖北省北部・河南省南部の重慶軍を攻撃。

＊蘆苞作戦　広東市西北地区の重慶軍を攻撃。

3月3日、今般出征の畑俊六《はたしゅんろく》支那派遣軍総司令官に、支那で全面的和平を実現できなければ国民政府（南京政府）を強化するほかなく、財政が重要になるので青木一男*と相談すること、軍票処理*などを述べる。さらに重慶政府に積極的行動が取れるや否や、板垣征四郎《いたがきせいしろう》支那派遣軍総参謀長の人物などを問う。畑は、青木は国民政府の財政の前途を悲観していること、重慶政府への積極行動は兵力の関係もあり困難なこと、板垣は支那人に知己が多く信用あることなどを答える。

松岡外相より、タイ・仏印国境紛争調停の経過を聞く。仏国政府は日本の威嚇により調停最後案を受諾するも、非武装地帯の平等待遇などを受諾の条件とする旨を述べる。松岡は、日本の威嚇は納得できないこと、割譲全地域を非武装地帯とするのは不可能なことなどのほかは認める。

4日、木戸内大臣を召し、畑支那派遣軍総司令官の南進への慎重論に関し、畑が在支兵力の増加を申し出ることなきやと問う。畑は蓮沼蕃《はすぬましげる》武官長を通じ、慎重論の主旨は蘭印・シンガポールの攻略論に引きずられて英米との無用の摩擦を起こすべきではないことにあると説明。

6日、木戸内大臣より、タイ・仏印国境紛争調停の交渉経過を聞く。仏国は日本が強制するならば受諾するほかなく、その場合、その旨を明記するとする。大本営政府連絡懇談会*は、日本の強制による受諾という仏国主張の撤回などを求める。

＊青木一男　国民政府経済委員会最高顧問。

＊軍票処理　1940年になって法幣への不安が増大、法幣を軍票に替える動きが活発化、ヨーロッパ品の輸入途絶で日本品を購入せざるを得なくなり軍票の価値が高まった。他方、軍票は準備預金がないまま5億円相当が発行されており、各地でインフレが生じていた。

＊大本営政府連絡懇談会　1937年11月20日に大本営が設置された際、政治と統帥の関係調整のため首相・外相・陸相・海相・企画院総裁のほか、参謀総長・軍令部総長などを

8日、松岡外相より、タイ・仏印国境紛争調停交渉の最後案を一部修正して両国全権が一致して本国へ請訓中との報告を受ける。

10日、ソ連・独伊訪問の松岡外相と対面、イタリア皇帝エマヌエーレ3世への挨拶とヒトラーへの友誼を伝達することを命ずる。

11日、松岡外相より、欧州出張、タイ・仏印国境紛争調停交渉の妥結を聞く。

13日、木戸内大臣と、陸軍の主観的なる動向を話題に談話。

16日、木戸内大臣を召し、神兵隊事件の大審院判決および科学振興への考えを談話。

19日、枢密院会議*臨御。皇后と侍医寮庁舎屋上でデッキゴルフ。

吹上御苑内に防空施設建設

3月24日、松平恒雄宮相より、防空避難計画を聞く。小倉倉次侍従に秩父宮の避難計画を問う。

25日、杉山参謀総長より、南支の戦況、重慶軍の春季総反攻、支那における国民党と共産党の相剋など聞く。

26日、学習院卒業式*に行幸。

28日、陸軍航空士官学校卒業式に行幸。武蔵高萩駅に着し、同校所在地に「修武台」の名称を賜う。

伏見宮博恭軍令部総長の辞意

構成員とする大本営政府連絡会議が設けられた。しかし、会議は開かれず、第2次近衛文麿内閣で、大本営政府連絡懇談会として復活した。第3次近衛内閣では再び大本営政府連絡会議となり、小磯国昭内閣では最高戦争指導会議と改称した。

＊枢密院会議　ブルガリアの日独伊三国条約参加議定書、スロヴァキアに帝国公使館新設の件など。

＊学習院卒業式　便殿にて皇太子（初等科第1学年修了）はじめ在学中の皇族・公族と対面。優等卒業生への下賜は例年に同じ。

4月1日、*宮内省官制中改正。

3日、神武天皇祭。午後、皇后と道灌堀付近を散策し、春草を調べる。

4日、フランスへ赴任の加藤外松《かとうそとまつ》大使に、執政アンリ・ペタンへ1921年にヴェルダンなどの視察で案内を受けた旧事を追憶し感銘している旨を伝えるよう頼む。

7日、代々木公園の興亜馬事大会に行幸。母衣引《ほろひき》・流鏑馬《やぶさめ》・大障碍飛越《だいしょうがいひえつ》などを見る。また、馬耕、精米、軍用保護馬の輓曳《ばんえい》、野馬追《のまおい》、乗馬格闘など見る。木戸内大臣より*ユーゴスラビア問題を聞き、種々問う。百武三郎侍従長より、鳥巣《とす》玉樹《たまき》伏見宮別当を通じた伏見宮博恭の軍令部総長退任の希望を聞く。

9日、永野《ながの》修身《おさみ》海軍大将を軍令部総長に補す。

日ソ中立条約の締結

4月13日、近衛首相より、松岡外相がモスクワにてソ連外相モロトフ、書記長スターリンと交渉の結果、中立条約を締結する旨を聞く。夕餐後、独大使館武官室所蔵の映画『西部戦線の勝利』を見る。翌夜も続きを見る。

17日、日本競馬会への毎年春秋季に御紋付銀製洋盃下賜を、御紋付盾に改める。

18日、木戸内大臣より、独ソ関係の悪化を聞く。

日米諒解案

4月19日、昨18日、外務省より木戸内大臣へ、野村吉三郎《のむらきちさぶろう》駐米大使とハル米国国務

＊宮内省官制中改正
宮城防空・側近警衛・消防衛生を所掌する警衛局を設置。

＊ユーゴスラビア問題
ユーゴスラビアは去る5日にソ連と不可侵条約締結のところ、6日に独軍の侵攻を受ける。

長官との間に合意された日米諒解案*などの写しが送付される。大本営政府連絡懇談会は受諾の方向なるも、松岡外相の帰朝後に決定することとする。

杉山参謀総長より、山東省南部の作戦、独軍のバルカン・北アフリカ作戦および対英本土空爆、日ソ中立条約成立の重慶政権に及ぼす影響などを聞く。独国より米国経由で帰朝の来栖三郎大使より、独事情・日米国交調整交渉の件を聞く。

21日、木戸内大臣より、日米諒解案に関する近衛首相との会談の結果を聞き、米大統領が具体的提案を出したのは意外とし、「かかる事態の到来は我が国が独伊両国と同盟を結んだことに基因するともいうべく、すべては忍耐、我慢である旨」を述べる。

22日、欧州より帰朝の松岡外相参内、日ソ中立条約の調印を中心に独・伊・ソ各国訪問の復命。

23日、木戸内大臣を召し、松岡外相が独についての言及なく、スターリンと条約を結んだことのみ述べたことを伝える。のち木戸より、昨夜の大本営政府連絡懇談会にて松岡は、駐米大使より提案の対米国交調整は自分の考えと異なるとして会議途中で退席し、退席後の会議では、態度決定遅延は対米・対独とも不適当につき早く交渉を進める必要ありとの意見が大勢を占める、との報告を聞く。

24日、枢密院会議*臨御。

28日、永野軍令部総長より、東洋における米国海軍兵力などを聞く。

＊日米諒解案　日本軍の北部仏印進駐や日独伊三国同盟締結に対し、アメリカは重慶国民政府への援助を強化するなど、日米関係が冷え込んだ。打開策を探るなか、日米の主張を折衷した「日米諒解案」が作成され、野村大使がこれをハル国務長官に提案した。ハルは全ての国家の領土保全と主権尊重などの「4原則」を提示し、これを受諾するのなら会談を認めるとした。なお、近衛文麿は諒解案を歓迎したが、松岡洋右は大反対した。

＊枢密院会議　日ソ中立条約の件など可決。

29日、満40歳の誕生日。天長節観兵式、乗馬で歩兵・戦車・自動車各部隊を閲兵。

松岡3原則

5月2日、百武侍従長より、一部皇族が6月開催予定の皇族親睦会へ天皇・皇后・皇太后の行幸啓を願い出る様子があるので、時局柄、即答を避けたき旨を聞く。翌3日午前、松平宮相より、皇族親睦会への見合わせ*を幹事の朝香宮鳩彦に天皇から直接述べることを願われる。

3日、午前、木戸内大臣を召し、日米諒解案をめぐる駐米大使の請訓《せいくん》に関する松岡外相の報告につき談話。夕餐後、松岡外相より、大本営政府連絡懇談会決定の駐米大使への回訓《かいくん》案を聞く。懇談会にて松岡は、日米国交調整につき、支那事変処理に貢献、三国条約に抵触しないこと、国際信義を破らないことを絶対条件（松岡3原則）として提示。松岡は駐米大使に、中間的回答として外相自身のオーラル・ステートメント*を送付し、日米中立条約の締結を打診すべき旨を伝える。

5日、朝香宮鳩彦・竹田宮恒徳と対面、皇族親睦会への行幸啓は見合わせる旨を述べる。

7日、東久邇宮稔彦、結婚内約の御礼。その際、東久邇宮に「日本の前途如何は日米交渉の成否にありとして、交渉の成立を特に希望」し、東久邇宮は、「日米交渉の成立と支那事変の終結によって軍備と国力の充実を図り、米国の対日強硬政策の実施

＊皇族親睦会への見合わせ　閑院宮載仁・賀陽宮恒憲・竹田宮恒徳が松平宮相の辞任を希望するなどの動きがあった。

＊オーラル・ステートメント　1941年5月3日、松岡洋右外相は、ドイツ・イタリアは会談によって和平しない、ソ連と枢軸国との関係は良好、米国参戦は戦争を長期化する、日本は三国同盟に基づくなどのオーラル・ステートメント（口頭文書）を野村吉三郎駐米大使に打電した。

を防止するとともに、来るべき[*]講和会議において強固な立場を確保すべき旨」を述べる。

松岡外交への懸念

5月8日、松岡外相[*]は天皇に、米国が欧州戦争に参加する場合には日本は独伊側に立ってシンガポールを攻撃せざるを得ないため日米国交調整は画餅《がへい》に帰すること、また米国が参戦すれば長期戦となるため独ソ衝突の危険もあり、そのときは日ソ中立条約を廃棄して独側に立ってソ連を攻撃せざるを得ないことなどを述べる。

この日、野村駐米大使は電報・電話にて、日米中立条約締結の見込みなきこと、日米諒解案に対する至急回訓を督促されたことを伝える。松岡外相は、遅くとも明後日中には回訓を発する旨を駐米大使に伝え、先般のオーラル・ステートメントを国務長官に手交し、大統領に供覧方を依頼する。

10日、近衛首相に松岡外相の報告を述べる。近衛は、松岡の報告は最悪の場合の構想で、外相の考えとしても、政策の決定には統帥部や閣議も関わるので心配におよばないこと、支那事変処理のためには日米諒解案は絶好の機会なのでこれを進行する考えであることなどを述べる。なお首相は、日米の円満な進行に尽力すべきも不可能な場合は非常手段もある決意を披瀝《ひれき》する。天皇、首相の方針にて進むよう述べる。退下後、首相は木戸より、天皇が外相更迭の可否を問うたことを聞く。

＊来るべき講和会議　日中戦争終結による講和会議開催が期待されていた。

＊松岡外相　松岡の要点は、「三国条約に抵触する如き日米諒解案は取り付けないこと、米国問題に専念するあまり、独伊に対して信義に悖る如きことがあれば辞職のほかないということ」にあった。

12日、松岡外相より、駐米大使に日米諒解案への対案*提示を回訓した件を聞く。

16日、杉山参謀総長より、支那の戦況、英・イラク間の紛争の推移など聞く。天皇は独ソ関係を問う。杉山は独ソ和戦は五分五分、独ソ開戦は東亜にも日米交渉にも影響あり、支那事変の早期解決は米国の仲介によるべきことなど答える。

21日、夕餐後、皇后と大相撲春場所前半戦の映画を見る。

22日、青年訓練*実施15周年記念事業の生徒代表親閲のため、宮城二重橋前広場に行幸。杉山参謀総長より、百号作戦（山東省南部）、諸暨《しょき》（浙江省）作戦、ソ連軍兵力の西送情況、英・イラク紛争、独のクレタ島攻略、東部・北部アフリカの戦況など聞く。木戸内大臣を召し、対米交渉の漏洩など談話。

松岡外相より、難航中の対蘭印経済交渉の打ち切りと使節引揚げを主張、対米交渉妥結の公算は3分と表明。

30日、午前、木戸内大臣より、松岡外相からの対米交渉の経過、米国大統領の炉辺*談話の報告を聞く。午後、木戸内大臣より、同盟通信社より配信の炉辺談話の記事を聞く。米大統領は、日本の三国同盟への熱意の冷却、武力南進の意欲の減退などを指摘し、対日緩和策による米の対独参戦への邁進を示唆していたとされるも、記事は日本政府が掲載を差し止める。松岡外相は米国新聞論調に反論。

31日、松岡外相より、海外への誤報を避けるため、国策が三国同盟の義務に忠実で

＊対案　内容は、日独伊三国同盟条約の軍事的援助義務、米国政府の蒋介石政権への和平勧告など。

＊青年訓練　16歳から20歳までの勤労青年男子に施した軍事教育。1926年に青年訓練所が設けられ、35年に実業補習学校と統合されて青年学校となった。

＊炉辺談話　1941年5月27日、ルーズベルト米大統領が米国民に炉端でくつろぐようにラジオで語った談話。世界情勢の推移のなかで参戦への意向を強めたもので、米国内でも賛否両論に分かれた。

あり、蘭印方面への平和的進出も国際情勢で変化すると言明した旨を聞く。

独ソ開戦の懸念

6月4日、木戸内大臣、米国務長官から駐米大使へ手交の回答が陸軍に届いたこと、駐米大使と米政府との間に交渉が開始されたことを近衛首相の電話で聞き、天皇へ伝える。

6日、木戸内大臣、ヒトラーが対ソ攻撃の決意を駐独大使に告げ、日本の参加を望む様子を示したとの情報により、大本営政府連絡会議を開催する旨を近衛首相よりの電話で聞き、天皇に伝える。木戸を召し、独ソ開戦問題につき談話。松岡外相より、クロアチア承認と同国の三国同盟加入の件を聞く。また松岡は、独ソ関係は協定6分、開戦4分と述べる。

7日、木戸内大臣は天皇に、独ソ開戦につき「政府方針の決定前に上意をお漏らしになるべきではない旨」を強く述べる。9日、暫《しば》し養蚕所で一人で過ごす。

10日、皇后と大正天皇陵を参拝。式年祭を除く参拝は昭和3年9月19日以来。

11日、中華民国より帰朝の本多《ほんだ》熊太郎《くまたろう》大使より、汪兆銘《おうちょうめい》来朝の真意、在支邦人の利権専断は不可であること、出先陸海軍は大使に完全に同調していること、汪兆銘の理解なくして重慶工作は不可であることなどを聞く。

蘭印経済交渉の打切り

6月12日、松岡外相より、蘭印との経済交渉の回訓案を聞く。木戸内大臣より、ノモンハン国境画定協定の成立を聞く。

14日、生物学研究所脇水田にて農林1号・愛国・小針糯の稲を手植え。松岡外相より、蘭印経済交渉に関し、芳沢謙吉《よしざわけんきち》大使に、交渉を打切り帰朝すべきこと、蘭印総督に再度会見して反省を促し、再考の余地なしと言明すれば、交渉打切りと代表引揚げを通告すること、決裂の形にならないようにすることなどを回訓した旨を聞く。

16日、木戸内大臣より、松岡外相が汪精衛《おうせいえい》に3億円の借款供与を申し出たことを聞く。天皇は木戸に借款が国内の物資不足に及ぼす影響などを問う。

17日、木戸内大臣を召し、松岡外相が大本営政府連絡懇談会にて、南部仏印進駐は国際信義上不信であるとして会議決定にいたらなかったことを談話。天皇は南部仏印進駐が大義名分に悖《もと》り、弱みにつけいるものとして不満であったので、松岡に満足。

19日、木戸内大臣より、真偽不明なるも独軍がソ連に進撃開始したとのロイター通信の情報を聞く。

独ソ開戦と南方進出

6月22日、木戸内大臣より、独ソ開戦の場合にとるべき方針につき首相と外相の意見が一致していない旨を聞く。外相より、独ソ両国が開戦の場合、独に協力してソ連に即時開戦し、南進は手控える旨を聞く。外相に首相と協議するよう命ずる。木戸を

＊経済交渉の回訓案　昨11日、政府は蘭印経済交渉打切りと代表引揚げを決定。

召し、外相の対策は北方・南方いずれにも積極的進出となるため、政府・統帥部の意見一致するや否や、国力に鑑みて妥当や否やと憂慮する。夕餐後、軍服のまま常侍官候所にて欧州状況の情報到着を待つ。

23日、杉山参謀総長より、独ソ開戦に伴い関東軍・朝鮮軍などに講じた措置、独ソ両軍の兵力配置などを聞く。近衛首相より、松岡外相の報告は外相個人の最悪事態への見通しである旨を聞く。

24日、木戸内大臣を召し、独ソ開戦による世界諸情勢の変化などへの感想を述べる。

25日、近衛首相は、仏印における航空・海運の軍事基地獲得などを述べる。天皇は経費、独ソ戦との関係などを問う。

26日、永野軍令部総長より、昭和16年度海軍特別大演習の第2期演習取り止めを聞く。松岡外相より、対仏印問題、独ソ開戦など2時間にわたり聞く。

30日、松岡外相より、今回の独ソ開戦にて日本は日独伊三国条約・日ソ中立条約のいずれにも義務を負わない自由の立場である旨を聞く。

「情勢の推移に伴ふ帝国国策要綱」を裁可

7月1日、奥プールにて水泳（翌2日、25日、8月25日にも）。

2日、東一ノ間にて御前会議、近衛首相・東条陸相らが出席。「情勢の推移に伴ふ帝国国策要綱」が議題となる。原嘉道《はらよしみち》枢府議長から、対英米関係悪化の懸念から南部仏印進駐に対する懐疑論と、対ソ戦への積極的意見。会議終了後、天皇は裁可。

３日、葉山行幸に関し、侍従武官より陸軍中堅層に異論ありとの情報が伝えられたが、異議なきことを確認し、決定する。

夕刻、杉山参謀総長に、前日の御前会議で松岡外相が南部仏印進駐で外交上の成功は難しいと述べたことを問う。杉山は、外相発言ほど難しくはなく、仏軍を敵とせず、軍事占領でもないことを明らかにする方策を思案中と答える。天皇、「慎重に処すよう」述べる。

５日、永野軍令部総長より、仏印に進駐する海軍兵力、進駐に関する陸海軍間の協定などを聞く。木戸内大臣を召し、軍令部の強硬論につき談話。杉山参謀総長より、防衛総司令部臨時編成の件、独ソ戦の戦況など聞く。防衛総司令部を秘密にすることの是非、仏印進駐、ソ連の兵力と関東軍との関係など問う。

松岡外相より、英大使から南部仏印進駐が事実とすれば深刻な問題との申し入れが到達し、推移を見るため仏との交渉を延期する旨を聞く。

関特演

７月７日、東条陸相・杉山参謀総長より、第101次動員の件*など聞く。関東軍への動員の秘密保持の可否、「支那・仏印に加えて北方に手を出すことになるが、支那事変処理の信念如何」などと尋ねる。また、南部仏印進駐に関して英の対抗行為の有無、

＊**第101次動員の件**　独ソ戦を受けて在満戦備を強化するためで、企図秘匿のため関東軍特種演習（関特演）と呼称。作戦秘匿のため「百号動員」と称される。

＊**閻錫山工作**　日本軍の閻錫山懐柔政策。閻は山西省を拠点に勢力をもった軍閥の首領で、

無血進駐の見通しなど問う。参謀総長、秘密保持は不可能なこと、英は威嚇に過ぎないことなどを答える。陸相、支那事変処理は相当困難なるも、*閻錫山《えんしゃくざん》工作や沿岸封鎖が相当の成績を挙げると信ずると答える。

蓮沼蕃《はすぬましげる》武官長に、明8日の葉山行幸に関し、仏印への揚兵の節の還幸の決意を漏らす。武官長より、還幸はむしろ刺激的で好ましからず、木戸内大臣も同意見であることを百武侍従長に伝える。

及川海相に、軍備計画の実行による戦備充実への支障を問う。また、当初仏印出兵に反対の軍令部総長が、部下の進言で決心するかのごとき話があるとし、志に動揺を来しては困ること、日米交渉に冷淡であることなどの疑問を呈す。

9日、大本営幕僚長以下の執務のため、宮殿内の*諸室の使用を許可。

11日、杉山参謀総長に、極東ソ連軍を西部方面に移動させる方策、ソ連が日本の企図を感知することの有無を問う。

12日、木戸内大臣を召し、米国務長官への回答の件を聞く。駐米大使に対し、日米諒解案の再修正案とオーラル・ステートメントが手交されるも、オーラル・ステートメントには松岡外相を暗に非難し、支那駐屯軍への疑惑などが記される。外相は大本営政府連絡懇談会でオーラル・ステートメントの即時返上と日米交渉の打ち切りを主張するも、陸海軍は交渉の余地を残すべきと反対。

日本に留学した知日派であった。日本軍は国民政府中央や中共軍を敵とする閻に接触するが、日本側の高圧的な態度や、汪兆銘が傀儡化していることなどから、正式の停戦協定は結ばなかった。

＊諸室の使用を許可　東一ノ間を会議室および参謀総長室、東二ノ間を軍令部総長室、左廂を陸軍部・海軍部幕僚室に内定。のち7月19日、東一ノ間の半分を会議室兼閣僚室、また半分を陸海軍大臣室、東二ノ間を両総長で分割、左廂を幕僚らの室、化粧一ノ間を政府側の内閣書記官長らの室に充てる。

松岡洋右外相更迭と第3次近衛内閣組閣

7月15日、松岡外相が近衛首相の意向に従わず、ハルのオーラル・ステートメントに対する拒否回答のみ駐米大使に発電したため、近衛は葉山に赴き、4相会議（首・内・陸・海）協議の結果、外相更迭または内閣総辞職にいたる旨を伝える。天皇、外相のみ更迭の可否を問う。

16日、木戸内大臣より、内閣が臨時閣議で総辞職を決定する旨を聞く。近衛首相より全閣僚の辞表を受ける。元首相・枢府議長に後継首班適任者選定を命ずる。

17日、宮城に還幸。元首相と枢府議長の全員一致で近衛文麿を後継首班に推す。近衛に組閣を命ずる。

南部仏印進駐とその影響

7月22日、松平宮相を召し、皇太后の避難所を問う。杉山参謀総長に、防空準備、仏印交渉の状況などを聞く。その際、武力によらない支那事変解決の方法の有無を尋ねる。杉山は、重慶政府のみならず英米など援蒋《えんしょう》国家も抑えなければならず、武力以外の解決は困難と答える。天皇は納得せず、物資中心に国力が不十分ななか、武力行使による目的達成の可否、期間を問う。杉山は、現状にて推移すればますます困難な立場となり、機会を捕捉して攻撃する必要などを答える。天皇は、南部仏印進駐は武力を行使しないように述べる。井野碩哉《いのひろや》農林相より農作など食糧問題を聞く。

23日、英より帰朝の重光葵《しげみつまもる》大使より、米の対英援助は徹底的であり、独の対ソ作戦の将来は容易でないこと、日本は欧州戦争に介入すべきでなく「国力の消耗を来す如き現在の政策を再検討する必要がある旨」を聞く。

豊田貞次郎《とよだていじろう》外相より、南部仏印進駐要求への仏の正式受諾、米の国情硬化などを聞く。本日付で南部仏印進駐に関する大陸命*が発される。

24日、木戸内大臣を召し、仏印進駐と各国への影響を談話。

25日、木戸内大臣を召し、対米関係への懸念を種々談話。近衛首相に南部仏印進駐に対する米の態度への憂慮を述べる。

26日、小倉正恒《おぐらまさつね》蔵相より、在米日本資金凍結*につき聞く。豊田外相より、南部仏印進駐への米の報復手段への緩和策を聞く（去る24日、米大統領は日本の仏印進駐に石油禁輸を仄《ほの》めかす）。豊田外相より、在米日本資金の凍結、日英通商航海条約廃棄を聞く。

29日、松平宮相より、皇太后の避難所につき、日光・沼津・箱根宮ノ下の順とするも、皇太后は沼津・日光・箱根の順に決定。

天皇、対英米開戦を憂慮

7月30日、杉山参謀総長より、仏印進駐部隊のその後、日本資金凍結、関特演《かんとくえん》の進捗、極東ソ連軍、独ソ戦況などを聞く。その際、天皇は、極東ソ連軍の西送が実施

＊大陸命　25日に第25軍が陸軍輸送船50隻に搭乗して三亜を出港、海軍艦艇に護衛されて30日までにサイゴンへの進駐を完了する。

＊在米日本資金凍結　1941年7月、米国は日本の在米資産を米国の管理下に置き、英国も在英帝国内の日本資産を凍結した。日本もまた米国・英国の在日資産を凍結した。

されない原因が関東軍の動員にあると指摘し、動員中止を提案する。杉山より動員続

行の必要性を答える。また天皇は、南部仏印進駐の結果、経済的圧迫を受けたことを

指摘。杉山は、「予期していたところにして当然」と答えたため、天皇は、「予期しな

がら事前に奏上なきことを叱責」。

天皇は、伏見宮博恭《ひろやす》が軍令部総長在職時代に対英米戦を回避するよう発言していた

として、現総長永野の意向に変化があるかを問う。永野軍令部総長は、できる限り回

避したきも、三国同盟がある以上不可能であること、石油の供給源を喪失すれば2年

分しかなく「ジリ貧に陥るため、むしろこの際打って出るほかない旨」を答える。天

皇は、日米戦争の場合の結果を問い、勝利の説明を信じるも、「日本海海戦の如き大

勝利は困難なるべき旨」を述べる。永野は、「大勝利は勿論、勝ち得るや否やも覚束《おぼつか》

なき旨」を答える。天皇は蓮沼武官長を召し、「前軍令部総長の博恭王に比べ、現軍

令部総長は好戦的にて困る、海軍の作戦は捨《す》て鉢《ばち》的である旨」を漏らす。また「勝利

は覚束ない」との永野の発言につき、「成算なき開戦に疑問」を呈する。

31日、木戸内大臣を召し、「軍令部総長が米国との戦争に勝利の確信の見込みなし

としながら、国交調整の不調と石油の枯渇を理由としてこの際打って出るほかないと

主張したこと」に関し、「かくては捨て鉢の戦をするにほかならず、誠に危険である」

との感想を述べる。木戸は、日本の三国同盟廃棄が米の信頼を深めることとなるやは

疑問であること、「日米国交調整は未だ幾段階の方法もあり、粘り強く建設的に熟慮する必要がある旨」を述べる。夕刻、永野軍令部総長より、昨30日の重慶爆撃で揚子江に碇泊中の米砲艦「ツツイラ」付近を誤爆し、損傷を与えた事件を聞く。

高松宮、「ジリ貧」論を主張

8月1日、杉山参謀総長より、一部部隊の満州派遣、鉄道船舶関係部隊の隷属などを聞く。その際、満州派遣部隊がソ連を攻撃しないことを念押しし、仏印進駐への仏の反応、仏印国境における支那軍の活動を問う。杉山より、ソ連が英米と結んで積極的姿勢に転じた場合、日本のソ連領内への進入を予め定めておく必要があること、仏印の様子は良好、支那兵は物資交換のため仏印領内に入っていることなどを答える。

4日、木戸内大臣を召し、対ソ交渉につき談話。杉山参謀総長より、ソ連が大挙空襲した場合に独断による進攻の事前承認を関東軍司令官が求めてきたことに対し、反撃を国境内に止めるよう返電した旨を聞く。

5日、東久邇宮稔彦《ひがしくにのみやなるひこ》と種々談話、その際、統帥権の独立を盾にした統帥部の手法への不賛成・不満の意を述べる。夕餐後、高松宮夫妻参内、ニュース映画を見る。その際、高松宮が「ジリ貧になるため、速やかに断乎たる処置を取るべき旨」を述べると、天皇は、「持久戦となりし場合の措置方につき」質《ただ》す。高松宮は、「その場合はまた方法があるべき旨」を答える。

6日、木戸内大臣より、外交方針に関する東久邇宮稔彦・高松宮の意向などを聞く。杉山参謀総長より、ソ連航空部隊の大挙来襲の場合の関東軍司令官の措置に関する命令を聞く。天皇は、「已むを得ないこととして承認されるも、陸軍の好戦的傾向に鑑み、謀略等をしないよう特に御注意になる」。

日米首脳会談の提案

8月7日、小倉蔵相より、在外日本資産の凍結を聞く。米の対日全面石油禁輸に関する海軍側の情報に鑑み、天皇は近衛首相に米大統領との会見を望む。

11日、木戸内大臣を召し、近衛首相が述べた米大統領との会談が成功すればともかく、米が受諾しない場合は「真に重大なる決意」をなさざるを得ないと述べる。また、従来の御前会議は形式的なので、「今回は十分納得できるまで質問をしてみたいこと、ついては会議には軍務局長等の事務の者を加えず」「三元帥を加えた構成」とすることを希望する。

14日、平沼騏一郎《ひらぬまきいちろう》国務相、まことむすび会*会員西山直と対談中に拳銃で狙撃され頭部を負傷。天皇皇后より病気御尋ねとして果物を下賜。

15日、杉山参謀総長より、汪精衛政権の清郷《せいごう》工作（模範的和平地区の建設）、タイをめぐる英米の動向などを聞く。

22日、豊田外相より、日米首脳会談への米政府の長文回答を聞く。

＊**まことむすび会**　勤皇まことむすび社。神兵隊事件関係者らにより1939年に結成された国家主義団体。既成政党解散・排英米・仏印占領・日独伊同盟などを掲げた。湯浅倉平内相暗殺計画や平沼騏一郎狙撃事件などを起こす。43年10月21日一斉検挙され、解散。

＊**第1次長沙作戦**　湖南省の長沙周辺で9月18日から10月6日にかけて行われた日本陸軍の作戦。日中戦争解決

26日、杉山参謀総長より、作戦地域外の作戦（*第1次長沙《ちょうさ》作戦）、対支作戦現況、独ソ戦戦況などを聞く。

27日、大本営政府連絡会議は、*近衛メッセージと大統領警告への回答を決定、回答には、「太平洋地域における平和維持のため両国首脳の直接会談に米国の賛同を願う旨」が記される。

29日、皇太子と昼餐。夕刻、豊田外相より、駐米大使が対米回答を米大統領に手交したことを聞く。駐米大使より、米大統領は近衛首相のメッセージを賞賛し、会談の期間と場所を言及したが、期日は即答しなかった旨が届く。

9月4日、豊田外相より、日米首脳会議の予備交渉に関する駐米大使宛訓電を聞く。訓電は、日本が仏印近接地域・北方などに武力進出せず、米国が欧州戦に参戦する場合は三国条約の解釈は自主的に行い、日支間の全面的正常回復の上は速やかに支那より撤兵する用意があることを、駐米大使から米に申し入れることを命ずる。外相、在日米国大使にも訓電と同内容を申し入れる。

「帝国国策遂行要領」の決定

9月5日午後、乗馬で吹上御苑を廻り、観瀑亭より徒歩にて陸軍戊号演習場（大本営会議室などの地下施設建設工事現場）にて工事状況をみる。吹上御苑の御文庫が完成するまでの間、第2期庁舎金庫室の予備の防空壕として利用するもの。

のため、重慶政府の撃滅を狙って長沙にある中国の第9戦区軍を攻撃した。宜昌の攻防で日本軍は毒ガス兵器を使用し、アメリカの対日毒ガス戦準備を促進したとされる。日本軍は長沙の長期占領ができず反転（撤退）したため、12月に第2次長沙作戦が決行された。

＊近衛メッセージ　近衛文麿首相がルーズベルト米大統領に、日米関係悪化の要因を指摘し、関係改善のために両国首脳が直接会談を行うことが必要であることを提案した文書。1941年8月29日、ルーズベルト米大統領に正式に手交された。

近衛首相、閣議決定の「帝国国策遂行要領」を議題とする御前会議開催を求める。突然、御前会議を求められた天皇は、「戦争が主、外交が従であるが如き感あり」として、その順序を改めるよう指示する。近衛は項目の順序は軽重を示すものではないと答えるも、天皇は納得せず、作戦上の疑問なども数々あるとして、明日の御前会議で両総長に問うことを希望。近衛は、他の国務相も同席するため両総長は十分に答えられないので、直《ただ》ちに両名を召すように願う。

天皇は両総長を召し、外交を主、戦争準備を副とするよう項目の入れかえを指示。杉山参謀総長が戦備完成後に外交交渉を行う所以を述べると、天皇は南方作戦の成算などを問う。杉山は南方作戦は5か月にて終了見込みと答えるも、天皇は納得せず、「従来杉山の発言はしばしば反対の結果を招来した」とし、「支那事変当初、陸相として速戦即決と述べたにもかかわらず、未だに事変は継続している点」を指摘。杉山が「支那の奥地が広大であること」などを釈明するや、天皇は「支那の奥地広しというも、太平洋はさらに広し、作戦終了の見込みを約五箇月とする根拠如何」と論難し、強き言葉で杉山を叱責した。

杉山が恐懼《きょうく》するなか、永野軍令部総長は、「現在の国情は日々国力を消耗し」「現状を放置すれば自滅の道を辿《たど》るに」等しく、「死中に活を求める手段」に出なければならぬと説明。天皇は、「無謀なる師《いくさ》を起こすことあれば、皇祖皇宗に対して誠に相済まない旨」を述べ、強い口調で勝算の見込みを尋ねる。永野は勝算はあり、短期の平和後に国難が再来しては国民は失望落胆するため、長期の平和を求める旨を答え、天皇は了解する。

両総長は、「決して戦争を好むにあらず、回避できない場合に対処するのみであること」を述べる。首相は、「最後まで外交交渉に尽力し、已むを得ない時に戦争となることについては両総長と同じ気持ち」と述べる。天皇は、首相と両総長の言を承認。

6日、木戸内大臣を召し、御前会議にて質問したしと希望する。木戸は、重要な点は枢府議長より質問する予定なので、最後に「今回の決定は国運を賭しての戦争ともなるべき重大なものであるため、統帥部においても外交工作の成功をもたらすべく全幅の協力をなすべき旨」を警告するのが最も適切であると答える。

御前会議に臨御、原枢府議長より、「戦争が主で外交が従であるかの如く見える」などの発言あり。及川海相は第一項の戦争準備と第二項の外交の間に軽重はなく、できる限り外交交渉を行うと答弁。

その後、原と杉山参謀総長の間に日米戦争にともなう米ソ関係につき質疑応答あり。最後に原は、「日米国交調整に一部反対の態度を取る者があり、反対者による直接行動の如きは憂慮に堪えない」ため、「廟議《びょうぎ》の決定が断行できる勇断徹底的な処置」を要請。田辺治通《たなべはるみち》内相より、「甚だ遺憾であり、団体・個人の調査をなし、いざという時には必要な処置を取る旨」の説明あり。

会議終了せんとする時、天皇より、「事重大につき、両統帥部長に質問する」とし、原枢府議長の発言に「両統帥部長は一言も答弁なかりしが如何」「極めて重大な事項にもかかわらず、統帥部長より意思の表示がないことを遺憾に思う」と述べる。さらに毎日拝誦している明治天皇の御製「よもの海みなはらからと思ふ世になと波風のたちさわくらむ」が記された紙片を懐中より取り出し読み上げ、両総長（統帥部長）の意向を質《ただ》す。満座は暫《しば》し沈黙ののち、永野軍令部総長より、原の発言の趣旨と同じ考えであり、及川海相の答弁に原は諒解したので、改めて述べなかったと答え、杉山も永野と同じと答える。

木戸内大臣を召し、原の質問に海相のみが答え、統帥部が発言しなかったことを遺憾として最後に述べたこと、「よもの海」を引用したことなどを伝える。

8日、杉山参謀総長より南方作戦全般を聞き、北方から重圧を受けた場合の対応を尋ねる。杉山は、開始した以上目的達成までは邁進する要あり、北方に事端発生の際は在支兵力の転用もあり得ると答える。在支兵力の抽出は困難を伴うのではないかと問うと杉山は、戦線の縮小を年度作戦計画で考慮するので「御心配に及ばない旨」を答える。

9日、杉山参謀総長より、南方作戦準備秘匿のため昆明《こんめい》・ビルマ作戦情報を流し、

＊御前会議の不徹底
1941年7月2日の御前会議で「情勢の推移に伴ふ帝国国策要綱」が決定され、陸軍が主張する対ソ戦準備と海軍が主張する南進の二正面作戦が展開されることとなった。7月7日、対ソ戦準備として関東軍特種演習が発動され、南進では7月28日に南部仏印進駐が実行された。しかし、アメリカは対日経済制裁を行い、御前会議決定に動揺がうまれた。このため9月6日の御前会議で「帝国国策遂

外国人には偽情報を伝えることなどを聞き、外交交渉に支障をおよぼすことを懸念する。杉山は、「支障を与えぬよう注意する旨」を述べる。夕餐後、高松宮夫妻参内、ニュース映画を見る。その際、高松宮より御前会議*の不徹底につき話あり。

10日、杉山参謀総長より、閻錫山工作・臨時動員下令*などを聞く。天皇は日米首脳会談実現で外交交渉が妥結した時は南方動員を中止するよう念押しし、杉山は中止を答える。ついで外交交渉が延引すれば冬季作戦の実施が困難となることを指摘し、杉山より適当の時期に決心する旨を聞く。さらに南方作戦実施中のソ連の攻勢の有無を問い、杉山は冬季のため大作戦は生起しないと答える。

11日、東条英機陸相より、対米作戦準備に関する件を聞く。東条に、「御前会議における発言により戦争忌避の考えは陸相にも明らかになりしものと了解する旨」を述べる。豊田外相より、日米交渉の経過を聞く。

皇太子の避難場所の選定

9月13日、松平宮相より、皇太子の避難場所は日光を取りやめて三里塚*とする旨を聞き、地形上の問題から、三里塚ではなく鍛練のため日光を可とする旨を述べる。その後、八田善之進侍医頭より、皇太子の体質から温暖地を願われ、三里塚に同意。

15日、凱旋の嶋田《しまだ》繁太《しげた》郎《ろう》（前支那方面軍司令長官）らより軍状報告。「困難なる戦局と錯綜機微なる国際関係との間に処し克《よ》く其の任務を遂行」との勅語を下す。

行要領」を国策として決定し、米英への最低限の要求内容を定めて、交渉期限を10月上旬に区切った。こうした「揺れ」を高松宮は「不徹底」としたのであろう。

＊臨時動員下令　1941年7月7日、関東軍特種演習（関特演）の大動員令が下り、対ソ戦準備のための膨大な陸軍兵力と資材が北満に集められた。他方、関特演の中止と陸海軍の南進進出方針により南方への転用も計画された。

＊三里塚　千葉県成田、現在の成田空港の地。宮内省下総御料牧場があった。

16日、豊田外相より、米大統領がラジオにて自国の防衛水域に枢軸国の艦艇、飛行機が遊弋《ゆうよく》（警戒に往来）した場合、攻撃を受ける前に発砲するよう海軍に発令したこと、これに対する独側の非難などを聞く。

17日、松平宮相より、皇太子の避難場所につき陸軍より三里塚は防空上危険につき神奈川県津久井郡が候補とされる。避難所として想定された三里塚・浅川（多摩郡）は、陸軍防空航空隊による空中戦の公算が高いため。木戸内大臣より、「時局重大の折柄」、秩父宮にも御前会議の決定事項などを伝えおく必要があるとの高松宮の意見を聞く。天皇は秩父宮の療養の障りになるので時期尚早と述べる。

18日、松平宮相より、三里塚を皇太子避難場所とする件を保留とする旨を聞く。天皇は日光を可として、万一不可ならば侍医頭がさらに論理的統計的に説明するように希望する。

20日、田辺内相より、皇道真理会主幹西里金蔵《にしざときんぞう》（恵谷信）以下4名が近衛首相暗殺を計画し、去る18日に検挙された件を聞く。

22日、木戸内大臣を召し、高松宮が秩父宮へも御前会議の決定などを伝えるとした件の対応を問う。木戸は高松宮に、秩父宮は「未だその時期ではなく、静養に専念することを要すると判断されるため、要路の方面よりの言上《ごんじょう》は暫時《ざんじ》差し控えること」、ただし高松宮が見舞いの機会に天皇の意を適宜述べるのは可と伝える。

24日、徳永鹿之助武官より、建設中の大本営会議用地下室*の工事経過を聞く。

29日、松平宮相より、皇太子の避難場所は春季から秋季は日光田母沢《たもざわ》、冬季は三里塚牧場とする旨を聞く。天皇は春季はなるべく早く日光に移ることが望ましいと述べる。日光と三里塚に250キロ爆弾に堪えうる防空壕の建設が決定する。

ハル４原則

10月４日、近衛首相より、米国務長官ハルより野村駐米大使へ手交された覚書の件を聞く。豊田外相より、ハルの覚書の中間報告を聞く。覚書は、「一切の国家の領土保全及び主権の尊重」などを求める（ハル４原則）。事前了解なければ日米首脳の会談開催は危険であることなどが伝えられる。

７日、侍医寮庁舎屋上にて甘露寺《かんろじ》受長《おさなが》侍従次長・徳川義寛《よしひろ》侍従らとデッキゴルフ。この日が、天皇がゴルフ、デッキゴルフをした最後となる。

８日、杉山参謀総長より、対支作戦の現況、臨時編成下令などを聞く。天皇は、和平が実現した際には動員を取り止めるよう念を押す。木戸内大臣を召し、日米交渉に関する高松宮の意向を談話。

伏見宮博恭、御前会議開催を求める

10月９日、伏見宮博恭と対面、博恭は、「米国とは一戦を避け難く、戦うとすれば早いほど有利であるとして、御前会議の開催を求めるとともに、人民はみな対米開戦

＊大本営会議用地下室　１９４１年９月に竣工。昭和天皇の居所で防空壕としていた「御文庫」と地下道で結ばれ、大本営附属会議室と称される。45年に御前会議が開かれポツダム宣言受諾を決定する。

を希望していること、開戦しなければ陸軍に反乱が起こるべきこと」など強硬に主戦論を述べる。天皇は、「結局一戦は避け難いかもしれざるも、今はその時機ではなく、なお外交交渉により尽くすべき手段がある旨」を述べ、御前会議開催に反対する。天皇の意見を受け、博恭はその主張を取り消す。

10日、木戸内大臣を召し、博恭が対米問題で急進論を進言した旨を話す。

13日、木戸内大臣を召し、日米交渉は漸次成立の希望が薄くなりつつ思われるので、万一開戦の場合は宣戦の詔書を渙発《かんぱつ》すべき旨を述べる。その上では、連盟脱退や三国同盟の詔書で述べた「世界平和の考えが国民に等閑視されていることを遺憾」とし、今回の詔書には近衛と木戸も参加の上、「十分に自分の気持ちを取り入れてもらいたき旨の希望」を述べる。また対米英戦決意の場合、独の単独講和を封じ日米戦に協力せしめるよう外交交渉の必要があること、戦争終結の手段を最初から考究するためにローマ法王庁との親善関係の必要を述べる。

及川海相より、潜水母艦「大鯨」の航空母艦への改装などを聞く。

近衛首相より、内閣の直面する危局を聞く。ハル覚書に関し日本の譲歩がない限り首脳会談は見込みなしとの報告を受け、首相私邸にて外相・陸相・海相・企画院総裁が参集し、対米和戦の会議がなされる。海相は和戦の決定を首相に一任し、首相と外相が交渉継続を表明するも、陸相は９月６日の御前会議決定に基づき開戦を決意するよう反論し、交渉継続としても支那・仏印からの全面撤兵には絶対反対を主張。
豊田外相より、支那・仏印からの撤兵・駐兵問題で米に妥協すれば交渉妥結の成算ある旨などを聞く。

皇族内閣は不可

10月15日、木戸内大臣より、近衛首相は日米交渉打開のため支那・仏印よりの撤兵の再考を東条陸相に求めるも、陸相は撤兵問題だけは譲れないと強硬に反対した件を聞く。鈴木貞一企画院総裁は木戸に、陸相は首相が翻意しない限り政変は避けられず、政変の場合は東久邇宮稔彦の出馬を煩わすほかなき旨を聞き、木戸は慎重な考慮、陸海軍間の自重的方針が必須とみなす。

近衛首相より、東久邇宮稔彦に後継首班を求める。天皇は、稔彦は参謀総長としては適任でも、「皇族が政治の局に立つことは慎重に考えなければならず、殊に戦争になる虞《おそれ》のある場合には、なおさら皇室のためから考えても如何」、ただし「陸海軍一致して平和の方針に決定するならば」、稔彦の内閣組織も已むを得ないと述べる。なお、木戸は企画院総裁に、「現在未解決の難問題の打開を皇族に願うことは絶対に不可」「皇族内閣は一面において臣下の人物払底を意味し」、また「皇族内閣にて日米戦争に突入した場合、万一予期の結果を得ざりし時には皇室が国民の怨府《えんぷ》となる虞がある」と説明。

16日、午前、木戸内大臣は東条陸相と面会し、東久邇宮内閣反対の意向を伝える。また、陸相が9月6日の御前会議決定を事態膠着の癌と見なし、海軍の自信なくしてこの戦争はできないと述べたため、木戸は、首相と陸相が御前会議決定を再検討し、事態打開の途を見いだすよう力説する。

午後、木戸より近衛内閣総辞職を聞く。

17日、宮内省第2期庁舎にて地下金庫室などを見る。後継内閣首班推薦のための重臣会議、宇垣案・皇族案は反対される。木戸内大臣は東条の首相兼陸相を主張、反対論なく決定。木戸より陸海両相に、「9月6日の御前会議の決定にとらはる、処なく、内外の情勢を更に広く深く検討」せよとの天皇の言葉を伝える。

18日、閑院宮載仁《かんいんのみやことひと》より上奏の、東条を現役に止める件、陸軍大将に任ずる件を受ける。

木戸内大臣より、東条の組閣事情を聞く。東条より閣員名簿を受け、天皇は首相が内相を兼任する理由を尋ねる。東条は、治安維持のため軍と人民とが一体となること、内閣強化などをあげる。また外相と拓相、逓相と鉄相の兼任の理由を問い、東条は、内閣強化、事務の統一などを答える。夕餐後、映画『土に生きる』*を見る。

20日、木戸内大臣を召し、今回の政変への尽力を労《ねぎら》う。木戸より、「不用意な戦争突入を回避する唯一の打開策と信じて東条を奏請した旨」を聞き、天皇は、「虎穴に

＊『土に生きる』　秋田県男鹿地方の農村を中心として撮影した記録映画。監督の三木茂が柳田国男の民俗学と出会って、日本の遺風習俗を観察することで日本の伝統美や精神を伝えようとした作品。

入らずんば虎児を得ざる旨」の感想を述べる。

22日、三笠宮と高木百合子の結婚。

24日、東条首相兼陸相より、大本営連絡会議における帝国国策遂行要領の再検討の状況、元帥府の活用策として現在皇族のみの元帥を臣下からも出すこと、元帥に停年制を設けることなどを聞く。天皇は臣下の元帥は同意するも、停年制には東郷平八郎の例をあげて反対。

29日、東条首相より、大本営政府連絡会議における御前会議決定事項の再検討状況、日独伊防共協定の延長、増税案を聞く。杉山参謀総長より、南方作戦準備の現況、対英米蘭作戦の見通し、閻錫山工作を聞く。

30日、木戸内大臣を召し、大本営政府連絡会議の経過に鑑み、来月予定の葉山行幸を問う。

31日、東条首相より、大本営政府連絡会議における帝国国策遂行要領の再検討に関する中間報告を聞く。「航空燃料の不足のため作戦に支障を生じることの有無、蘭領東印度産石油を航空燃料とすることの適否」を問う。

御前会議とハワイ作戦準備

11月2日、東条首相より、大本営政府連絡会議の国策再検討の経緯と、結論として外交交渉妥結とともに12月初頭の戦機を失わないようにすることに一致した旨を聞く。

再決定した帝国国策遂行要領には「対米交渉が12月1日午前零時迄に成功せば武力発動を中止す」とあり、対米交渉要領には「資金凍結前の状態に復帰せしむべし、米国は所要の石油の対日供給を約すべし」とある。

天皇は、「日米交渉により局面を打開できなければ、日本は已むを得ず対米英開戦を決意しなければならずや」と漏らし、「作戦準備の促進は已むを得ざるべきも、極力日米交渉の打開に努力するよう」希望する。

首相より、統帥部は御前会議前に航空部隊の出発準備命令の発出を希望している旨を述べる。天皇は、開戦の大義名分に関する首相の考えを質《ただ》す。首相は研究中のためいずれ述べると答える。また天皇は、ローマ法王による時局収拾の検討を提案。ついで両総長に、開戦に伴う陸海軍の損害、防空対策など問う。

3日、木戸内大臣を召し、米国に対する方策につき談話。両総長より、対英米蘭戦争に伴う作戦計画の概要を聞く。天皇は種々問い、御前会議前の航空部隊への命令発出の要否を尋ねる。杉山参謀総長は、会議後でも間に合うこと、会議後のほうが筋が通っていると答え、天皇は同意する。永野軍令部総長に作戦開始日を問い、12月8日月曜と答えられる。両総長より、帝国国策遂行要領のうち国防用兵の箇所（「帝国は現下の危局を打開して自存自衛を完うし大東亜の新秩序を建設する為此《ため》の際対米英蘭戦争を決意す、右武力発動の時機を12月初頭と定む」）を軍事参議院*に諮詢する願い

＊**軍事参議院**　重要軍務につき天皇の諮詢に応じる機関。参議院は天皇の諮詢を待って参議会を開催する。軍事参議院は元帥・陸相・海相・参謀総長・軍令部総長などの軍事参議官で構成され、侍従武官長が幹事長となる。

あり。

4日、木戸内大臣を召し、タイに軍隊を進める場合の大義名分の研究、濠州を基地とする航空機・潜水艦の反撃に対して石油の獲得・輸送を支障なく実行する方策を問う。

軍事参議会に臨御、永野軍令部総長より開戦決意の経緯および作戦の見通し、杉山参謀総長より南方における諸邦の軍備と陸軍の兵力配置を説明、質疑応答の後に可決。閑院宮載仁議長に、「曩《さき》に参謀総長、軍令部総長の上りたる帝国国策遂行要領中国防用兵に関する件は適当なるものと認む」と伝える。

5日、御前会議。原枢府議長は「日米交渉が絶望的である以上、対米戦争を決意するも已むを得ないと認めるが、日本が参戦した場合、白色人種国家である独英米間の和平により、黄色人種国家である日本が孤立しないよう政府の善処」を切望する。東条首相は、外交と作戦の二本立てとしたこと、米は日本の決意を理解し外交手段の時機が到来すると回答。また東条は、長期戦を憂慮して現状を放置すれば、石油の枯渇・国防の危機となり、三等国となる懸念があること、人種戦争の様相を呈しない施策を考慮していると表明。

御前会議後、永野軍令部総長より、航空母艦6隻を基幹とする機動部隊をもってハワイの敵主力艦隊を空襲する件を聞く。来栖三郎大使の米国出張を裁可。

葉山にて生物採集、海岸散歩

11月7日、葉山行幸。御座船でプランクトン採集。還幸まで生物採集、海岸散歩。10日、嶋田繁太郎海相に、支那に関する情報、東洋における米海軍の動向を問う。14日、「葉山丸」にて江ノ島南方海上で採集。本年の葉山の生物採集の最後*。

東郷茂徳*外相より、外交演説、日米交渉の最近の経過概要を聞く。東郷は駐米大使に、交渉の順序として甲案（日米間の問題を全面的にあつかう）を提示し、妥結不可能な場合は乙案（戦争防止のための必要項目のみ、ただし援蔣行為禁止をふくむ）を提示することなどを指示。

戦争初期の兵棋演習を見る

11月15日、葉山より還幸。大本営会議臨御、天皇は両統帥部第1部長の説明にて、戦争初期のマレー・香港・ビルマ・蘭印・フィリピンを中心とする南方作戦の指導とその推移の兵棋演習《へいぎえんしゅう》を見る。説明聴取後、陸軍輸送船団の護衛、支那軍の北部仏印への動き、マレー半島南下中に敵がインド洋方面から上陸することの有無を問う。

夕刻、杉山参謀総長より南方軍の任務を聞く、その際、対米交渉が成立した場合における軍の進発の取り止めにつき確認する。杉山は、作戦準備中に敵に攻撃されても開戦となるまでは戦闘を局地に止めるよう努めることを南方軍総司令官以下に十分申し聞かせてあると答える。

＊**生物採集の最後**　以後、葉山での海洋生物採集は昭和21年4月2日までなく、「葉山丸」による採集再開は昭和25年6月5日となる。

＊**東郷茂徳**　外交官。東条英機内閣で外相兼拓相として入閣、対米協調派で日米交渉にあたるも、日米開戦を回避できなかった。のち鈴木貫太郎内閣で外相兼大東亜相として終戦工作に尽力。戦後は開戦時の外相であることの責任を問われ、A級戦犯として禁錮20年の判決を受け、服役中に病死。

18日、永野軍令部総長より、英米蘭各国に対する作戦準備を聞く。

19日、木戸内大臣は、対米交渉の前途は予測し難きも、11月末日を超過したとの事務的理由で戦争に突入するのは将来の国論統一上も好ましくないので、時宜によっては重臣を加えた御前会議開催を首相に命ずるよう、天皇に願う。

20日、木戸内大臣より、駐米大使からの電報を聞く。東郷外相より日米交渉の経過を聞く。

22日、寺内寿一《てらうちひさいち》南方軍総司令官より、作戦準備の概要を聞く。枢密院会議*に臨御。従来、病気御尋に果物下賜のところ、以後は葡萄酒とし、場合により果物と改める（範囲は皇族・重臣・現職親任官など）。

*枢密院会議　日独防共協定の期間満了に際し、さらに5年間延長を可決。

「最後の決意をなす」

11月26日、木戸内大臣を召し、日米交渉につき談話。天皇より、「遺憾ながら最悪の場面に逢着《ほうちゃく》する恐れ」「最後の決意をなすについてはなお一度広く重臣を会して意見を徴しては如何か」とあり、その気持ちを首相に伝えることの可否を問う。木戸は、「後悔のない御処置が願わしく」「御遠慮なく首相に申し付けられることが宜しいと考える旨」を答える。

天皇より東条陸相に、「開戦すれば何処までも挙国一致にてやりたし」と重臣の御前会議への出席を提案するも、陸相は、「開戦という重大な問題を審議決定する御前会議に責任のない重臣を出席させることは適当でない」と答える。対して、重臣を交えての懇談を提案するも、陸相は、「懇談といっても御前でやればやはり責任が生じること」「国家機密の漏洩を憂慮し、今日まで重臣には何も伝えることなかりし旨」を述べる。また対面に先立ち、首相・内相としても所管事項につき報告したき旨を申し出たことに対し、、「今後はその都度申し出るには及ばない」と述べ、侍従長から東条に伝えられる。午後、東郷外相より、去る18日以後の日米交渉を聞く。

27日、午前、大本営政府連絡会議にて、外相より日米交渉の成立が困難である旨の報告後、乙案に対する米の対案（ハル・ノート）の骨子の電報が届く。米の対案は、最後通牒とみなすべくもはや打開に見込みなしとし、改めて12月1日に御前会議で最終決定することとする。

ただし天皇が日米交渉を深く軫念《しんねん》し、重臣からの意見を希望しているため、重臣を宮中に集め、首相より説明をすることとなる。また連絡会議は宣戦の事務手続順序、国論指導要綱を決定し、開戦詔書案をさらに研究することとする。

28日、東郷外相より、ハル国務長官から野村・来栖両大使へ手交されたオーラル・ステートメントおよび米の対案（ハル・ノート）の説明を受ける。米の対案は、甲案・乙案いずれも拒否するもので、従来の米の主張してきた4原則の承認と10項目の措置を求めた。外相より在米大使に、「米側が今次の如き理不尽なる対案を提示せるは頗《すこぶ》る意外且《かつ》遺憾」などとした訓令を発する。

杉山参謀総長より、作戦準備の現況、南方占領地行政、独ソ戦況、北アフリカ戦況、米英ソ三国の対支援助の現況など聞く。

29日、東一ノ間にて、懇談形式の重臣会議。首相より開戦の已むなき所以、外相より日米交渉の顚末を説明。重臣の3分の1は開戦已むなしとするも、3分の2は積極開戦はドカ貧に陥るものとし、ジリ貧のうちに対米忍苦・現状維持を主張。

食後、若槻・岡田は長期戦となる場合の物資補給を憂慮、平沼は長期戦の場合の民心引締め策の必要、近衛は交渉決裂後も臥薪嘗胆《がしんしょうたん》で打開の途、米内はジリ貧を避けてかえってドカ貧になる注意、広田は危機に直面して即時開戦は如何かなどと指摘。

一方、林は政府・大本営の決断を信用するほかなきこと、阿部は開戦後の中国人心の動向に慎重な処置の必要など述べる。さらに若槻は、「自存自衛のためならば敗戦を予見し得ても立つ必要あるも、大東亜共栄圏の確立等の理想に拘泥《こうでい》した国力の使用は非常に危険につき、聖慮を煩わしたき旨」を述べる。首相は現状維持論に一々反駁《はんばく》。

30日、高松宮と対面、海軍は可能ならば日米戦争の回避を希望している旨、統帥部では戦争の結果は無勝負または辛勝と予想している旨を聞く。天皇は、敗戦の恐れありとの認識を示す。高松宮は、敗戦の恐れある戦争の取り止めを提案。木戸を召し、高松宮の言の真相を尋ねる。木戸は、海軍の本心を確認することを勧める。

東条首相より、12月1日に御前会議を開く予定を聞く。その際、天皇は海軍の戦争に対する自信の有無を問う。東条は、自存自衛上開戦は已むを得ないこと、海軍作戦が基礎となるため、疑念あれば軍令部総長・海相に確認されたき旨を述べる。

永野軍令部総長に対し開戦を問う。永野は、大命が降れば予定通りであり、「航空艦隊は明日ハワイ西方の1800浬《かいり》に達する」と答える。嶋田海相に開戦準備状況、独の単独和平の場合の措置を問う。嶋田は大命一下に出動できること、独は元来信用できず支障ないことを答える。さらに両名より、「艦隊は士気旺盛にして、訓練も充実し、司令長官は十分自信を有していること、さらに一同必勝の覚悟を持していること」などを述べる。天皇は、両名より確信の返答を得て、予定通り進めるよう首相へ伝えるよう命ずる。

対米交渉の打切り

12月1日、永野軍令部総長より作戦準備の進捗を聞く。杉山参謀総長より南方作戦準備の現況を聞く。

午後、東一ノ間にて御前会議。首相は「11月5日の御前会議以降、対米国交調整の成立に努力したが、米国が我が軍の支那よりの無条件全面撤兵、南京政府の否認、日独伊三国条約の死文化等を要求したため、我が国は自存自衛上、米英蘭各国に対して開戦の已むなきに立ち至りし次第を述べた後」、議題「対米英蘭開戦の件」の審議を願う旨を表明。外相の日米交渉の経過説明などの後、原枢府議長は、「米国は蒋介石の主張を代弁し、従来主張の理想論を述べ」「我が国として仮にこれを甘受すれば日清・日露戦役以来の成果を失い、満州事変以来の結果をも放棄することとなるため」「特に4年以上の支那事変を克復してきた国民にこれ以上の苦難を与えることは忍びないが、我が国の存立を脅かされ、明治天皇の御事蹟をも全く失うことになっては」、開戦も已むを得ないと考えるなどと述べる。また原は早期に戦争を終結することを述べ、東条も早期終結に十分努力したき旨の回答がある。

午後4時、御学問所にて両総長と対面。杉山より、作戦開始日に先立ち米英軍の先制攻撃を受けた場合の武力発動の許可を求める。天皇は、開戦の決定を已むを得ないこととし、陸海軍の十分な協調を命ずる。

百武侍従長は、臣民に感激を与えるため天皇の今回の心境の御製の下賜を求める。天皇は「対外硬的である」として不満を示すも、翌朝、百武の詳細な説明で納得する。

両総長より、武力発動の時機を12月8日と予定する旨を聞く。夕餐後、皇后と日本ニュース、『大建設鴨緑江ダム』の映画を見る。

3日、山本五十六《やまもといそろく》連合艦隊司令長官に「事の成敗は真に国家興廃の繫る所なり」との勅語を下す。城英一郎武官より、極東における英米兵力の現状を聞く。また城より「連合艦隊の将兵一同、粉骨砕身、誓って出師《すいし》の目的を貫徹」との山本の奉答文を受ける。天皇は奉答文を1度朗読の後、3度くりかえし熟読する。

夜、高松宮を召し、7日予定の三笠宮の結婚祝賀内宴につき、「開戦前日の祝賀の会食は、後日歴史家による誹《そし》りもあり得るため取り止めを提案。相談の結果、翌4日、高松宮から皇太后へ自発的取り止めを述べ、同意される。しかし、松平宮相は、内宴の取り止めは「秘密保持上かえって支障あるやもしれない旨」を進言し、予定通り7日に実施される。

4日、東郷外相より、去る12月1日および2日の野村・来栖両大使による対米交渉につき聞く。対米交渉の打ち切りに関する覚書の打電・手交の時機は外相と統帥部で決定し、7日午後4時（ワシントン7日午前2時）までに在米大使宛てに発電される。

5日、陸大に行幸[*]。夕刻、陸大卒業の三笠宮参内、軍刀一振を贈る。

6日、生物学研究所にて定例の研究、同年最後の研究所行きとなる。鈴木企画院総裁より石油問題を聞く。午後8時25分、鮫島《さめじま》武官は、永野軍令部総長報告として、マレー半島に向かう輸送船団が仏印南部の海域で英軍飛行機の接触・偵察を受けたため撃墜命令を発した旨を伝える。蓮沼武官長に、戦況の推移ならび状況の変化につき速やかに伝えるよう命ずる。

歳末にあたり東京府下の生活窮迫者救済に2万円下賜。

7日、杉山参謀総長より、戦況ならびに一般情報を聞く。皇太子・正仁・成子・和

＊陸大に行幸　便殿にて三笠宮・閑院宮載仁・梨本宮守正・朝香宮鳩彦・朝香宮孚彦・東久邇宮稔彦・竹田宮恒徳・李鍵と対面。

子参内（厚子は風邪）、皇后・貴子を交えて昼餐、午後に写真撮影。皇后・3内親王と文化映画を見る。

東郷外相より、日独同盟強化・対米交渉などを聞く。外相より在米大使に対して、対米交渉打切りに関する覚書をワシントン時刻7日午後1時（日本時間8日午前3時）を期して米国側に直接手交するよう命ずる。

宣戦布告の裁可

1941年12月8日、午前零時15分、在日米国大使グルーは、米大統領の親電*を直接天皇に渡したき旨を東郷茂徳《とうごうしげのり》外相に願う。午前2時50分、天皇は起床し、海軍軍装にて外相と会う。天皇は回答案を認め、3時25分に再び就寝。

午前3時25分、日本海軍部隊はオアフ島の米軍施設・艦隊を攻撃。4時30分ごろ、海軍軍務局長より、攻撃成功の報*が電話で外相にもたらされる。

午前6時55分、天皇は再び起床。7時10分、山縣有光《やまがたありみつ》・城英一郎《じょうえいいちろう》両武官より、日本軍のマレー半島上陸、ハワイ奇襲の成功、シンガポール爆撃、ダバオ・グアム島・ウェーキ島への空襲の戦況を聞く。7時15分に永野《ながの》修身《おさみ》軍令部総長、30分に杉山元《すぎやまはじめ》参謀総長より、対米英戦の開始を告げられる。7時25分に東条英機《とうじょうひでき》首相より宣戦布告の件が伝えられ、天皇は枢密院《すうみついん》に諮詢《しじゅん》して可決され、裁可する。

「豈朕カ志ナラムヤ」

＊親電　日本軍が仏印より撤兵すれば米国も同地に侵入せずなどの旨が記されるが、外相は去る7月に近衛内閣がこれを拒否した経緯があるため、危急を救い得ると認めがたく、先に首相と回答案を協議の上、午前3時に参内する。

＊攻撃成功の報　6時、大本営陸海軍部より、帝国陸海軍が本日未明に西太平洋にて米英軍と戦闘状態に入った旨の発表あり。7時30分、外相は米国大使に、親電に対する天皇の感謝の意などを伝える。

12月8日、宣戦の詔書は11月中旬より起草され、詔書案を見た天皇は、日英関係は明治天皇以来特別親密であり、自分も皇太子として渡英して優遇を受けたため、「今回の開戦は全く忍び得ず、自身の意思ではない旨を詔書に盛り込むよう希望」し、詔書案には「豈朕《あにちん》カ志ナラムヤ」が挿入される。

東条首相より、中立国のタイ国領土（シンゴラ）への進駐が必要なため、詔書には国際法規の準拠につき記さない旨を聞く。満州国皇帝溥儀《ふぎ》より、国を挙げて日本と心を同じくして時局に処する旨の親電が寄せられる。

10日、天皇は蓮沼蕃《はすぬましげる》武官長に対し、今次の戦争において陸海軍の成果に対して適宜勅語*または言葉を下賜する考えを述べる。武官長は、その時機・方法につきては侍従武官府で研究し、統帥部にも伝えると答える。

午後3時55分、永野軍令部総長より、マレー半島東海岸沖にて海軍航空部隊が英国主力艦のプリンス・オブ・ウェールズとレパルスを撃沈したと告げられる。4時5分、大本営より戦果発表。

午後5時30分、枢密院会議にて、日独伊の対米英戦の共同遂行、単独不講和などの件を全会一致で可決。翌11日に独伊両国は英米に宣戦布告。

百武三郎侍従長より、開戦に伴い一層政務多端となるため、旬祭は毎月1日のみと提案され、認可される（11日、21日は侍従が代拝）。

＊**勅語**　従来、主要な場合は勅語、個々の大戦捷には言葉下賜だったが、いずれも口授で差がなかった。内大臣と侍従武官長が協議して、嘉賞のときは勅語、きわめて重大な戦果の時は言葉下賜とした。

「大東亜戦争」と呼称

12月12日午前11時25分、マレー沖で英国艦隊主力を殲滅《せんめつ》したことを嘉し、山本《やまもと》五十六《いそろく》連合艦隊司令長官に勅語を下賜。午後1時より運動のため侍従らとクロッケー。

東条首相より、今次の対米英戦争および今後情勢の推移に伴い生起することあるべき戦争は、支那事変もふくめ「大東亜戦争」と呼称することとなり、また給与・刑法の適用などに関する平時・戦時の分界時期は昭和16年12月8日午前1時30分とすること、などを閣議にて決定したと報告される。

14日、夕餐後、皇后と映画『仏印の印象』を見る。この夜、警戒警報発令。侍従武官府では夜間の宮内省第2期庁舎への避難を希望し、また剣璽《けんじ》の間の貴重品、皇后の手許品は同庁舎の金庫室に移される。

航空機燃料の備蓄状況を尋ねる

12月15日午前10時、嶋田《しまだ》繁太郎《しげたろう》海相に、航空機燃料の備蓄状況、捕獲商船の利用の可否、上海《シャンハイ》住民への供給米運搬船の支障の有無などを尋ねる。嶋田は、航空機燃料は約2年間の作戦に支障なく、南方作戦の進捗《しんちょく》により将来の資源も確保できるため憂慮に及ばないことなどを返答。

午後1時、井野《いの》碩哉《ひろや》拓相より、大東亜戦争勃発後の外地の治安状況を聞く。

17日、広幡忠隆皇后宮大夫より、宮内省第2期庁舎での就寝を願われ、内諾する。

18日、嶋田海相に、マレー半島方面の運送船に相当な被害あるも心配なきやと尋ねる。嶋田は、予《かね》て覚悟のところで、図上演習の結果より遥かに少なく、陸海軍と企画院では歓喜していると答える。

19日、嶋田海相に、ボルネオ島のミリ油田*の破壊状況を尋ねる。午後、乗馬。

23日、正午前、永野軍令部総長より、ウェーキ島攻略作戦ならびに米国太平洋岸にて海軍潜水艦が敵商船を多数撃沈した報告を聞く。

南洋視察の希望

12月25日、常侍官候所にて、平和克復後の南洋視察の希望を述べる。

26日、東溜ノ間の大本営会議に臨席し、ハワイ海戦の対艦船戦果見取図ならびに航空写真を見つつ、淵田美津雄《ふちだみつお》海軍中佐より対敵艦攻撃、島崎重和《しまざきしげかず》海軍少佐より対航空基地攻撃の戦況を聞く。永野軍令部総長に対し、ハワイ作戦の成功および訓練の成果を褒める。

27日、杉山参謀総長と永野軍令部総長に、「英国の重要なる根拠を覆滅《ふくめつ》」と香港陥落を讃える勅語を賜う。

29日、永野軍令部総長より、ハワイおよび米国西海岸の海軍潜水艦の成果を聞く。

30日、杉山参謀総長より、戦況ならびに重慶政府への諜報工作の報告を受ける。

＊ミリ油田　ブルネイと接するイギリス保護下のサラワクにある油田。1941年12月16日に日本軍が占領し、軍政下に置いた。

第三部◉開戦から敗戦へ（1942〜45・8）

西暦	満	昭和天皇年譜	社会の出来事
1942	41	南方作戦の早さを指摘 ドーリットル空襲に驚く 米軍のガダルカナル上陸により避暑先の日光より還幸	マニラ、シンガポール占領 戦捷第1次祝賀国民大会 珊瑚海海戦　コレヒドール島占領 ミッドウエー海戦
1943	42	三笠宮を中国へ派遣 米軍をどこかの正面で叩きつけられぬかと問う	ガダルカナル島撤退 山本五十六戦死　アッツ島全滅 学徒出陣神宮外苑壮行会
1944	43	航空機分配問題を調整 東条英機内閣倒壊 大本営移転に反対	インパール作戦 サイパン島全滅　レイテ沖海戦 神風特攻隊敷島隊出陣
1945	44	東京の被災地を視察 御前会議で本土決戦方針を決定 ポツダム宣言受諾 戦争終結の「玉音放送」	東京大空襲　沖縄守備隊全滅 広島、長崎へ原爆投下 ソ連の対日参戦 宮城クーデター事件

第六章

緒戦の勝利（1942〜43）

連戦連勝（1942）

マニラ、ブルネイ占領

1942年1月1日午前零時より、警戒警報のなか、早暁、神嘉殿《しんかでん》南庭にて四方拝《しほうはい》。晴御膳《はれのごぜん》と野戦料理。空襲警戒のため4日まで夜間のみ警戒官制*。

3日午後、大本営陸軍部、日本軍が昨2日午後、マニラを完全に占領した旨を発表。

5日、午後、御杉戸に徳永鹿之助《とくながしかのすけ》武官を召し、独ソおよびリビア戦況を問う。夕刻、徳永よりの返答およびフィリピン・マレー戦況を聞く。また永野修身《ながのおさみ》軍令部総長より、昨日のダバオ付近における敵機来襲による重巡洋艦「妙高」の被害を聞く。夜、御杉戸にて、徳永武官より英領ボルネオのブルネイ占領の件を聞く。

6日、井野碩哉《いのひろや》拓相より、満州移民第2期計画を聞く。鮫島具重《さめじまともしげ》武官より、昨日のラバウル爆撃などを聞き、しばしばハワイ方面の米軍航空母艦の情況を問う。

夜、三笠宮夫妻参内、皇后と香港攻略のニュース映画*などを見る。

大詔奉戴日

1月8日、陸軍始観兵式*、代々木練兵場にて分列式に臨む。

従来の毎月1日の興亜奉公日を廃止し、大東亜戦争の完遂まで毎月8日を大詔奉戴《たいしょうほうたい》

＊警戒管制　天皇は3日まで皇后や3内親王（貴子内親王のみ御常御殿）と宮内省第2期庁舎に就寝。これに先立ち、剣璽渡御。4日、天皇皇后と剣璽は御常御殿へ、3内親王は呉竹寮へ戻る。

＊ニュース映画　以後、原則として火曜に三笠宮夫妻を招き、一緒に映画を見る。

＊陸軍始観兵式　戦時中につき、万一の敵機来襲に備え、前夜より陸軍機が哨戒飛行、練兵場の便殿次室裏に鉄製の防空室を設置。

日《び》と定め、詔書捧読・必勝祈願・職域奉公・国旗掲揚などの国民運動を実施。

9日、東条英機《とうじょうひでき》首相に、米英両国などで作曲された名曲の演奏が今後禁止される新聞記事について問う。東条は、「新聞報道の如き小乗的措置を講じることなき旨」を答える。

10日、杉山元《すぎやまはじめ》参謀総長より、欧州および日本軍の戦況を聞く。天皇はバターン半島の攻略および閻錫山《えんしやくざん》工作などにつき問う。午前・午後の各1回、生物学研究所*に行く。

米航空母艦「レキシントン」の消息を聞く

1月12日、杉山参謀総長より、マレー半島・フィリピン群島・蘭領タラカン島への上陸の件を聞く。夕刻、永野軍令部総長より、昨11日のタラカン島・セレベス島メナドへの上陸成功の件を聞き、ハワイ空襲時・ウェーキ島攻略の写真を見る。また城英一郎武官に、米航空母艦「レキシントン」の消息、同艦がマーシャル群島における日本の哨戒圏《しょうかいけん》に入る時機につき問う。

午後6時、政府、帝国陸海軍が昨11日、オランダ軍に対して戦闘を開始した旨を発表。大本営、蘭領タラカン島の敵軍の降伏、日本軍のセレベス島占領を発表。

14日、午後3時、大本営は、12日夕刻ハワイ西方洋上にて日本潜水艦によって米航空母艦「レキシントン」型1隻の沈没は確実と認める旨を発表。

南方作戦の展開

＊生物学研究所　昨年12月8日の開戦以来、取り止めのところ、戦況も良好であること、また長期抗戦に最も必要な健康の保持上、気分の転換ならびに運動のため、以後、従前のごとく土曜を恒例の研究日とする。

1月16日、小泉親彦《こいずみちかひこ》厚相に、無医村に配置する医師の慰安、結核の減少、農村における寄生虫問題への対策、国民体力法*施行の成績および効果などにつき問う。

17日、成子《しげこ》内親王参内、アメリカ海軍の太平洋基地に関する映画を皇后と見る。

20日、松平恒雄《まつだいらつねお》宮相より満州建国10年祝賀について、鮫島具重武官よりシンガポール港爆撃を聞く。

夕刻、杉山参謀総長にバターン半島攻略のための兵力量、対ソ関係を問う。また、ティモール島クーパン（蘭領）への上陸作戦計画に関し、ポルトガル領ティモールに存在が伝えられる濠蘭両軍への措置*につき問う。

コタバル上陸などを聞く

1月21日、鮫島武官より、マレー半島メルシング上陸の取り止め、コタバル上陸などを聞く。旧本丸馬場にて、この年初めての乗馬。

22日、岸信介《きしのぶすけ》*商工相より、衣料切符などの件を聞く。

永野軍令部総長より、米国の発表により米航空母艦「レキシントン」の撃沈が確実であることを聞く。その際、コレヒドール要塞装備の砲の射程距離につき問う。

杉山参謀総長より、ビルマの要塞攻略の命令の件を聞く。その際、対北方攻勢への陸軍の意向、バターン半島への兵力増強の要否などを聞く。

ラバウル上陸

*国民体力法　青少年の体力向上と結核予防のために制定された。

*濠蘭両軍への措置　杉山は、中立国ポルトガルが日本軍の作戦を妨害するならば進攻作戦を実施せざるを得ない旨を答える。

*岸信介　東条英機内閣商工相として戦時体制を支えた。戦後はA級戦犯被疑者となるも不起訴。政界に復帰し、日米安保体制成立、自主憲法制定に尽力した。

1月23日、講書始*。この日、南海支隊のラバウル上陸につき、しばしば武官に問う。24日、東条首相より、タイ国へ2億円貸与、タイ国の対米英宣戦承諾の件などを聞く。夕刻、杉山参謀総長より、独国の対ソ指導経緯ならびに戦況などを聞く。永野軍令部総長より、スマトラ島バリックパパン、セレベス島ケンダリー上陸成功を聞く。

26日、歌会始*。杉山参謀総長より、タイ国の対米英宣戦につき聞く。

27日、大東亜戦争中、空襲により死傷した防空従事者*に天皇皇后より祭粢料10円または菓子料5円を下賜することを定める。

28日、大本営政府連絡会議にて「対蘭領『チモール』作戦に伴ふ対葡措置に関する件」を審議、チモールにある英濠蘭軍を掃蕩《そうとう》した後の措置につき東条首相と永野軍令部総長が対立し、議事は再考となる。29日、御料馬「初雁《はつかり》」に初めて乗る。

ガーター勲章受勲者名簿より削除される

1月30日、昨年12月19日付の英国皇帝ジョージ6世の勅令で、天皇はガーター勲章受勲者名簿から削除され、この日夕刻、東郷茂徳《とうごうしげのり》外相宛の電報写を見る。

31日、永野軍令部総長より、ニューギニアおよびソロモン群島方面作戦に関する陸海軍協定につき聞く。夜、文化映画『白瀬南極探検』などを見る。

チモール作戦など

2月1日、午後6時、大本営より、帝国陸軍部隊が昨1月31日夕刻、シンガポール

＊講書始　国書は藤原松三郎「和算の発達」、漢書は和田清「支那民族の発展に就きて」、洋書は佐々木隆興「運動に於ける静の生物学的観察と考察」。

＊歌会始　題は「連峯雲」。皇族以下の詠進歌総数は4万6106首におよぶ。

＊防空従事者　水火消防・防空監視・警報発令・灯火管制・被災者の応急救護などの任務に就き、一般市民もその下で、バケツリレーなどを分担した。

対岸に進出した旨が発表される。夜、山縣有光《やまがたありみつ》武官より、第25軍*のジョホール水道への進出、マレー作戦の総合戦果を聞く。

2日、大本営政府連絡会議にて「対蘭領『チモール』作戦に伴ふ対葡措置の件」審議の結果、自衛上ポルトガル領チモールに作戦を実施する場合があり、同地の英豪蘭軍掃蕩後はポルトガル側が中立を保障する限り、日本軍は該地域より撤退するも、同国の態度および作戦の情勢上已《や》むを得ない場合は、引き続き作戦基地として使用することもありうる旨を決定。

木戸幸一より、今後の見通しを聞く

2月5日、木戸《きど》幸一《こういち》内大臣より、大東亜戦争の今後の見通しを聞く。

午後、百武三郎《ひやくたけさぶろう》侍従長より、3月1日に帝国ホテルにて開催の満州国建国10周年祝賀午餐会に高松宮が臨席する件を聞く。天皇、首相が総裁となって日本で祝賀会を開催することは、独立国としての満州国に不合理である旨を述べる。

夕刻、永野軍令部総長より、昨4日のスラバヤ沖海戦の戦果を聞く（翌日、大本営は同海戦をジャバ沖海戦と称する旨を発表）。

6日、夕刻、永野軍令部総長より、バリックパパン方面の製油所および油田の状況、ジャバ沖海戦の戦況などを聞く。

7日、両総長より、ポルトガル領チモール、アンダマン諸島の作戦命令*を聞く。

＊第25軍　1941年7月5日に編成され、開戦から翌年1月31日にかけて、山下奉文中将司令官のもとでイギリス領マレーやシンガポールを攻略するマレー作戦を行った。

＊作戦命令　寺内寿一南方軍総司令官に、海軍と協同してポルトガル領チモールに作戦実施の大陸命。また山本五十六連合艦隊司令長官に、南方軍と協同してアンダマン群島の要地攻略の大海令。

シンガポール陥落

2月9日、午前8時30分、坪島文雄武官より、シンガポール島の上陸成功を聞く。

10日、東条首相より、今後の国内外の施策につき大本営政府連絡会議にて研究する旨を聞く。「戦争の長期化を避けるべく、遺漏のない対策を講ずるよう」指示する。

11日、紀元節。タイ国皇帝ラーマン8世より祝電。午前11時45分、杉山参謀総長より、シンガポール攻略戦を聞く。

13日、今次の日本軍の戦捷に際し、満州国皇帝溥儀《ふぎ》、独国宰相ヒトラーより祝電。

14日、徳永鹿之助武官より、英領ボルネオの採油状況を聞く。午後、東条首相より、大本営政府連絡会議で決定したシンガポール*の名称変更などを聞く。ローマ法王庁への外交使節派遣など問う。シンガポール攻略につき、しばしば武官に問う。

降雪にてスキー

2月15日、午前、降雪。皇后・成子とスキー*。

午後9時50分、杉山参謀総長より、シンガポール陥落につき聞く。10時5分、御杉戸にて百武侍従長より祝詞を受ける。同10分、大本営は、陸軍部隊が本日午後7時50分、シンガポール島要塞の敵軍を無条件降伏せしめた旨を発表。

16日、両総長を召し、寺内寿一《てらうちひさいち》南方軍司令官・山本五十六連合艦隊司令長官に、「東亜に於ける英国の根拠を覆滅《ふくめつ》せり朕深く嘉尚《かしよう》す」との勅語を下す。

＊シンガポールの名称変更　1942年2月15日、イギリス極東軍は日本軍に無条件降伏、その後、日本軍政下のシンガポールは「昭南」と改名され、「昭南特別市」が設置された。

＊スキー　午後もスキー、皇太子と2内親王はソリ滑り。正仁親王・貴子内親王は天皇のスキーを見物。翌日もスキー。

木戸内大臣、東条首相に代わり、ローマ法王庁へ派遣すべき外交使節の資格と宗教との関係、衣料切符と官吏の服装*について報告。なお、木戸よりシンガポール陥落の祝辞を受け、「赫々《かつかく》たる戦果が事前の慎重且つ十分な研究に起因していることを痛感する旨」の感慨を述べる。

17日、東条首相より恩赦*について聞く。シンガポール陥落につき、満州国皇帝溥儀、伊国皇帝エマヌエーレ3世より祝電。正午、大本営はシンガポールを「昭南島」と改称する旨を発表。

戦捷第1次祝賀日

2月18日午後1時45分、御料馬「白雪」に乗り宮城正門二重橋鉄橋上に出る。宮城前外苑の戦捷《せんしょう》祝賀の旗行列を見る。万歳・君が代を受け、会釈する。日比谷公園にて国民祝賀大会、昭南にて日本軍の入城式。

19日、東郷外相より、チモール島進駐におけるポルトガルとの交渉、ローマ法王庁への外交使節派遣を聞く。

20日、杉山参謀総長より、独ソ戦、北アフリカの戦況を聞く。天皇はチモール上陸時の状況を問う。夕刻、永野軍令部総長より、バリ島およびチモール島への上陸、ポートダーウィン空襲、ロンボック海峡の海戦の状況*を聞く。

21日、東郷外相より、チモール上陸に関するポルトガル政府への通牒手交の報告。

＊官吏の服装　男子の国民服は、官吏や教員を中心に広く普及し、女性のもんぺも定着していった。

＊恩赦　翌18日の戦捷第1次祝賀日に、復権令を公布施行。

＊海戦の状況　天皇の問いに、永野は、目下航行中のポルトガル船の安全の保障はできないため、作戦水域に進入させず、安全水域で待機するほかなしと答える。

＊離反防止　日本がポルトガル船の安全を脅かすことは、中立国ポルトガルが連合国側に

永野軍令部総長より、ラバウル東方に出現の米艦隊に対する空襲、ロンボック海峡海戦の戦果を聞く。

23日、チモールへ航行中のポルトガル船に対する措置を問い、ポルトガルの離反*防止のため事態の拡大を招かぬよう指示。

25日、湯沢三千男《ゆざわみちお》内相より、治安ならびに物資配給状況を聞く。内相より米・石炭等の配給が輸送上の制約から不足していることを聞き、小倉庫次《おぐらくらじ》侍従に手許の節約の要否を問う。東郷外相より、チモール問題でポルトガルが軍隊の一時引き返しを承諾したことを聞く。杉山参謀総長に、関東軍の対ソ攻撃の有無を聞く。夕刻、佐藤治三《さとうじさぶ》郎《ろう》武官より、昨朝のウェーキ島方面の戦況を聞く。

特殊潜水艇攻撃隊士官の二階級特進

2月26日、午後、伊藤整一*軍令部次長より、特殊潜水艇攻撃隊*の状況を聞く。天皇、嶋田《しまだ》繁太《しげた》郎《ろう》海相より特別攻撃隊士官の二階級特進の件を聞き、関係の写真、出発前の寄せ書き、独国より電送の外国新聞掲載の写真を見る。

空襲警報誤報

3月2日、杉山参謀総長より、日本軍のジャバ島上陸作戦の成功を聞く。東条英機陸相より、皇族および陸海軍首脳部の論功行賞*につき聞く。

4日、早朝、南鳥島の通信機関などが米艦載機の空爆を受けたことにより、午後7

傾く危険性があった。

＊伊藤整一　海軍中将。1945年4月7日の沖縄戦で戦艦「大和」沈没の際に艦内に残り戦死し、大将となる。

＊特殊潜水艇攻撃隊　真珠湾攻撃の際の5隻の特殊潜水艇(甲標的)攻撃隊。5隻すべて未帰還で、1隻は坐礁して拿捕された。その後、1942年4月のシドニー攻撃ほか、マダガスカル島、ガダルカナル、フィリピン作戦などに出撃し、人間魚雷「回転」へとつながる。

＊論功行賞　東条自身の論功行賞は、百武侍従長より述べる。

時35分に警戒警報。8時30分、宮内省第2期庁舎金庫室に剣璽渡御。9時30分、皇后と宮内省第2期庁舎に移り就寝する。

5日、午前8時5分、犬吠埼《いぬぼうさき》東方に国籍不明機出現につき、開戦以来初めて帝都に空襲警報発令。皇后と宮内省第2期庁舎金庫室へ避難。その後、誤報と判明。

ラングーンおよびジャバ島の陥落

3月6日、木戸を召し、金鵄勲章《きんしくんしょう》に頸飾章《けいしょくしょう》を創設する可否を研究するよう命ずる。蓮沼蕃《はすぬましげる》武官長より昨夜のバタビア陥落につき聞く。

8日、横山明武官より、ジャバ・バンドンの蘭印司令官の降伏申し入れにつき聞く。城武官より、本日早朝ニューギニアのラエおよびサラモアへの上陸成功を聞く。

9日、午前9時35分、杉山参謀総長より、昨朝のラングーン陥落、南方軍爾後《じご》の作戦指導、防空実施の件を聞く。木戸を召し、「戦果につき御満足の意」を示す。11時50分、大本営はラングーンの占領を発表。午前、嶋田海相より、久邇宮朝融《くにのみやあさあきら》の木更津《きさらづ》海軍航空隊司令官から高雄《たかお》海軍航空隊司令への転補*につき聞く。午後10時5分、杉山参謀総長より、本日3時ジャバ全島における敵軍の無条件降伏の件を聞く。10時20分、大本営はジャバ全島における敵軍の全面的無条件降伏を発表。

皇族と軍務との関係

3月10日、木戸を召し、昨日の朝融の転補案に関し、皇族と軍務との関係*につき考

＊転補　松平宮相に、朝融の転補につき皇族の希望による任免は避けるべき旨を述べた。

＊皇族と軍務との関係　秩父宮雍仁が長く病気静養中のため、摂政を設ける必要が生じた場合、高松宮宣仁が海外に長く勤務すると重大な支障となるので、陸海軍とも十分打ち合わせておく必要を述べる。

＊鈴木貞一　陸軍中将。企画院総裁。実戦部隊よりも官吏としての実績があり、「背広を着た軍人」と称された。戦後、A級戦犯に指定、終身禁錮の判決。釈放後、佐藤栄作のブレーンなどをつとめた。

えを示す。午後3時、両総長を召し、蘭領印度攻略に関し、寺内寿一南方軍総司令官・山本五十六連合艦隊司令長官に、「神速果敢悉《ことごと》く其主要根拠地を覆滅し以て敵勢力を一掃せり朕深く之を嘉尚す」との勅語を下す。

11日、*鈴木《すずき》貞一《ていいち》企画院総裁より、*中小商工業者の転業対策につき聞く。東条首相より、「今後採るべき戦争指導の大綱」中の、*時局に伴うユダヤ人対策などにつき聞く。

14日、杉山参謀総長より東部ソ連軍の最近の状況を聞く。

朝鮮統治への影響を問う

3月16日、南次郎《みなみじろう》朝鮮総督より、施政につき聞く。南方占領地方の自治または独立に関する東条首相の主張が朝鮮統治に与える影響につき問う。木戸を召し、摂政就任順位の関係から、高松宮の艦長への就任希望は望ましくない旨を述べる。

「現地の文化破壊は好ましくない」

3月20日、朝、小倉侍従を召し、ラジオや新聞にて昭南島の博物館所蔵の標本を南方軍より献上する報道に関し、現地の文化破壊は好ましくなく、現地において保管することに価値があり、かつ輸送面からみても取り止めるよう、蓮沼蕃武官長に伝えるよう述べる。夕刻、ラングーン占領およびジャバ島攻略のニュース映画を見る。

23日、東条首相より、*南方開発金庫の件、現下の経済政策の概要などを聞く。

25日、午後、皇后と道灌堀方面を2時間にわたり散策。

＊中小商工業者の転業対策　軍需産業、満州開拓民、中国・南洋など海外への移住、国防上必要な土木事業などへ転換せざるを得ない状況が生まれていた。

＊時局に伴うユダヤ人対策　ユダヤ人の渡航禁止、現住ユダヤ人への監視の強化、民族運動支援の禁止などが定められた。

＊南方開発金庫　フィリピン、マレー、ビルマなど南方において、日本軍への貸付のほか、日本企業への融資や送金業務、南方開発金庫券（軍票）の発行などの金融業務を行った。

31日、田辺参謀次長より、独ソ戦況、英軍の独軍牽制につき聞く。

勲章親授式

4月1日、松平恒雄宮相より、満州建国10周年慶賀に高松宮を差遣する件を聞く。

3日、皇后・貴子内親王と紅葉山にて満開の桜花を見る。4日、勲章親授式*。

5日、皇后・皇太子ら家族一同と摘み草、鬼ごっこなどで過ごす。

6日、前田《まえだ》利為《としなり》陸軍中将（侯爵）をボルネオ守備軍司令官に任ず。

13日、勲章親授式*。東条首相より、日タイ経済協定、印度およびアラビアに関する日独伊三国共同声明案などを聞く。

14日、中華民国から一時帰朝の重光葵《しげみつまもる》大使より、1時間にわたる報告を聞く。

15日、嶋田海相より、船舶および艦艇の被害と建造・拿捕《だほ》、航空関係の消耗と充実の状況を聞く。午後、タイ国より一時帰朝の坪上貞二《つぼがみていじ》大使の報告。

ドーリットル空襲

4月18日午前6時30分、犬吠埼東方600浬《カイリ》に3隻の米航空母艦出現につき、8時30分警戒警報*発令。午後2時、金庫室廊下にて、杉山参謀総長より空襲につき聞く。同刻、東部軍司令部より敵機9機撃墜が発表される。

午後3時51分、空襲警報解除につき、常御殿に戻る。5時23分、湯沢三千男内相より空襲状況を聞く。7時35分、東久邇宮稔彦防衛総司令官より、本日の敵機来襲の状

＊**勲章親授式**　閑院宮載仁元帥陸軍大将・伏見宮博恭元帥海軍大将に功一級金鵄勲章、梨本宮守正元帥陸軍大将に大勲位菊花章頸飾、朝香宮鳩彦陸軍大将・東久邇宮稔彦陸軍大将らに功一級金鵄勲章。

＊**勲章親授式**　東条英機陸軍大将ほか11名に勲一等旭日大綬章ならびに功二級金鵄勲章、杉山元陸軍大将に功一級金鵄勲章、前田利為陸軍中将ほか4名に勲一等瑞宝章を授ける。

＊**警戒警報**　ただちに剣璽を第2期庁舎金庫室へ避難。天皇皇后・貴子内親王は金庫室へ。呉竹寮の3内親王、青

況を聞く。8時5分、東条首相より、米軍の企図の判断、空襲被害状況を聞く。天皇は、攻撃後の敵機の行方、空襲の産業界に及ぼした影響などを問う。9時25分、再び第2期庁舎に移り、同庁舎寝所にて就寝。

この日、太平洋上の米航空母艦ホーネットから発進した爆撃機部隊は、13機が京浜、3機が名古屋・神戸へ向かい、日本本土を初空襲（ドーリットル空襲）。その後2機は南昌《なんしょう》および寧波《ニンポー》付近の海上に不時着し、8名の搭乗員が支那派遣軍の捕虜*となる。

19日、午前2時1分、空襲警報。

20日、鈴木企画院総裁より、一昨18日の空襲被害の物資動員計画に及ぼす影響調査の結果を聞く。

午後5時50分、大本営は一昨18日の帝都その他への来襲機が米ノースアメリカンB25型爆撃機10数機内外にして、各地に分散飛来し、中国大陸方面に遁走したものもあり、各地の被害はいずれも極めて軽微である旨を発表。

21日午前、杉山参謀総長より、印度施策ならびに英印交渉の件、去る18日来襲の敵機全般の行動などを聞く。午後、東条首相より空襲等につき聞く。

尾崎行雄の不敬演説

4月24日、岩村通世《いわむらみちよ》司法相の依頼を受けた百武侍従長より、尾崎行雄《おざきゆきお》衆議院議員の不敬罪*による起訴の件を聞く。その後、岩村司法相を召し、同件を聞く。

山御殿の正仁親王も金庫室へ。不例の皇太子は赤坂離宮文庫へ、皇太后は沼津御用邸内の特別防空壕へ。

＊捕虜　5月6日、天皇は捕虜の扱いについて、武士道に反せざるよう、国際関係に悪影響を与えざるよう、敵側の報復を誘わざるようなどを指示した。

＊不敬罪　1942年の選挙応援演説で翼賛選挙を批判する際、「唐様で書く三代目」という川柳を引用した。これを政府は3代目になる天皇を揶揄する不敬罪として告発、東京地裁は有罪としたが、大審院では無罪。

夕餐後、皇后・4内親王と、城武官が差遣先のグアム島より持ち帰った米国海兵慰問の漫画映画などを見る。

25日、靖国神社臨時大祭*挙行につき行幸。

27日、木戸を召し、今次第21回衆議院総選挙（翼賛選挙*）後の政治力結集の方策に関する内相との会談につき聞く。杉山参謀総長より、18日本土に来襲の米爆撃機のソ連への遁入、閻錫山工作につき聞く。

28日、東郷外相より、本土初空襲に参加した米爆撃機のソ連領への不時着をめぐる対ソ交渉に関する訓令につき聞く。杉山参謀総長より、爾後の作戦における陸軍関係部隊につき、永野軍令部総長より第二段作戦につき聞く。

『ミッキーの捕鯨船』を見る

4月29日、代々木練兵場にて天長節観兵式の予定のところ、昨夜来の降雨による式場泥濘《でいねい》により行幸を取り止める。皇后と『ミッキーの捕鯨船』などの映画を見る。

30日、杉山参謀総長より浙江《せっこう》作戦*実施命令を聞く。

政治力結集

5月2日、永野軍令部総長より、昨夜静岡県御前崎南方にて水上機母艦「瑞穂」が敵潜水艦に撃沈された旨を聞く。

4日、木戸内大臣より、汪精衛《おうせいえい》中華民国国民政府主席の満州国訪問の経緯、阿部信《あべのぶ》

＊**靖国神社臨時大祭**　一昨23日に招魂祭が行われ、満州事変と支那事変で死没した軍人・軍属等1万5017名が合祀される。

＊**翼賛選挙**　政府側の翼賛政治体制協議会は立候補者を推薦と非推薦に分け、非推薦候補への妨害を行った。非推薦では尾崎行雄・斎藤隆夫らが当選した。

＊**浙江作戦**　陸軍はドーリットル空襲の中国側の着陸基地を破壊するため、5月から9月にかけて7個師団約12万の兵力を送った。

行陸軍大将《ゆき》（翼賛政治体制協賛会会長）が政治力結集に関する東条首相からの協力依頼を承諾した件、首相の占領地への出張などを聞く。午後、湯沢三千男内相より、第21回衆議院総選挙の結果を聞く。夕刻、東条首相より、政治力結集問題のその後の経緯を聞く。この日、水戸東方250浬洋上に国籍不明の艦船・飛行機発見の報告により、午前8時警戒警報。金庫室へ天皇皇后と剣璽の避難。

5日、両総長よりそれぞれ次期作戦（アリューシャン・ミッドウェー作戦）を聞く。夜、高松宮妃・三笠宮夫妻参内、陸軍落下傘部隊のパレンバン攻略の映画を見る。

コレヒドール島要塞の白旗掲揚

5月6日、木戸内大臣と日独伊三国による対印度声明問題につき談話。のち、木戸より同問題に関する東郷外相との電話結果につき聞く。この日、大本営政府連絡会議は独伊両国からの申し出に鑑み、印度およびアラビア独立に関する日独伊三国共同宣言発表の暫時見合わせを決定。山縣武官より、コレヒドール島*要塞の白旗掲揚、同島要塞の米軍司令官の停戦申込み状況を聞く。

7日、午後、東郷外相より、敵国との外交官交換、英軍の仏領マダガスカル島進攻、印度およびアラビア独立に関する日独伊三国共同宣言の発表延期などを聞く。夕刻、永野軍令部総長より、コレヒドール島要塞陥落を聞く。フィリピン方面作戦に関し、両総長を介し、寺内寿一南方軍総司令官・山本五十六連合艦隊司令長官に、「東亜に

＊コレヒドール島　フィリピンのルソン島マニラ湾の入口にある小島。戦略上の要地とされ、アメリカ支配下では巨大な大砲を設置した海上要塞となった。日本軍のフィリピン侵攻に際して、マッカーサーは司令部を置いて抵抗した。

於ける米国の根拠を覆滅せり朕深く之を嘉尚す」との勅語を下す。

珊瑚海海戦、「かかる場合は全滅すべき」

5月8日、夕刻、永野軍令部総長より珊瑚海海戦*の戦果を聞く。天皇、「戦果に満足の意を示され、残敵の全滅に向けての措置」を問う。永野は、井上成美《いのうえしげよし》第4艦隊司令長官は追撃を中止し、艦隊に北上を命じた旨を答え、天皇は、「かかる場合は全滅すべき旨」を述べる。永野退出後、蓮沼武官長を召し、「今回の戦果は美事《みごと》なるも、万一統帥が稚拙であれば、勅語を下賜できぬ旨」を述べ、勅語下賜の可否を問う。

9日、戦時下における国民総努力の実相視察のため、各地へ侍従を差遣。

東条首相より、朝鮮における徴兵制施行を準備する件を聞く。午後、木戸を召し、朝鮮における徴兵令施行に伴う参政権発生の有無につき問う。

11日、ビルマおよび印度洋における戦果につき、両総長を介し、寺内南方軍総司令官と山本連合艦隊司令長官に、「対支補給路を遮断し或は敵海空軍を随所に撃破せり朕深く之を嘉尚す」の勅語を下す。

12日、杉山参謀総長より、去る8日発生の日本郵船「大洋丸*」が長崎県沖にて米潜水艦に撃沈された事件を聞く。午後3時30分、永野軍令部総長を介して山本連合艦隊司令長官に、「大に米英連合の敵艦隊を撃破せり朕深く之を嘉尚す」と珊瑚海海戦の勅語を下す。

＊珊瑚海海戦　日本海軍の空母機動部隊とアメリカ海軍を主力とする米豪連合軍の空母部隊が、5月8日、オーストラリア北東部の珊瑚海で戦った海戦。史上初の航空母艦同士の決戦となり、日本は「祥鳳」、アメリカは「レキシントン」が、それぞれ沈没した。

＊大洋丸　第1次世界大戦でドイツから賠償船として譲渡された客船で、東洋汽船のサンフランシスコ航路に使われた。開戦後は日本陸軍の輸送船となり、5月5日に民間人らも乗せて宇品港からシンガポールに向かう途中で撃沈された。

13日、午前11時30分、岩村通世司法相より、＊尾崎秀実《おざきほつみ》およびゾルゲの機密漏洩事件告発を聞く（司法省は16日、ゾルゲ事件を国際諜報団事件として発表）。

20日、杉山参謀総長を介して、第17軍隷下の南海支隊に、海軍と協力しビスマルク群島、ニューギニア島の各要所を攻略したことは「戦局の進展に寄与するところ大なるものと認め深く満足に思ふ」との勅語を下す。

ドーリットル空襲の米国人捕虜問題

5月21日、蓮沼武官長より木戸内大臣に対し、去月18日に本土を空襲した米国人＊捕虜の処分問題を告げる。

22日、旧本丸跡にて、御料馬「初雁」で運動。

27日、杉山参謀総長より南方鉄道の状況など聞く。作戦一段落後の兵力配置を問う。

30日、永野軍令部総長より、太平洋東正面の作戦計画を聞く。

ミッドウエー海戦の戦況を聞く

6月2日、大東亜戦争中、空襲により死傷の防空従事者に対する天皇よりの祭粢料《さいしりょう》10円または菓子料5円は、爾後、天皇皇后より下賜、また敵襲により死亡した一般皇国臣民への救恤金7円は天皇皇后より下賜を決める。

3日、午後、永野修身軍令部総長より、日本軍特殊潜航艇によるシドニー、マダガスカル島への襲撃の報告を聞く。

＊尾崎秀実・ゾルゲ　尾崎は満鉄調査部などで活動し、近衛文麿のブレーンとなった。ゾルゲはソ連の労農赤軍参謀本部第4局配属の諜報員。

＊米国人捕虜の処分　このころ、米国人捕虜に対する厳重処分の可否をめぐって首相・外相・参謀総長の間に意見の対立があった。

4日、去る5月26日以来満州国へ差遣中の高松宮の復命。夕刻、永野軍令部総長より、アリューシャン列島ウナラスカ島ダッチハーバー米軍基地への空襲の報告を聞く。

7日、永野軍令部総長より、ミッドウエー海戦*の戦況を聞く。今回の損害により士気の阻喪を来《きた》さないよう注意し、今後の作戦が消極退嬰《たいえい》とならないよう命ずる。

ミッドウエー作戦の中止と損害発表

6月8日、大東亜戦争開始以来陸軍が香港・シンガポール・マレー半島・フィリピンそのほかで英米より鹵獲《ろかく》した戦車・野山砲など各種兵器70点を見る。

夕刻、杉山参謀総長・永野軍令部総長より、ミッドウエー作戦の中止、フィジー・サモア・ニューカレドニア・ポートモレスビー方面作戦延期、ついでキスカ島・アッツ島上陸作戦の成功の報告を受ける。

9日午前、杉山参謀総長より、対ソ作戦準備要綱の策定の件などを聞く。その際、浙江作戦の進捗、ポートモレスビーの陸路攻略の可否を尋ねる。

午後3時30分、永野軍令部総長より、ミッドウエー海戦における重巡洋艦「最上」の損害などを聞く。

10日、午前10時30分、大本営政府連絡懇談会*。

11日、杉山参謀総長より、ポートモレスビーの陸路攻略計画を聞く。

鹵獲映画を見る

＊ミッドウエー海戦　日本の連合艦隊は「赤城」「加賀」「飛龍」「蒼龍」の4隻の航空母艦を撃沈され、多くのパイロットも失った。アメリカも航空母艦「ヨークタウン」を失ったが、日本の完敗であり、戦勝が続いた日本軍の以後の戦局を大きく変えた。

＊大本営政府連絡懇談会　懇談会で、海軍はミッドウエー海戦で航空母艦1隻を撃沈、航空母艦1隻、巡洋艦数隻を大破したこと、日本側の損害は航空母艦1隻喪失、航空母艦・巡洋艦各1隻大破であることを報告。午後3時30分、大本営は、海

6月12日、佐伯文郎《さえきぶんろう》船舶輸送司令官より、大東亜戦争開始以来の船舶の活動状況を聞く。夕刻、成子ら3内親王参内、皇后とグアム島で鹵獲《ろかく》の米国漫画映画『変わった商売』『宿無き虱《しらみ》』『メリーメロディ』を見る。

14日、3内親王参内、皇后・貴子内親王と、海軍が鹵獲した着色映画*『青い鳥』を見る。夜、各所より献上のホタルを放つ。

18日、鈴木企画院総裁より、液体燃料計画*を聞く。東郷外相より、日米外交官の交換、ソ連と英米との条約などの報告を受ける。

23日、木戸内大臣を召し、ドイツ軍によるトブルク（リビア東部）占領につき話す。

杉山・永野両総長より、アリューシャン方面の確保に関する用兵事項の報告を受ける。

26日、木戸内大臣を召し、北アフリカにおけるドイツ軍の戦果へ祝電を送ることを尋ねる（翌日、木戸は、武官長の調査と宮相との協議の結果、見合わせが望ましいと答える）。

29日、鈴木企画院総裁より、食糧・衣服をはじめとする生活必需品の統制の件を聞く。永野軍令部総長より、一昨27日夜のウエーキ島に対する敵機来襲の戦況を聞く。

日光避暑へのためらい

7月1日、杉山参謀総長よりポートモレスビー陸路攻略作戦の研究準備の件を聞く。

3日、午後7時、警戒警報発令につき、金庫室に剣璽を移し、天皇皇后は第2期庁

軍部隊のアリューシャン列島攻撃、ミッドウエー方面において米軍航空母艦2隻を撃沈、飛行機約120機を撃墜、重要軍事施設を爆砕し、日本側は航空母艦1隻の喪失、航空母艦・巡洋艦各1隻の大破、未帰還飛行機35機の損害を発表した。

＊着色映画　16日夜には、秩父宮妃勢津子と高松宮・三笠宮両夫妻が参内し、皇后と再び『青い鳥』を見る。

＊液体燃料計画　スマトラ、ミリ、セリヤ、ジャワなどの南方開発原油の物動計画・供給力を計上し、その努力目標を掲げた。

舎に就寝（この日の警報は、翌4日の米国独立日および中支・南支の敵情に鑑み、万一に備えて発令）。

6日、松平恒雄宮相を召し、日光への避暑に先立ち連合艦隊に行幸し海軍を激励したき旨を述べる。

7日、杉山参謀総長より、カリフォルニア州セバストポールへの攻撃を聞く。

8日、松平宮相に、明治天皇は夏期に転地なかりしことにふれ、目下戦時中につき転地の意思はなく、むしろ海軍が今後米軍との本格的な戦闘を控えているため、連合艦隊へ赴き激励したき旨を述べる。松平宮相が、明治時代との東京の環境の相違、ならびに陸海軍への行幸は別途考慮すべきことを述べ、天皇は日光行幸を受け入れる。

9日、閑院宮春仁が軍務を理由に翌10日の皇族会議を欠席すると申し出た件につき、天皇は出席すべき旨を松平宮相に述べる。

南方鹵獲の煉乳下賜

7月10日、杉山参謀総長より、対印度施策、東京初空襲における米航空機搭乗員の取り扱いの件などを聞く。

東条陸相より献上された南方鹵獲の煉乳9万6千缶のうち5万缶を陸海軍の病院入所者へ、1万4千缶を軍事保護院所属各療養所入所者へ、3万1800缶を乳児院・育児院・虚弱児母子保護施設・産院・結核療養所入所者へ、それぞれ下賜。

＊陸軍特別空地協同演習計画　7月21日、栃木県宇都宮の陸軍飛行場で行われる空中と地上で展開される陸軍特別演習。天皇行幸のもと、山田乙三教育総監が先導し、落下傘部隊と地上部隊の攻防演習を実施した。

＊ワルダ会談　インド西部のワルダにて行われたガンジーと国民会議派ネールの会談。イギリスは両者の対立を煽ったが、ネールはガンジーの対英強硬要求を無条件に支持した。ワルダはガンジーの活動の根拠地。

11日、フィリピン戦線より帰還の北野憲造《きたのけんぞう》第4師団長より、バターン半島およびコレヒドール島攻略作戦につき45分にわたり聞く。

13日、第11連合航空隊（霞ヶ浦海軍航空隊および土浦海軍航空隊）へ行幸。飛行予科練生約3千名による飛行機整備・手旗信号などを見る。

周仏海に謝意

7月15日、来朝の周仏海《しゅうふつかい》中華民国国民政府財政部部長に、「主席汪精衛《おうせいえい》を輔佐して日華両国提携のため努力したこと」に謝意を示し、「今後とも一層の努力を望む」旨を述べる。

16日、皇后・貴子内親王と日光行幸。29日まで散策・乗馬・植物採集などで過ごす。

17日、山田乙三教育総監より、*陸軍特別空地《くうち》協同演習計画の要綱を聞く（翌18日と来る21日に陸軍特別空地協同演習を見るため宇都宮飛行場へ行幸）。

20日、杉山参謀総長より、独および北アフリカの戦況、印度国民会議派により開催の*ワルダ会談とその観察を聞く。

21日、*宇都宮飛行場行幸。

25日、鈴木貞一企画院総裁より、約1時間にわたり大東亜建設調査会決議の件を聞く。東条首相兼陸相より*「対独回答に関する件」を聞く。

27日、東郷外相より、日本の対ソ攻勢に関する独外相からの申し入れを拒絶する旨

＊宇都宮飛行場行幸
日光駅より宇都宮駅へ。飛行場で三笠宮、朝香宮鳩彦・孚彦、東久邇宮稔彦・盛厚、竹田宮恒徳、李鍝らと対面。落下傘部隊約400名の降下など見る。この日の降下演習で殉職者1名、負傷者2名あり、祭粢料・御紋菓など下賜。

＊対独回答に関する件
去る20日、大島浩駐独大使より、独ソ戦の推移に伴う日本の対ソ攻勢を促す独外相の申し入れの来電があり、大本営政府連絡会議は、北方に対しては既定方針を堅持し、万全の準備を整えつつ、極力対ソ戦の惹起を防止することなどを決定した。

を聞く。永野軍令部総長より、海軍兵力量につき聞く。嶋田海相より、損傷・擱坐《かくざ》・沈没の船舶の処理状況、イソオクタンの生産、航空母艦増勢実行計画につき聞く。

28日、杉山参謀総長より、独ソおよび北アフリカ戦況、東部ニューギニア作戦、チモール島の現状などを聞く。比島の平定、ビルマの戦況などを問う。

29日、宮城へ還幸。永野軍令部総長より、東部ニューギニア作戦につき聞く。東条首相より行政簡素化*の経過を聞く。岸信介商工相より経済統制につき聞く。

第1次ソロモン海戦

8月1日、再び日光田母沢《にっこうたもざわ》御用邸に避暑。栃木県より献上の鯉を池に放つ。

6日、杉山参謀総長より、独ソおよび北アフリカ戦況など聞く。ニューギニア方面への上陸のため海軍飛行機の協力のみならず陸軍機を投入する必要を問う。また、ソ連が敗戦しても蒋介石《しょうかいせき》は降伏しないと考える旨を述べる。

7日、皇后・3内親王とともに、落下傘部隊訓練の実写映画『空の神兵』を見る。

9日、大本営は、日本海軍部隊が8月7日以来ソロモン群島方面に出現の米英連合艦隊を攻撃し、ならびに輸送船団に壊滅的損害を与え、なお攻撃を続行中であること、本海戦をソロモン海戦と称することを発表。

ガダルカナル・ツラギ奪回作戦

8月10日、東条首相より、行政簡素化、官吏待遇改善を聞く。東条に、先般侍従を

＊行政簡素化　6月16日の閣議決定で、行政各庁の人員を整理して、その余剰を「大東亜全般に亘って活躍する人士の充実」に配置することとなった。

＊ツラギ島　ソロモン諸島内のフロリダ島の南の島。5月3日に日本軍が占領、8月7日に米国軍が上陸し占領。

＊一木支隊の隷属転移、青葉支隊の指揮転移　日本陸軍は、ラバウルの第17軍にガダルカナル奪還を命じたが、第

全国各地に派遣した際、国民が戦争下時局の重大性を認識して各々その職域において精励しつつある実情を知り、満足に思うこと、今後ともさらに一層努力すべき旨を述べる（翌11日、東条は首相謹話として天皇の言葉を発表）。

永野軍令部総長より、*ツラギ島への敵襲および日本軍の反撃による成果を聞く。杉山参謀総長より、独ソ戦況、ソロモン群島方面の情勢変化に伴う*一木支隊の隷属転移、青葉支隊の指揮転移などを聞く。

去る7日、米軍がガダルカナル島・ツラギ島に上陸したため、陸海軍統帥部は直ちに両島の奪回を決意する。

12日、宮城へ還幸。13日、奥プールにて本年初めての水泳。

13日、両総長より*ソロモン方面（ガダルカナル島・ツラギ島）奪回作戦を聞く。

野村吉三郎に対米交渉の経過の大要を聞く

8月14日、満州国皇帝*貴妃の薨去を聞く。フィリピンより凱旋の本間《ほんま》雅晴《まさはる》前第14軍司令官より軍状を聞き、「卿の勲績と将兵の忠烈とを惟《おも》ひ深く之を嘉《よみ》す」との勅語。

15日、湯沢内相より、侍従差遣の国民に与えた感激・影響などを聞く。杉山参謀総長より、南方軍・第14軍の衛生状況、独ソ戦況、ボンベイ会談をめぐる印度情勢とこれに伴う日本の対印度宣伝につき聞く。

21日、昨20日に日米交換船にて帰朝の野村吉三郎《のむらきちさぶろう》米国駐劄特命全権大使より、1時

17軍はニューギニア戦線にあったため、グアム島に待機していた一木清直大佐率いる一木支隊、フィリピンの那須弓雄少将率いる青葉支隊などを投入することとした。

＊ソロモン方面奪回作戦　杉山参謀総長より第17軍司令官に、東部ニューギニア方面の作戦を遂行するとともに、海軍と協力してソロモン群島の要地を奪回すべき旨の大陸命が伝えられる。翌14日、大本営はソロモン海戦の総合成果を発表。

＊貴妃　溥儀の側室である譚玉齢。22歳で早世。

間30分にわたり対米交渉の経過の大要など聞く。天皇は交渉の状況を問い、野村と同じ帰朝の来栖《くるす》三郎《さぶろう》米国出張特命全権大使より返答を受ける。

第2次ソロモン海戦

8月24日、蓮沼蕃《はすぬましげる》武官長にソロモン群島への米軍補強の情報、重油の備蓄量を問う。

25日、木戸内大臣を召し、ソロモン海戦の情報につき種々話をする。夕刻、両総長より、アリューシャン作戦、北海支隊の指揮転移命令を聞く。

26日、鈴木貞一企画院総裁より、南方経済対策を聞く。

27日、午前、皇太子参内、天皇皇后と昼餐の後、漫画映画を見る。

午後4時、大本営は、帝国陸海軍が8月24日に米増援部隊をソロモン群島東方洋上に捕捉、航空部隊をもって急襲し大損害を与え、同方面より撃攘《げきじょう》したこと、本海戦を第2次ソロモン海戦と称することを発表。夕刻、小泉親彦《こいずみちかひこ》厚相より結核対策を聞き、万難を排して実施することを望む。岩村通世《いわむらみちよ》司法相より、血盟団事件*、5・15事件、2・26事件の被告を復権せしめる件を聞き、「国家のためと称して法を犯した者を称賛する如き結果にならないよう」訓誡する。

一木支隊の全滅

8月28日、杉山参謀総長より、独ソ戦の戦況ならびにガダルカナル島における一木支隊第1梯団の全滅を聞く。木戸内大臣を召し、ソロモン海戦の情報を話す。夕刻、

＊**血盟団事件**　一人一殺を唱えて1932年に井上準之助や団琢磨を暗殺した事件。日蓮宗僧侶で中心人物の井上日召らは無期懲役となったが、40年に恩赦で出獄した。

永野軍令部総長より、一木支隊第2梯団・川口支隊のガダルカナル島上陸の予定、ソロモン群島周辺の米艦隊の動向、ニューギニア東端のラビ方面における上陸部隊の苦戦につき聞く。

29日、夕刻、永野軍令部総長より、昨28日夕刻、第20駆逐隊（川口支隊搭乗）がガダルカナル島への進撃中に敵の空襲を受け、駆逐艦「朝霧」が沈没した旨を聞く。杉山参謀総長より、陸海軍ともにソロモン方面奪回作戦を第一義とし、東部ニューギニア方面についてはラビ飛行場の速やかな占領に努めるに止め、陸路によるポートモレスビー攻略は進撃準備を十分に整えたのちに実施することなどを聞く。

30日、城英一郎武官より、第24駆逐隊・第11駆逐隊のガダルカナル島タイボ岬への上陸成功を聞く。

31日、東条に、血盟団事件、5・15事件、2・26事件その他の犯人中、復権恩赦奏請の理由については、将来世の誤解の種になるため、これに対する手段を講じるべきことを訓諭する。11時45分、「*頭山秀三《とおやまひでぞう》恩赦の件」ほか6件を裁可。橋田邦彦文相より、*中高等教育の学制年限短縮を聞く。夕刻、永野軍令部総長より、昨夜ガダルカナル島タイボ岬上陸に成功したことを聞く。

大東亜省設置と内閣総辞職問題

9月1日、木戸内大臣より、*大東亜省の新設問題をめぐる東条首相と東郷外相との

＊頭山秀三　国家主義団体玄洋社の総帥頭山満の3男。5・15事件に関与し、禁錮3年の刑を受けた。

＊中高等教育の学制年限短縮　国防上、労務動員上の理由から修業年限の短縮が求められ、1943年には高等学校高等科を3年から2年、中等学校を5年から4年と、短縮した。

＊大東亜相　内地・朝鮮・台湾および樺太を除く大東亜地域の政務などを管理し、関東局および南洋庁に関する事務を統理する。

深刻な対立*のため閣内不統一による総辞職の恐れを聞く。

天皇は木戸に、内外の情勢、戦争の現段階に鑑み、内閣総辞職は避けたき旨を述べる。木戸は嶋田海相の斡旋《あっせん》を提案。嶋田海相は、大東亜省設置の必要、総辞職回避のため外相の辞職已むなしとする。東郷外相の辞任決意にて、総辞職を免れる。

3日、松平宮相より、成子内親王の結婚の件、物価騰貴その他の経済事情に対応して皇族へ臨時に時局特別賜金を贈る件などを聞く。

東条陸相・杉山参謀総長より、対支作戦（四川作戦*）準備を聞く。

5日、永野軍令部総長より、東部ニューギニアのラビ方面の特別陸戦隊の苦戦、ソロモン群島方面の陸兵揚陸作戦の進捗状況など聞く。

7日、木戸内大臣を召し、重慶作戦につき話す。

ガダルカナル島確保の見通しを問う

9月9日、木戸内大臣を召し、ソロモン群島・ガダルカナル島への攻撃につき話す。

鈴木企画院総裁より、本年度第1四半期生産状況、米国の生産推定状況を聞く。嶋田海相より、第110号艦*の改装要領、液体燃料の需給につき聞く。

10日、ラバウル方面より帰還の田辺《たなべ》盛武《もりたけ》参謀次長、竹田宮恒徳《つねよし》大本営参謀と対面。

14日、東条首相より、黄河改修案などを聞く。

15日、杉山参謀総長に、ガダルカナル島確保の見通しを問う。杉山は、弾薬と食糧

＊対立　東郷外相は、大東亜省を内政的機関とみなし、独立国の自尊心を傷つけ、東亜諸国および占領地の人心を離反せしめ、印度方面にも悪影響を及ぼす恐れがあるなどとの理由で反対した。

＊四川作戦　天皇は、米軍増兵中の南方より日本兵力を抽出することの可否を問い、杉山はすでに研究している旨を答える。

＊第110号艦　大和型戦艦３番艦の「信濃」。戦艦から航空母艦に設計変更した。

さえあれば絶対に確保できると答える。

16日、天皇、木戸内大臣にガダルカナル島への攻撃不成功につき話す。

顕忠府を増築

９月18日、外地（朝鮮・台湾・樺太）にて国費による療養中に死去した傷痍《しょうい》軍人に、内地と同様、天皇皇后より御歌・菓子を下賜することを定める。

21日、木戸内大臣に、沼津滞在中の皇太后に最近の米国の反攻態勢、今後の見通しなどを述べることにつき問う（23日、木戸は天皇に、最近の米国の反攻態勢などを皇太后に述べることは、暫時時期を見て実行すると答える）。

23日、東条首相に、中華民国国民政府の参戦が全面和平に及ぼす影響につき問う。大東亜戦争に出征し、戦死または戦傷死を遂げた陸海軍将官（名誉進級は除く）に対し、爾後葬送に際し特に勅使を喪家に差遣し幣帛《へいはく》を下賜することを定める。

この日、顕忠府*を増築し、従来の満州事変などの関係品に加え、支那事変の関係品を収納する御府とすることとなる。

24日、スズムシ・マツムシを庭に放ち、夜は御文庫ベランダにて月見。

25日、谷正之外相より、大東亜戦争開始以来の大本営政府連絡会議における決定方策の実施経過につき、総括的報告を受ける。

26日、稲を刈る。永野軍令部総長より、ソロモン群島方面の戦況を聞く。

＊**顕忠府**　御府の一つ。満州事変以後の戦利品・記念品、戦没者の名簿などを納めた。

27日、日独伊三国同盟締結2周年につき、独国宰相ヒトラー・伊国皇帝エマヌエーレ3世とそれぞれ祝電を交換。

28日、大本営（東一ノ間）にて、*山田清一《やまだせいいち》南方軍燃料廠長より南方燃料廠の現況を聞く。午後、永野軍令部総長より、ガダルカナル島の戦況を聞く。

29日、嶋田海相より、航空関係の戦闘による損耗および充実の状況などを聞く。

30日、夜、第2期庁舎にて就寝。御文庫への移動を希望するが、同所地下の多湿状態が幼少の貴子内親王に健康上の影響を与えるとして、使用を取り止める。

ドーリットル空襲米軍兵士の判決

10月3日、東条首相代理の木戸内大臣より、帝都空襲の米国人捕虜*に対する処分の経緯を聞く。

10日、永野軍令部総長より、ガダルカナル島における輸送および空襲の成果を聞く。中華民国国祭日につき、汪精衛同国国民政府主席へ祝電。

ガダルカナル島の攻防

10月13日、天皇より、米軍捕虜8名のうち操縦士2名と銃手1名を死刑、そのほか5名は「特別の思召し」にて死1等を減じて無期監禁とし、なるべく15日ごろに刑を執行する希望があり、杉山はこれを支那派遣軍司令官に伝える。

15日、永野軍令部総長より、昨14日夜の重巡洋艦「鳥海」、同「衣笠」によるガダ

＊**山田清一**　陸軍中将。南方燃料本部長。のち第5師団長として、インドネシアの守備を担当した。

＊**米国人捕虜**　8月28日、上海における第13軍軍事裁判所は、帝都空襲後捕らえられた8名の米軍人に対し、人道に反する行為を犯した罪で死刑判決を下す。

ルカナル島飛行場に対する砲撃、および同飛行場への空襲の成果を聞く。この日、ドーリットル空襲米軍兵士の刑の執行。

16日、*靖国神社臨時大祭に行幸。永野軍令部総長より、ガダルカナル島東南海上において航空機により敵軽巡洋艦を撃沈したことにつき聞く。

17日、*神嘗祭《かんなめさい》、神嘉殿《しんかでん》南庇にて神宮を遙拝。夕刻、永野軍令部総長より、昨夜のガダルカナル島南方における機動部隊による敵艦への攻撃成果、敵主力艦の同島南島海上への出現などにつき聞く。

前田利為の戦死

10月18日、皇太子・正仁親王・3内親王参殿、漫画映画『桃太郎の海鷲』を見る。

19日、大本営陸軍報道部長、本土を空襲し捕らえられた米国機搭乗者のうち、取り調べの結果、人道を無視した者は軍律に照らして厳重に処分された旨の談話を発表。

20日、杉山参謀総長より、一般部隊のアリューシャン列島への派遣命令を聞く。

22日、夜、御文庫ベランダにて皇后と月見。

24日、杉山参謀総長より、独ソ戦況、北海守備隊の戦闘序列・任務につき聞く。永野軍令部総長より、昨23日実施予定のガダルカナル島総攻撃の1日延期、昨23日の同島への空襲および敵機との交戦、ソロモン群島南島海域の敵艦隊の動向などを聞く。

25日、城英一郎武官より、昨24日夜開始のガダルカナル島総攻撃の戦況を聞く。

＊靖国神社臨時大祭 一昨14日に、満州事変ならびに支那事変死去の軍人・軍属のうち合祀未済者1万5021名を合祀するための招魂祭。

＊神嘗祭 今回は御告文中に征戦の辞別(特に言葉を改めて言うこと)を加える。また時局に対する軫念により、特に皇霊殿・神殿にて拝礼。

26日、東条首相兼陸相より、＊前田利為《まえだとしなり》前ボルネオ守備軍司令官の死亡確認を聞く。

南太平洋海戦、「倍々奮励努力せよ」

10月27日、永野軍令部総長より、ソロモン群島方面の＊総合戦果を聞く。

28日、杉山参謀総長より、北アフリカの戦況を聞く。蓮沼蕃《はすぬましげる》武官長より、今次海戦に関する連合艦隊司令長官への勅語下賜の件を尋ねられ、ソロモン群島方面の作戦目的達成に一段と努力すべき趣旨を入れて勅語を起草するよう述べる。

29日、両総長より、国防方針および所要兵力の改定延期を聞く。永野軍令部総長を召し、南太平洋海戦の戦果につき、「同方面の戦局は尚多端なるものあり汝等倍々奮闘努力せよ」とした連合艦隊司令長官への勅語を下す。永野に、今次海戦において海軍は戦果を挙げたが、未だ米艦隊多数残存し、またガダルカナル島を未だ奪回し得ないため、一層奮励すべきことを勅語の後段に含ませたと述べる。

大東亜省の発足

11月1日、青木一男国務相を大東亜相に任ずる。明治神宮外苑競技場における厚生省主催の第13回明治神宮国民錬成大会に皇后と臨席。

3日、城武官に、昨2日夜のガダルカナル島への増援部隊の輸送状況を問う。城より、成功した旨を聞く。明治節につき、明治天皇の側近奉仕者の元侍従らから、「明治天皇を偲《しの》び奉りて」と題する談話を聞く。明治天皇が側近より勧められても避暑・

＊前田利為　陸軍中将・侯爵。9月5日、ボルネオ島沖合にて搭乗飛行機が墜落し、行方不明であった。

＊総合戦果　大本営は、昨26日黎明より夜間にわたり、サンタクルーズ諸島北方洋上にて敵有力艦隊と交戦し、航空母艦4隻、戦艦1隻、艦型未詳1隻を撃沈したこと、本海戦を「南太平洋海戦」と称すると発表。また併せて第2次ソロモン海戦より本海戦直前までの帝国海軍部隊の戦果が発表された。

避寒をしなかった理由を問う。

5日、永野軍令部総長より、南太平洋海戦の戦果、ガダルカナル島方面の敵艦隊輸送状況などを聞く。東条首相にソロモン方面の作戦につき問う。東条は、陸海軍にて緊密な協力によって敵の撃破・奪取を期し、死闘を続けつつある旨を答える。

7日、杉山参謀総長より、南太平洋作戦に伴う第1段階措置*につき聞く。

米軍の仏領北アフリカ進駐

11月9日、鈴木企画院総裁より、第Ⅱ四半期の物資動員成績を聞く。杉山参謀総長より、米軍の仏領北アフリカ進駐を聞く。

10日、木戸内大臣を召し、米英軍の北アフリカ上陸および将来の見通しなどを話す。

第3次ソロモン海戦

11月13日、木戸内大臣を召し、ガダルカナル島の夜戦の情況を話す。永野軍令部総長より、昨夜から本日午後までのガダルカナル島付近における戦況を聞く。

14日、大本営（東一ノ間）にて、服部卓四郎《はっとりたくしろう》参謀本部第2課長より25分にわたり、ソロモン群島方面の戦況ならびに施策を聞く。杉山参謀総長より欧州新情勢を聞く。夕刻、永野軍令部総長より、昨日のソロモン海における夜戦の戦果を聞く。城武官に損傷艦のその後の情況を問う。夜、城武官より、損傷艦への処置情況、本日再度の夜戦が予期されること、昨夜の総合戦果につき聞く。

*第1段階措置　要領は、米軍の反撃が最も強大なソロモン群島および東部ニューギニアの全域を確保するため、新たに第8方面軍・第18軍を新設するとともに、両軍への兵力増強を図る点にあった。

16日、木戸内大臣を召し、ソロモン群島の戦況を話す。

17日、戦地より帰還の南雲忠一《なぐもちゅういち》*前第３艦隊司令長官より、軍状を聞く。

18日、杉山参謀総長より、南太平洋（ソロモン群島およびニューギニア）方面における今後の作戦につき、また永野軍令部総長より、ソロモン群島方面作戦遂行上の補給ならびに航空作戦などにつき聞く。

帰還将官の陪食

11月20日、午前10時、戦地より帰還の古賀嶺一前支那方面艦隊司令長官に対面、「支那に於ける敵国権益を処理すると共に奮戦以て速《すみやか》に香港を攻略し且《かつ》在支米英両国の兵力を掃滅して皇軍の威武を中外に宣揚せり朕《ちん》今親しく卿の復命を聴き其の勲績と将兵の忠烈とを惟ひ深く之を嘉す」との勅語を下す。

午後３時30分、大本営は11月12日より14日までのガダルカナル島付近における海戦の総合戦果・損害、および同海戦を「第３次ソロモン海戦」と称する旨を発表。

22日、御格子後、警戒警報発令につき第２期庁舎へ避難する。

23日、警戒警報発令の中、神嘉殿にて新嘗祭《にいなめさい》夕《よい》の儀、暁《あかつき》の儀を行う。

26日、杉山参謀総長より、重慶軍の動向、欧州戦況を聞く。

大東亜戦争記録絵画を見る

11月27日、永野軍令部総長より、第３次ソロモン海戦の14日夜戦における敵戦艦２

＊南雲忠一　海軍中将。１９４１年に第１航空艦隊司令長官となり、真珠湾奇襲を指揮、以後もミッドウエー海戦まで出撃する。のち中部太平洋方面艦隊司令長官としてサイパン島で自決、大将となる。

隻の撃沈につき、詳細を聞く。午後6時45分、大本営は第3次ソロモン海戦の追加戦果を発表する。側近奉仕者定例夕餐相伴後、映画『ハワイ・マレー沖海戦』を見る。

29日、海相・陸相の願いにより、豊明殿などで、宮本三郎『山下・パーシバル両司令官会見図』、藤田嗣治『十二月八日の真珠湾』ほか大東亜戦争記録絵画を見る。

ルンガ沖海戦

12月1日、木戸内大臣に、本月予定の神宮参拝に際しては、「昨年十二月八日已《や》むを得ず干戈《かんか》を執り、米英両国に対して宣戦したこと、開戦以来の戦果につき御礼を申し上げること、一億国民を率いて内に国力の充実を図り、外に威武の発揚を努め、以て国難克服に邁進すべきこと、速やかに最後の勝利を収め、東亜の天地が安定し、延いては世界の平和が回復し、以て皇国国運のいよいよ隆昌ならんことを祈り奉る」旨を御告文に挿入するよう内意を示す。

3日、午後5時15分、大本営は帝国水雷部隊が11月30日夜間にルンガ*沖の敵有力部隊を強襲し、戦艦1隻、駆逐艦2隻を撃沈、巡洋艦1隻を轟沈、駆逐艦2隻に火災を発生せしめたこと、また本夜戦を「ルンガ沖海戦」と称することを発表する。

山県支隊の行動を聞く

12月7日、梅津《うめづ》美治《よしじ》郎《ろう》関東軍総司令官に対面、「大東亜戦争勃発以来関東軍が艱難《かんなん》を忍び克《よ》く満州防衛の任を尽して居ることは満足に思ふ」との勅語を下す。

＊ルンガ沖　ガダルカナル島北部のルンガ岬の沖。ルンガ岬近くに日本軍設営のルンガ飛行場があったが、アメリカ軍占領後にヘンダーソン飛行場と改名される。

夕刻、永野軍令部総長より、大東亜戦争1か年の戦果・損害、兵力配備の現状などを聞く。蓮沼武官長を召し、ニューギニア島ブナ方面の戦況、特に山県支隊*の上陸後の行動を問う。

「欧州訪問時が自身の最も良い時期なり」

12月11日、神宮参拝のため京都・三重県行幸、今回は特に東条首相に供奉《ぐぶ》を命ずる。夕餐の前後2回、常侍官候所にて小倉・戸田侍従、尾形健一武官に、過去の歴史、満州事変後の政治情勢、戦争などの感想を漏らす。このとき、「日露戦争・満州事変・支那事変を引き合いに出され、戦争を如何なる段階にて終結するかが重要であること」を繰り返し述べる。また「ソ連邦への恐怖及び支那の屈服困難との点から支那事変を希望せざりしも、陸軍の強硬意見によって何も言えざりし旨」を漏らし、「対米英開戦前の不安な心境」「欧州訪問時が自身の最も良い時期」の旨を述懐。

日独伊協定締結1周年につき、ドイツ宰相ヒトラー、イタリア皇帝エマヌエーレ3世と祝電を交換。

12日、陸軍軍装にて神宮参拝*。

14日、松平宮相を召し、行幸の際の飛行機の利用につき会話。御料馬「白雪」から「初雪*」に代わる。

15日、銃後における産業奨励のため、大林組社長はじめ産業従事者361名と対面。

＊**山県支隊**　山県栗花生（つゆお）が率いた部隊で、東部ニューギニアの諸作戦に参加。7月21日、日本軍がブナに上陸するも作戦は失敗、ラバウルから増援を輸送することにしたが、制空権がないため山県支隊などを増派することでしのいだ。

＊**神宮参拝**　のち昭和21年に天皇は、このときの御告文で「戦勝よりも速やかな平和の到来を祈念した」と回想。

＊**初雪**　下総御料牧場で生まれた国産アングロアラブ種。体高は1メートル55センチ、蘆毛。国産蘆毛への乗馬は「初雪」が嚆矢。

「大東亜戦争完遂の為の対支処理根本方針」

12月17日、陸軍士官学校卒業式行幸。御料馬「初雪」にはじめて乗馬して閲兵。

青木一男大東亜相より汪精衛（中華民国国民政府主席兼行政院院長）の来朝に関し、同政府の参戦問題研究の進展、ならびに大東亜戦争完遂のための対支処理根本方針を近日中に大本営政府連絡会議で決定すべき件を聞く。

21日、御前会議*。正午、御前会議決定を裁可。国民政府の参戦をもって日支両国間局面打開の一転機とし、重慶に対する和平工作は当面一切行わないこととする。

26日、第81回帝国議会開院式。今回は防空上、行幸は秘扱いとし、当日の新聞・官報に掲載発表。

28日、風邪回復。午後、杉山参謀総長より、欧州の戦況、米国陸軍の現状、重慶側の最近の動向、ソ連東部方面の軍情などを聞く。その際、杉山より、ガダルカナル島方面の戦況の悪化、同島保持の可否につき、海軍と協議中の旨を聞く。

ガダルカナル島奪回作戦の中止

12月31日、東一ノ間の大本営会議*に臨席。鳳凰の間にて節折《よおり》の儀、神嘉殿前庭にて大祓の儀。

＊御前会議　通常は東一ノ間の会場を風邪のため学問所に変更。

＊大本営会議　南太平洋方面今後の作戦に対する見通しならびに爾後の方針などの研究が行われ、ガダルカナル島奪回作戦の中止と同島部隊の撤収、ニュージョージア島およびイザベル島以北のソロモン群島の確保、ニューギニア方面における作戦根拠の増強などの方針が結論とされる。

東条の独裁と失脚（1943）

中華民国国民政府の参戦

1943年1月1日、四方拝、歳旦祭、晴御前。御祝御膳には野戦兵食が供される。ドイツほかと新年祝電を交換。ローマ法王ピウス12世就任25周年の祝電を発す。

4日、政始*。東条英機《とうじょうひでき》首相より、中華民国国民政府の参戦問題などを聞く。両総長より南太平洋方面における新作戦方針を裁可。ここにガダルカナル島からの全部隊の撤収が図られる。

7日、谷正之《たにまさゆき》外相より、米国の対支新政策に対抗するため中華民国国民政府の対英米宣戦を1月9日に繰り上げ、同政府に対する治外法権撤廃、租界還付の報告を聞く。

8日、代々木練兵場にて陸軍始観兵式に臨む。

葉山転地などは時局柄不可能につき、天皇皇后は次善の策としてこの日より当分の間、宮殿にて政務終了後は造営工事完了の御文庫にて起居。剣璽《けんじ》も御文庫に移す。

9日、生物学研究所。本年も土曜日を研究日とする。

10日、支那派遣軍参謀として出征の三笠宮と対面、「対支新方針の実行が重要である旨」を述べる。

＊**政始**　東条首相より昭和17年の神宮および各庁のこと、松平宮相より皇室のことを聞く。

風邪の東条首相へ見舞い

1月11日、侍従武官を全国の陸海軍作業庁はじめ軍管理工場・軍監督工場へ差遣。

14日、東条首相より、ビルマ独立施策の件などを聞く。

15日、軍艦「大和」に乗艦して出征の*久邇宮徳彦《くにのみやのりひこ》と対面。風邪の東条首相に、天皇皇后よりスープ・アイスクリーム・シャーベットを下賜。

21日、谷外相より、チリ国が日独伊三国に断交を宣言した事情を聞く。

22日、皇后と鳳凰ノ間にて講書始*。

25日、永野軍令部総長がニュージョージア島ムンダ基地の放棄を容認する如く発言したことを懸念し、蓮沼武官長に確認する（のち27日、永野は蓮沼を訪ね、海軍としてはムンダより撤退する考えは全くなき旨を申し入れる）。

26日、高松宮・三笠宮両夫妻参殿、天皇皇后と映画『体力は国のちから』を見る。

28日、鳳凰ノ間にて歌会始*。中華民国江西省九江《きゅうこう》にて敵飛行機の空襲で邦人の死者発生につき、救恤金を下賜。

30日、杉山参謀総長より、ガダルカナル島撤収作戦の予定、インド・ビルマ国境方面の戦況を聞く。病気の東条首相に代わり、杉山参謀総長より、対仏措置、中華民国国民政府の国旗の件を聞く。両総長より、広州湾仏国租借地への進駐の件を聞く。

この日、支那派遣軍総司令官に対し、海軍と協同して雷州半島*の要地を占領すると

＊久邇宮徳彦　久邇宮多嘉の3男。1943年に臣籍降下して龍田伯爵となる。戦後、旧梨本宮家の養子となった。

＊講書始　国書は和辻哲郎「心敬の連歌論に就て」、漢書は西晋一郎「論語顔淵篇子貢問政の章」、洋書は本多光太郎「特殊鋼に就て」。

＊歌会始　皇后・皇太后は欠席。皇族以下の詠進歌は4万2797首。

＊雷州半島　中国大陸から海南島に突き出た半島。中国3大半島のひとつで、東側は雷州湾、西側はトンキン湾。

ともに、広州湾仏国租借地に進駐すべき旨の大陸命が伝えられる。

ガダルカナル島撤収作戦

2月1日、大本営、1月29日より2月1日までのソロモン群島レンネル島沖における海軍航空部隊の戦果、ならびに本海戦をレンネル島沖海戦と称する旨を発表。

2日、木戸内大臣に、昨日開始のガダルカナル島第1次撤収作戦成功の旨を伝える。

4日、杉山参謀総長より、先月開催の英米首脳のカサブランカ会談*、本月1日開催の英土会談*の件を聞く。林銑十郎《はやしせんじゅうろう》元首相死去につき、天皇皇后より料理200人前など下賜。ガダルカナル島第2次撤収作戦実施。

5日、日蝕を観察。坪島武官より、南京国民政府と重慶軍との識別の件を聞く。

6日、尾形健一武官より、スターリングラード市における独軍殲滅《せんめつ》につき聞く。

8日、木戸内大臣に、昨7日実施のガダルカナル島第3次撤収作戦の成功を話す。

9日、午後7時、大本営は、帝国陸海軍部隊がニューギニア島・ソロモン群島の各要線に戦略的根拠を設定し新作戦の基礎を確立したこと、ために一部部隊が転進したことなどを発表。

天皇、「男の花道」を2度見る

2月12日、東条首相兼陸相より、独ソ線の見通しなどを聞く。時局に鑑み、木造船建造奨励のため帆柱用材10本を帝室林野局長官を介して逓信相に下賜。

＊カサブランカ会談　1月14日から23日にかけてモロッコのカサブランカで開かれた連合国の首脳会談。枢軸国に対する無条件降伏要求など確認した。

＊英土会談　イギリスのチャーチル首相が中立国トルコのイノニュ大統領に参戦を要求。しかし、トルコは中立政策を継続、実際の対日宣戦布告は1945年2月23日。

17日、嶋田海相より約1時間30分にわたり、船舶建造状況・建造量増強策を聞く。

20日、東条首相兼陸相より、出征中の三笠宮の支那視察に関する話を聞く。土曜定例の側近相伴後、一同と映画『男の花道』*を見る。

21日、日仏共同防衛の現地協定で、支那派遣軍の一部が広州湾仏国租界地に進駐。

22日、永野軍令部総長に対し、オーストラリア東岸にて伊号第21潜水艦の挙げた戦果を嘉賞する。夕刻、杉山参謀総長より、独ソ戦・北アフリカ戦況を聞く。

23日、東条首相兼陸相より、昨日の陪食に無断欠席した*佐藤賢了《さとうけんりょう》軍務局長の処罰を聞く。田辺参謀次長が南方より持ち帰りの現地自活物資を山縣有光武官の説明で見る。

サツマイモを焼く

2月24日、蓮沼蕃《はすぬましげる》武官長に、航空兵力の積極的運用が可能となる時機を問う。蓮沼は城武官を軍令部・航空本部に向かわせ、航空増強対策の調査結果を答える。

28日、皇太子参殿、昼餐、側近奉仕者は前庭の茣蓙《ござ》で相伴。芝生で皇后が沼津よりとりよせたサツマイモを焼き、一同に供する。

ラエ輸送作戦の失敗

3月1日、満州国皇帝溥儀《ふぎ》に支那事変従軍記章を贈る。ブルガリア国の日独伊三国条約加入2周年に際し、同国皇帝ボリス3世より親電。

3日、木戸内大臣を召し、在ソフィア公使山路章*より電報に関し、英独和平の風

*『男の花道』 東宝映画。主演の長谷川一夫と古川緑波による、名優と「医は仁術」を貫く眼科医の時代劇。天皇は22日にも側近高等官・女官と見る。

佐藤賢了 陸軍少将（のち中将）。1938年に衆議院の国家総動員法委員会にて、委員の批判を一喝した「黙れ事件」で知られる。41年に軍務局軍務課長、翌年、軍務局長となり、東条英機首相側近として奮迅した。

山路章 外交官。ドイツ語を専門とし、ウィーン総領事、ブルガリア公使などを歴任。

聞を話す。尾形健一武官より、ニューギニアのラエ方面へ第51師団主力を輸送中、敵機の攻撃により甚大な損害を受けた旨を聞き、今後の対策を問う。

4日、杉山参謀総長に、昨日の第51師団のラエ輸送作戦失敗に関し、今後の教訓とすべきことを種々話す。東条首相兼陸相より、ビルマのバー・モウ*らを日本に招致する件などを聞く。

5日、3日以後不例の皇后、ジフテリアと診断される。

13日、青木一男大東亜相より、中華民国における日本専管租界*の返還の件を聞く。夕餐後、映画『工兵魂』『大建設鴨緑江《おうりよくこう》ダム』を見る。途中映写機故障。

16日、井《い》野《の》碩哉《ひろや》農林相より、米穀供出状況、小麦作況ほか一般食糧事情を聞く。東条首相兼陸相より、中支出張*の報告を聞く。

ヒトラー神経疲労の短波放送

3月17日、木戸内大臣を召し、佐藤尚武駐ソ大使よりの電報に関し、独ソ和平の情報があることとの談話。

18日、百武三郎《ひやくたけさぶろう》侍従長より、独国宰相ヒトラーの神経疲労を報じる短波放送につき聞く。「その責任の重大さに鑑み、事実なるやもしれずとの同情的御言葉を漏らさる」。

昨年12月2日ビルマにて敵空襲により邦人死者発生につき、天皇皇后より救恤金下賜。

23日、鳳凰ノ間にて、来朝のビルマ行政府長官バー・モウ、防衛軍司令官アウンサ*ン

＊バー・モウ　ビルマの独立運動家。43年に日本軍の支援を受けてビルマ独立を宣言して連合国に宣戦布告、東京での大東亜会議に招致された。

＊日本専管租界　数か国が管理する共同租界に対して、日本が単独で管理した租界。

＊中支出張　去る12日出発、南京で三笠宮・汪精衛国民政府主席と面会し本日午前に帰京。

＊アウンサン　ビルマの独立運動家。バー・モウを首相とするビルマ国の国防相。のち、日本軍に懐疑的となり、暗殺される。死後も「ビ

ンらに対面。これに先立ち、バー・モウに勲一等旭日大綬章を、アウンサンらにも勲章を贈与。

「戦争の前途の見通しは決して明るいものではない」

３月24日、永野軍令部総長より、南東方面における今後の作戦につき聞く。谷外相より日ソ漁業協定の第８回効力延長の議定書調印を聞く。

26日、第81回帝国議会開院式。式後、東条首相に対し、多数の法律が公布され国民に過重の負担をかけることなきよう慎重に取り計らうべき旨を述べる。

27日、青木大東亜相より、厦《ア》門《モイ》鼓《コ》浪嶼《ロンス》共同租界回収実施の調印につき聞く。

30日、木戸内大臣を召し、「戦争の前途の見通しは決して明るいものではない」と種々考えを述べる。木戸よりも「腹蔵なき意見」を聞く。

「い号作戦」の最初の戦果

４月１日、２月28日よりの御文庫工事が完了。皇后と御文庫に移る。剣璽も移る。

７日、木戸内大臣を召し、帰京中の重光葵《しげみつまもる》駐華大使に、「大東亜戦争完遂の為の対支処理根本方針」に基づく実情や影響を尋ねるよう命ずる。

８日、来朝の陳公博《ちんこうはく》中華民国訪日大使らと対面。帰還の*細萱戊子郎《ほそがやぼしろう》前第５艦隊司令長官より、アリューシャン攻略作戦などの軍状を聞く。永野軍令部総長より、昨日のガダルカナル島方面における航空戦の戦果を聞く。連合艦隊による*「い号作戦」の最

ルマ建国の父」と敬愛された。アウンサン・スーチーは長女。

＊細萱戊子郎　海軍中将。第５艦隊司令長官。のちアッツ島沖海戦での指揮の不手際により予備役、最後の南洋庁長官をつとめる。

＊い号作戦　日本海軍が１９４３年４月７日から15日にかけて行った作戦。第11航空艦隊と第３艦隊所属の艦載機により、ポートモレスビーなどガダルカナル島やニューギニア島南東部を空襲した。

初の戦果にて、大本営は「フロリダ島沖海戦」と発表。

東部ニューギニアへの補給逼迫を聞く

4月9日、杉山参謀総長より、チェニスを中心とするアフリカおよび欧州の戦況などを聞く。その際、東部ニューギニアのラエおよびサラモア方面への補給が逼迫する旨を聞き、翌10日に城武官に補給の現状*を聞く。

10日、鈴木企画院総裁より、鉄鋼・造船などの生産につき聞く。嶋田海相より一般船舶の現状などを聞く。産業報国会*の戦時下生産増強に挺身し職域に殉じた慰霊祭執行に、天皇皇后より祭粢料下賜。

13日、午後4時、永野軍令部総長より、一昨11日の東部ニューギニアのオロ湾に移動中の敵艦船・航空機への攻撃、ならびに昨12日のポートモレスビー飛行場への攻撃の戦果を聞く。同30分、大本営より戦果発表。

16日、永野軍令部総長より、海軍航空戦隊による東部ニューギニアのミルネ湾方面およびラビへの攻撃戦果を聞く。

17日、杉山参謀総長より、ドイツの本年度作戦に関する判断などを聞く。井野農林相より、米価の値上げ、一般食糧事情、木材の供出などを聞く。

山本五十六の遭難

4月19日、永野軍令部総長より、昨日ブーゲンビル島ブイン上空にて山本五十六《やまもといそろく》連

＊**補給の現状**　城は軍令部に照会、潜水艦で70トンを輸送したこと、駆逐艦による輸送計画があることを答えた。

＊**産業報国会**　戦時下の戦争協力のための労働団体組織。

＊**戦捷恩赦**　血盟団事件、5・15事件、神兵隊事件そのほかの右翼事件犯罪者がこの恩典に浴す。

＊**靖国神社臨時大祭**　満州事変並びに支那事変に際して死去の大角岑生海軍大将（男爵）ほか1万986名の合祀。

＊**観兵式**　「初雪」にて、歩兵部隊・騎兵隊

合艦隊司令長官の搭乗機が遭難した旨を聞く。岩村通世《いわむらみちよ》司法相より、シンガポール陥落の*戦捷恩赦を聞く。

20日、山本の戦死確定により、古賀峯一《こがみねいち》横浜鎮守府司令長官を後任とするも、関係者以外厳秘のため、親補式は挙行せず。24日、*靖国神社臨時大祭。

戦艦などを飛行機搭載へ改装

4月27日、嶋田海相より、戦艦・巡洋艦・運送船のうち飛行機を多数搭載するものの改装要領につき聞く。今般新築の賢所防空用の建物を「斎庫」と称する。

28日、観兵式陪覧並びに日本の軍事・軍需生産状況視察のため来日した葉蓬《ようほう》陸軍上将（中華民国陸軍部部長）と対面。29日、天長節。*観兵式。

皇太子と筍掘り

5月4日、*賀屋興宣《かやおきのり》蔵相より、昭和17年度国民貯蓄の増加、現下の金融状況などを聞く。

6日、吹上御苑各所を散策、以後、政務の余暇に努めて散策。

9日、満州国皇帝溥儀《ふぎ》より、奉天《ほうてん》省などへの狩の途次に一時国境を越えて朝鮮平安北道の鴨緑江《おうりょくこう》水力発電の水豊《スプン》発電所を視察したことの親電。

11日、嶋田海相より、閣議決定の朝鮮人及び台湾本島人に*海軍特別志願兵制新設準備の件を聞く。

および飛行機約600機、戦車350台ほかの分列を見る。

＊賀屋興宣　大蔵官僚。戦時経済政策を担い、第1次近衛文麿内閣、東条英機内閣などで蔵相となる。戦時公債発行、増税による軍事予算編成などで戦時体制を支えた。

＊海軍特別志願兵制　1943年8月、朝鮮と台湾で施行。年齢16年以上21年未満の者から徴集して採用した。水兵ほか整備兵、帰還兵などの兵種があった。なお、陸軍特別志願兵制は朝鮮では38年、台湾では42年に施行されている。

米軍、アッツ島上陸

5月12日、午前9時30分、*秦彦三郎《はたひこさぶろう》参謀次長より、独伊両軍のチェニス失陥を聞く。午後8時、急遽参内の秦参謀次長より、米軍が本日アッツ島に上陸した旨を聞く。

13日、永野軍令部総長より、アッツ島戦況および対策を聞く。重光外相より、チェニス失陥、独伊両国の状況および英米両国の動向、中立国の態度、大東亜建設、ドイツとの連携、ソ連との関係などを聞く。

夜、城武官を召し、アッツ島方面に対する海軍の作戦を問う。

15日、永野軍令部総長よりアッツ島の戦況を聞く。中支より帰京の杉山参謀総長より、前線視察の報告を聞く。

17日、杉山参謀総長より、アッツ島およびニューギニアの戦況を聞く。永野軍令部総長より、アッツ島の戦況を聞く。

18日、山本五十六の遺骸が戦艦「武蔵」にて横須賀軍港に入港する予定を聞き、行幸の希望を述べるも、海軍が「他日戦果を挙げて帰港の際に」と願い、沙汰止みとなる。鈴木企画院総裁より、閣議決定の医薬品等需給計画につき聞く。

19日、木戸内大臣を召し、香港の帰属問題を問う。

23日、山本五十六戦死につき、溥儀・ヒトラーより天皇へ弔電。

アッツ島「玉砕」

＊秦彦三郎　陸軍中将。ロシア通で1938年にハルビン特務機関長となり、関東軍参謀副長、第34師団長などを歴任、43年4月に参謀次長となる。戦争終結後、シベリア抑留となり、復員。

5月24日、杉山参謀総長より、独ソ戦況、北海道の戦時警備下令を聞き、アッツ島守備隊の勇戦奮闘への嘉賞の言葉を賜う。重光葵《しげみつまもる》外相より、チェニス陥落後の欧州情勢、ワシントンにおける英米首脳会談などの外交事情、これに対する大東亜建設の趣旨を聞く。

29日、夜、大本営は山崎保代《やまさきやすよ》＊アッツ島守備部隊長以下が壮烈なる攻撃を敢行、爾後通信が途絶したため全員「玉砕」したと認めること、攻撃に参加し得ない傷病兵は自決した旨を発表。

30日、御文庫にて、南京より帰京の三笠宮と対面。杉山参謀総長より、アッツ島の最後の状況を聞く。

31日、東一ノ間にて第10回御前会議。大東亜戦争遂行のため帝国を中核とする大東亜の諸国家・諸民族結集の態勢を整備強化し、帝国に対する戦争協力を強化し支那問題を解決することなどを方針とした大東亜政略指導大綱を裁可。その結果、対重慶政治工作の実施、マレーの失地回復、ビルマ・フィリピンの速やかな独立、大東亜会議の開催など掲げる。

山本五十六の国葬

6月2日、海軍大学校卒業式に臨み、大本営海軍部に立ち寄る。山本五十六の遺品を見る。重光外相より、ソ連のコミンテルン解消に関連し、ドイツ希望の日独伊共同

＊山崎保代　陸軍大佐。アッツ島守備隊を指揮して17日間の攻防の末に戦死、中将に特進。

声明発表への対策を聞く。3日、皇族会議*。

5日、山本五十六国葬につき廃朝*。生物学研究所・内庭にも出ず。

7日、重光外相より、アルゼンチンの革命の事情、第2次日米交換船につき聞く。

戦艦「陸奥」の爆沈

6月8日、永野軍令部総長より、戦艦*「陸奥」が広島湾にて爆沈した旨を聞く。

9日、木戸内大臣を召し、戦艦「陸奥」の爆沈につき話す。木戸内大臣は首相に代わり、大本営政府連絡会議決定の船舶徴傭暫定措置の件を報告。

10日、陸軍現用防空兵器を見るため乗馬にて旧本丸馬場・主馬寮《しゆめりよう》広場に向かう。超短波警戒機乙送受信機、99式8センチ高射砲などを見る。三笠宮、南京帰任。

17日、東条首相より、フィリピン独立指導の件を聞く。夜、三笠宮が持参した重慶政府の宣伝映画『勝利行進曲』を皇后と見る。

19日、永野軍令部総長より、独立航空艦隊編成につき聞く。夜、皇后と浙贛《せつかん》作戦の記録映画『大陸新戦場』を見る。

戦艦「武蔵」に乗艦

6月23日、重光外相より、北樺太の日本利権解消に関する交渉状況、大本営政府連絡会議にて北樺太における石油・石炭利権をソ連に有償移譲することを決定した旨を聞く。杉山参謀総長より、来朝のインド独立運動家スバス・チャンドラ・ボース*およ

＊皇族会議　久邇宮徳彦の臣籍降下の件。伏見宮博恭より、海軍に従事する皇族が少ないため海軍軍人である徳彦の降下時期の延期を提案。しかし松平宮相より、大東亜戦争の終了時期は予想できないため、予定通り徳彦の降下を7日とする旨を聞き、裁可。

＊廃朝　服喪や天変地異のため天皇が朝務に臨まないこと。諸官庁の政務は行われる。

＊戦艦「陸奥」　「長門」型戦艦で連合艦隊旗艦の任にあった。原因不明の爆発事故で柱島沖で沈没。

びインド工作につき聞く。

24日、横須賀軍港の戦艦「武蔵」に乗艦。高松宮・古賀峯一連合艦隊司令長官らと昼餐、艦内を巡覧し、一同と写真撮影。古賀に「一層奮励努力して戦争目的を達成せんことを望む」との言葉を賜う。東条首相兼陸相より、フィリピン独立準備の経過、タイ・昭南島訪問などのことを聞く。

テニスコート開き

6月25日、岡部《おかべ》長景《ながかげ》文相より、閣議決定の学徒戦時動員体制確立要綱*を聞く。

26日、東条首相より、大本営政府連絡会議決定のフィリピン独立、対泰対緬方策の実行、原住民政治参与の件などを聞く。

29日、青木一男大東亜相より、上海共同租界還付の件を聞く。

30日、杉山参謀総長より、米のソロモン群島レンドバ島への上陸などを聞く。永野軍令部総長に「此の度上陸せる敵に対し陸海軍は其の担任地域の如何《いかん》に拘《かかわ》らず、全力で集中、克《よ》く協同して徹底的に之を撃滅し、その企図を破摧《はさい》せよ」との言葉とともに、本日節折《よおり》の儀に際して、近時の戦況不振を祓いし旨を述べる。言葉は軍令部総長より南東方面艦隊司令長官に発電され、麾下《きか》部隊一般に伝えられる。

東条首相の南方訪問

7月1日、東京都制施行。

＊スバス・チャンドラ・ボース　インドの独立運動家。1943年6月7日に重光葵外相に自由インド仮政府樹立の提案。10月6日に仮政府は承認され、連合国に宣戦布告。

＊学徒戦時動員体制　戦争の長期化にともなう労働力不足が深刻化したため、東条英機内閣は6月に学校報国隊を強化して戦技・防空訓練を図り、女子は救護訓練を行った。

2日、重光外相より、上海疎開問題、首相の南方訪問がタイ、ビルマ、チャンドラ・ボースに与えた影響、対ソ問題・日英交換船問題*などを聞く。杉山参謀総長より、ソロモン群島レンドバ島・東部ニューギニアのナッソー湾の戦況を聞く。

6日、木戸内大臣を召し、南太平洋の戦況などにつき談話。

10日、尾形武官より、駆逐艦によるソロモン群島コロンバンガラ島への兵力輸送作戦が成功した旨の海軍の通報を聞く。

元武官の戦死

7月13日、横山明元武官はラングーンより帰還途次に墜落し戦死。元武官の戦死は前例がなく、天皇は、記憶の範囲として元東宮武官の橘周太*陸軍中佐、大正天皇学友の南部《なんぶ》利祥《としなが》*中尉の例をあげ、両名の前例を参照して十分な手配をすることを命ずる。

18日、吹上御苑のプール開き。運動のため皇太子・2内親王と水泳。

20日、山崎達之輔農林相より、本年の稲作状況を聞く。

21日、杉山参謀総長より、ビルマ・フィリピンの独立に伴う軍政撤廃を聞く。

ムッソリーニの辞職

7月26日、重光外相より、本朝海外放送にて報じられた伊国首相ムッソリーニの辞職につき聞く。重光は、従来の情報により伊国の戦意につき疑問視しており、辞職は疑問の余地なきこと、今後独国の態度の変化に注意すべきことを述べる。天皇は、対

＊日英交換船問題　日英交換船は1942年の第1次交換船で、イギリス在住の日本人らを乗せて1742名が帰還したが、43年段階で、まだ5000名近い日本人がイギリスや英帝国領内に抑留されていたため、第2次交換船を計画、戦局悪化で実現しなかった。

＊橘周太　陸軍少佐。皇太子嘉仁の元東宮武官。日露戦争で遼陽の首山堡で戦死し中佐となり、軍神とされる。

＊南部利祥　陸軍中尉。皇太子嘉仁の学友。のち旧盛岡藩南部家当主（伯爵）となり、日露戦争で戦死。

ソ関係の調整、伊国さらには独国の脱落の想定などを問う。

27日、永野軍令部総長に、伊国の政変が作戦上におよぼす影響と対策を問う。

29日、杉山参謀総長より、キスカ島撤退作戦、伊国の今後の情勢を聞く。

ビルマ独立宣言

8月1日、ビルマ独立宣言。プールで水泳。

2日、木戸内大臣を召し、キスカ撤退作戦成功の談話。両総長よりキスカ島守備部隊全員を収容した第5艦隊は幌筵島に無事帰着*した件を聞く。重光外相に、伊国の政変後における独国の動向を問う。

4日、帰還参内の際の宮内省よりの馬車差回し、正門よりの参入は取り止めとなる。

ソロモン方面部隊を後方へ転用

8月11日、東条陸相に、軍隊内務令編纂理由書にある「隊長中心主義」なる字句につき問う。東条は、「かかる字句は士官と兵卒の結合を助長し、2・26事件の如き結果を生じる恐れあり」として、用いないことに決する。

12日、松平宮相に、物資欠乏のため賜物は勲章のごときものを代替とする相談。

13日、重光外相より、日ソ中立条約の確認問題など聞く。両総長より、ソロモン群島方面におけるイザベラ島およびニュージョージア島以北の要地の確保は困難につき、適時、中部ソロモン群島方面の部隊を後方要地に転用する旨を聞く。

***無事帰着**　永野軍令部総長に、「ケ」号（撤退）作戦につき統帥部の決心が揺れ動いたことを指摘、アッツ島守備隊が「玉砕」した事態を招かないよう注意すべき旨を述べる。

16日、重要産業の状況に関する連続進講*の第1回、豊田貞次郎「鉄鋼業」。

20日、「玉砕」のアッツ島守備隊ならびに山崎保代隊長に感状。山崎は二階級特進。

25日、東条首相兼陸相より、台湾徴兵制度などを聞く。

南鳥島空襲

9月1日、永野軍令部総長より、南鳥島が5回にわたり空襲を受ける旨を聞く。

2日、嶋田海相より、ドイツより新式潜水艦2隻が贈呈された経緯を聞く。重光外相を通じてヒトラーに礼電。重光外相より、昨月のケベック会談*以後の世界情勢、対ソ交渉につき聞き、支那問題、独ソ和平問題につき問う。永野軍令部総長より、南鳥島への敵襲、電波兵器につき聞く。

4日、嶋田海相より、海軍航空関係戦備の状況、駆逐艦・潜水艦の増減状況を聞く。

6日、天台宗総本山延暦寺にて、玉体安穏・敵国降伏の祈願のため金光明経による四天王合行大法を奉修につき、写真貸し下げ、供料下賜。

陸海軍の意見対立

9月7日、東条首相より、第17師団主力の南東方面派遣をめぐる陸海軍対立*、フィリピン憲法草案、徴用船補塡など聞く。夜、高松宮夫妻・三笠宮妃参殿。高松宮（軍令部部員）より第17師団主力の南東方面派遣をめぐる陸海軍対立につき聞き、今後の対策につき述べる。

＊連続進講　以後、月水金の午前に全8回。大河内正敏「工作機械」、藤原銀次郎「日本の産業と能率」、郷古潔「我国の航空機産業」、鈴木忠治「軽金属工業」、松本健次郎「石炭鉱業」、石黒忠篤「食糧増産」、山下亀三郎「海運力の増強」。

＊ケベック会談　7月から8月にカナダのケベックで行われた会談。ノルマンディー上陸作戦などが合意され、日本に対してはドイツ降伏後12か月以内に屈服させることを目標とし、ソ連や蔣介石にも連絡された。核兵器技術共有のケベック協定も秘かに結ばれた。

8日、木戸内大臣を召し、第17師団主力の南東方面派遣をめぐる陸海軍対立に関し、高松宮との会話内容を述べる。

イタリア降伏

9月9日、重光外相より、伊国バドリオ政権が米英両国に無条件降伏したことを聞く。木戸内大臣を召し、首相より報告の伊国降伏に伴う政府の当面の処置を聞く。両総長より、在東亜伊国勢力の処理に関する件を聞く。

10日、木戸内大臣を召し、天皇は南方への兵力増強に関し、大正天皇が「義は君臣、情は父子」と語ったことを述懐し、自身も同じ考えで、南方への増兵に際し、補給の困難から兵士が窮地に陥るのは忍びないため、補給に一段と万全を期すよう希望する。

11日、杉山参謀総長より、イタリア脱落に伴う陸軍の処置、イタリア降伏に伴う在伊ドイツ軍の状況、第17師団の隷属を聞く。

ドイツ潜水艦の贈呈と汪精衛の参内

9月21日、東条首相兼陸相より、対重慶政治工作などを聞く。鳳凰ノ間にてシュネーヴィント*独海軍大尉と対面。

22日、汪精衛《おうせいえい》参内、来朝の目的は重慶政府との和平につき東条首相らと相談することにあり、今後の指導と援助を求める。天皇は車寄まで見送る。天皇は木戸を召し、三笠宮よりの来翰によれば汪精衛は自身の地位が危ういと感じて焦燥する様子が見受

＊陸海軍対立　第17師団をラバウルに派兵する件につき、参謀本部と陸軍省に意見の違いがあり、秦彦三郎参謀次長は陸軍省側の派兵案に同意するも、参謀本部と軍令部がこれに対抗した。高松宮もこの問題を嘆いた（『高松宮日記』）。

＊シュネーヴィント　独国より贈呈の潜水艦艦長として日本海軍と共同作戦に従事しつつ同艦を日本に回航、去る16日に引き渡しを完了する。

けられることなどを語る。

23日、大本営（東一ノ間）における今後の作戦指導の御前研究に臨み、敵側兵力に対する判断の適否、在満兵力の南方への転用の可否につき問う。

イタリア新政府の承認

9月27日、杉山参謀総長より、独ソ戦、常徳《じょうとく》付近への進攻作戦を聞く。東条首相兼陸相より、ムッソリーニを首班とする伊国新政府を承認する件、フィリピン独立準備に関する件などを聞く。重光外相より、伊国新政府承認までの経緯を聞く。日独伊三国条約締結3周年につき、ヒトラー・ムッソリーニより祝電（30日、ムッソリーニ首班就任の祝意を併せた答電）。

28日、東条首相兼陸相より、閣議決定の軍需省設置、官庁の地方疎開などを聞く。

30日、第11回御前会議につき東一ノ間に臨む。航空戦力を急速増強するなどの「今後採るべき戦争指導の大綱」、船舶の徴傭補塡、航空戦力確保のための鋼材・アルミニウムなどの生産に関する当面の目標を示した「大綱に基づく緊急措置に関する件」を可決し、裁可。

相次ぐ伊号潜水艦の沈没事故

10月1日、木戸内大臣を召し、昨日の御前会議*の模様を話す。嶋田海相より、伊号179潜水艦の沈没事故、液体燃料の現状を聞く。

＊御前会議　原嘉道枢府議長が、確保すべき要域を保持する統帥部の自信の有無を尋ねた際、永野軍令部総長が「確言し難し」と答弁したことにふれ、天皇は、「ラバウル失陥の如き場合、海軍が作戦に対して熱意を喪失する疑いがある」旨を述べた。

＊ホセ・ラウレル　フィリピンの政治家。日本軍政下のフィリピン共和国第3代大統領。

＊ベニグノ・アキノ　フィリピンの上院議長。

2日、鳳凰ノ間にて、フィリピンより来朝の*ホセ・ラウレル、*ベニグノ・アキノらと対面。

4日、永野軍令部総長より、コロンバンガラ島第2次撤退作戦の成功などを聞く。

6日、中華民国にて敵襲により邦人63名死去につき、天皇皇后より441円を下賜。

11日、東条首相よりインド仮政府承認の件、山崎農林相より本年の米の予想収穫を聞く。嶋田海相より、江田島付近で訓練中沈没の伊号183潜水艦の遭難概況を聞く。

12日、ビルマ大使モンより、独立への協力、領土確保の条約調印に対する謝意。

13日、成子《しげこ》内親王と東久邇宮盛厚《ひがしくにのみやもりひろ》の結婚の儀。

フィリピン独立宣言

10月14日、東条首相兼陸相より、伊国潜水艦処理、*遣独伊連絡使解散の件などを聞く。フィリピン独立宣言。

15日、両総長より、日本ビルマ間、日本フィリピン間の軍事秘密協定を聞く。重光外相より、ポルトガルがアソーレス諸島への米英軍の進駐を許容したことへの抗議などを聞く。

16日、柳原愛子《やなぎわらなるこ》死去、葡萄酒下賜。*靖国神社臨時大祭。

20日、嶋田海相より、拿捕《だほ》したイタリア潜水艦3隻をドイツに譲渡する件。東条首相より、大東亜共同宣言案・自由インド仮政府樹立・日華同盟条約につき聞く。


ホセ・ラウエル政権下で対日協力者として活躍した。

＊遣独伊連絡使　独ソ開戦で日独間の交通は難しくなり、1943年3月に参謀本部員らがシベリア・トルコ経由でドイツに入ったのが陸路交通の最後。洋上交通も制海権を奪われて不可能となり、日本と独伊との連絡は無線通信のみとなった。潜水艦による人員交流は続けたが、多くが沈没した。

＊靖国神社臨時大祭　満州事変・支那事変・大東亜戦争で死没の軍人・軍属1万9992名を合祀。

21日、昭南島にて、チャンドラ・ボースを首班とする自由インド仮政府樹立が宣言される（日本は23日に承認）。

23日、枢密院会議にて、大東亜建設のため日中両国の協力を緊密にする日華同盟条約の件を可決し、30日に南京で調印。

日本ニュース『決戦』『学徒出陣』などを見る

10月26日、夜、高松宮夫妻・三笠宮妃参殿、日本ニュース177号の『決戦』（南太平洋海戦1周年につき、米国側フィルムによりニュースにしたもの）、『学徒出陣』および映画『木造船』を見る。

28日、ビルマ大使モンと対面、満州国・中華民国の例には倣わず握手をする。

31日、東条首相に、翌月開催予定の大東亜会議に際し各国代表の宿泊施設および防空に注意すべき旨を述べる。

米、ブーゲンビル島上陸

11月1日、木戸内大臣に、本日早朝、米がブーゲンビル島に上陸したことを話す。

2日、木戸内大臣にブーゲンビル島の戦況を話す。秩父宮妃・高松宮夫妻参殿、今般両妃より考案中の天平式の皇族妃礼服につき、喜久子妃の着用した姿を見る。勢津子妃から説明を受け、一同と研究。

4日、大東亜会議参列の代表・随員と対面。杉山参謀総長より、航空機・機甲の発達に伴い航空・地上両兵団の戦力を統合する統帥の新原則を確立するため、方面軍・軍・航空大部隊・機甲軍の統帥を記述した統帥綱領案の編纂を聞く。重光外相より、ポルトガル領マカオにおける船拿捕問題、10月下旬モスクワに開催の米英ソ外相会談につき聞く。夜、皇后とドイツ文化映画『跳躍』『馬』を見る。

5日、大本営より、ソロモン群島ブーゲンビル島沖およびラバウルでの日本軍の大戦果を発表。溥儀より祝電。

ブーゲンビル島沖航空戦

11月6日、嶋田海相より、アンダマン・ニコバル諸島の自由インド仮政府への帰属につき聞き、裁可。昨日開会の大東亜会議*は、大東亜宣言を採択し閉会。大本営より、海軍航空部隊の戦果およびブーゲンビル島沖航空戦と称する旨を発表。

9日、永野軍令部総長より、ブーゲンビル島南方海面の戦況を聞く。大本営は、航空隊の戦果、第2次ブーゲンビル島沖航空戦と称する旨を発表。溥儀より祝電。

10日、大東亜会議出席のため来日のチャンドラ・ボースと対面。

11日、永野軍令部総長を召し、ソロモン海域の航空戦の戦果につき古賀峯一連合艦隊司令長官への勅語を下す。重光外相より、大東亜会議の反響、モスクワにおける米英ソ会談の影響を聞く。

13日、木戸内大臣より、東条首相がアンダマン・ニコバル諸島帰属に関してチャン

*大東亜会議　11月5日、6日に東京で開かれたアジアの首脳会議。日本（東条英機）のほか、南京国民政府（汪兆銘）、満州国（張景恵）、フィリピン（ホセ・ラウエル）、ビルマ（バー・モウ）、タイのほか、自由インド仮政府（チャンドラ・ボース）が参加した。

ドラ・ボースに示達することを聞く。青木大東亜相より王克敏《＊おうこくびん》の華北改革事情＊を聞く。大本営は、海軍航空部隊の戦果、第3次ブーゲンビル島沖航空戦と称する旨を発表。夜、皇后と映画『出征前十二時間』を見る。塩谷温《＊しおのやおん》より応召学生壮行会の漢詩4篇。

14日、城武官より海軍航空部隊の戦況を聞き、潜水艦の活躍、敵輸送船への攻撃の必要を述べる。大本営は、敵機動部隊を捕捉攻撃し、大型巡洋艦1隻、巡洋艦1隻、駆逐艦1隻その他を撃沈又は爆破したこと、第4次ブーゲンビル島沖航空戦と称する旨を発表。

15日、警視庁にて特別消防隊を設置し、宮城・御所の警備を専任。

16日、鳳凰ノ間にて、王克敏・スカルノらに対面。

17日、永野軍令部総長よりショートランド島の戦況を聞く。大本営は、大型航空母艦1隻の轟沈、第5次ブーゲンビル島沖航空戦と称する旨を発表。

ギルバート沖航空戦

11月21日、永野軍令部総長より、ギルバート諸島タワラ島・マキン島への敵軍上陸などを聞く。

22日、河井《かわい》弥《や》八《はち》元皇后宮大夫より、甘藷増産、植林の急務、砂防の重要性を聞く。

25日、重光外相より、日ソ漁業条約改訂、米英ソ首脳会談の動きなどを聞く。

27日、杉山参謀総長より、地中海方面の戦況、独ソ戦況などを聞く。永野軍令部総

＊王克敏　銀行家、政治家。親日政権樹立作業に協力。中華民国臨時政府の最高首脳で、汪兆銘の南京国民政府へ合流し、華北政務委員会委員長など歴任。

＊華北改革事情　華北政務委員会は、汪兆銘政権の委託を受け河北・山東・山西3省および北京・天津・青島3市域の防共・治安維持・経済政策を担った。王克敏が初代委員長。

＊塩谷温　漢学者。近世中国の小説や戯曲の研究・紹介に貢献。

長より、ギルバート諸島方面の戦果を聞く。

カイロ・テヘラン各会談

12月1日、青木大東亜相より、日華同盟ならびに大東亜会議が関係諸国におよぼした影響を聞く。

3日、身延山久遠寺《くおんじ》にて、聖戦完遂のため玉体安穏、敵国降伏の国禱会《こくとうえ》を奉修につき供料。

5日、藤田嗣治『安田部隊の最後』など、海軍作戦記録画20点を見る。

永野軍令部総長より、ブーゲンビル島の航空戦の戦果を聞く。大本営は、航空母艦3隻などの撃沈、第6次ブーゲンビル島沖航空戦と称する旨を発表。

6日、東条首相兼陸相より、カイロ・テヘラン各会談における敵首脳部の声明に対する措置、米国事情などを聞く。永野軍令部総長を召し、ギルバート航空戦につき古賀連合艦隊司令長官へ「寡勢《かせい》克《よ》く連日に亘《わた》り悪天候を冒し勇戦奮闘大《おおい》に敵艦隊を撃破せり朕深く之を嘉す」との勅語を下す。

8日、木下道雄帝室会計審査局長官より、昭和17年度会計審査*を聞く。

9日、重光外相より、カイロ・テヘラン各会談*の状況を聞く。

喪失・破損軍旗の処置

12月10日、東条首相兼陸相より、南方作戦において喪失または破損した軍旗の処置

＊昭和17年度会計審査　木下は「本戦役における軍事公債全体のうち、帝室会計による引き受け又は購入の比率が、日清・日露の両役に比して少ないこと」などを述べる。

＊カイロ・テヘラン各会談　第2次世界大戦における連合国の戦後処理構想の一環としてなされた。エジプトのカイロで開かれた米英中のカイロ会談では、日本の無条件降伏後の中国大陸の領土返還、朝鮮独立などが合意された。また、イランのテヘランで米英ソによるテヘラン会談が開かれ、ソ連はドイツ降伏後の対日参戦を約した。

に関する研究経過、思想対策など聞く。

14日、百武侍従長より、戦艦「陸奥」の爆沈事故に関する清水光美《しみずみつみ》*前第1艦隊司令長官への懲罰申渡書につき聞く。

17日、蓮沼武官長より、徴兵適齢を年齢20年より19年に低下させる件につき聞く。

21日、東条陸相に代わって蓮沼武官長より、南方作戦にて軍旗を喪失の歩兵第28、29連隊へ再親授する件などを聞く。夜、皇后と文化映画『炭』ほかを見る。

23日、重光外相よりテヘラン会談などの状況を聞く。皇太子は誕生日にて参内。梨本宮守正軍事参議院議長より、歩兵第28、29連隊への軍旗再親授の件など可決を聞く。

東宮用の乗馬献上

12月24日、昨日の皇太子誕生日に、東条陸相より東宮乗馬用として献上された「静春号」*「亜洲号」*を見る。

25日、尾形武官より、香港・タイ・ビルマ・マレー半島・東インド諸島・ボルネオ・フィリピン方面へ天皇皇后の令旨を伝達した復命。

28日、木戸内大臣が大蔵次官より聴取した増税案、煙草値上げの件を聞く。

29日、山崎農商相より、閣議決定の食糧自給態勢強化、自作農創設促進を聞く。

＊清水光美　海軍中将。第6艦隊司令長官として特殊潜航艇による真珠湾攻撃を指揮。のち負傷して第1艦隊司令長官となるも、戦艦「陸奥」の爆発事故の責任者として罷免される。

＊静春号　アングロアラブ種、3歳、北海道産。

＊亜洲号　ポニー種、7歳、比島産。

第七章　大日本帝国の崩壊（1944〜45・8）

相次ぐ「玉砕」（1944）

10年後の人口に及ぼす影響を聞く

1月1日、四方拝、晴御膳。海・陸軍の野戦兵食料理を食し、戦線を偲ぶ。

8日、午前、生物学研究所にて研究。以後、11月4日まで土曜日は研究。午後、陸軍始観兵式。今回は防空上の理由ではじめて午後に行われる。

杉山元《すぎやまはじめ》参謀総長より、大東亜と欧州の戦況、ビルマ作戦*の件を聞く。

13日、天羽《あもう》英二《えいじ》情報局総裁より、外国情報の蒐集情況、米英の戦後構想への対策など、対外宣伝の進講を聞く。

17日、満州国・中華民国において、敵襲による邦人死者に天皇皇后より救恤金。御座船「葉山丸*」は雑役船に編入後、海軍兵学校臨時附属船となる。

20日、小泉親彦《こいずみちかひこ》厚生相に、今次大戦が10年後の人口に及ぼす影響を問う。

21日、講書始*。岸信介国務相より、物資動員計画の実施状況を聞く。

ガダルカナル島にて「玉砕」の軍旗の再親授

1月22日、竹ノ間にて、支那より凱旋の三笠宮を主賓とした中華料理の晩餐会。

24日、高松宮より、昭和19年度航空機生産割当問題をめぐる陸海軍の協議が妥結し

＊ビルマ作戦　昨7日、杉山は寺内寿一南方軍総司令官に、ビルマ防衛のため敵を撃破し、インパール付近の要域の占領確保を指示。

＊葉山丸　昭和天皇の「御採集船」。戦局悪化により江田島の海軍兵学校で生徒の訓練に用いられた。1956年に大山祇神社に払い下げられ、大三島海事博物館に保管される。

＊講書始　国書は高田保馬「日本に於ける人口問題」、漢書は池内宏「元史日本伝の一節、至元18年の征東の役に関する世祖の勅諭」、洋書は藤原咲平「戦争と気象」。

ないため処置を求められ、木戸幸一内大臣に問う。木戸は東条英機《とうじょうひでき》首相より、兵力量の問題につき両統帥部の協議に委任している旨の回答を得て、天皇に伝える。

杉山参謀総長より、南西支那の敵空軍の主要基地を覆滅するための西南支那進攻作戦（1号作戦*）を聞く。この日、全般作戦を1号作戦、京漢作戦を「コ」号作戦、湘桂作戦を「ト」号作戦、南方の怒江《ぬこう》正面牽制作戦を「サ」号作戦と称する。

25日、不例にて31日まで仮床。28日、不例にて歌会始*を取り止め。

31日、軍旗親授式。歩兵第28、29連隊の軍旗は昨年のガダルカナル島において焼却または密林内に埋納されたため再親授*された。

航空機生産割当問題

2月2日、木戸内大臣に、高松宮より請われた航空機生産割当の件の方策を問う。木戸は、すでに東条首相と懇談したので、早急かつ積極的な指導は策を得ないと答える。天皇は、経緯を高松宮に告げるよう木戸に命ずる。

5日、東条陸相より、新兵器風船爆弾につき聞く。木戸より、航空機生産割当問題につき高松宮との会談内容など聞く。

8日、両総長より、帝国本土方面に対する敵の企図判断とその対策を聞く。その際、航空機割当につき陸海軍ともに互譲の精神で速やかな妥結を望む。

統帥の一元化

＊1号作戦　華北と華南を結ぶ京漢鉄道を確保して南方資源地帯と日本本土を陸路で結び、アメリカの航空基地を占領して本土空襲を防ぐために、中国大陸で行われた日本陸軍の作戦。一般に大陸打通作戦と称す。

＊歌会始　題は「海上日出」。詠進歌は皇族を含め3万9809首。

＊再親授　歩兵第29連隊の軍旗は、飛行機で現駐地の昭南へ帰還の途中、雲仙岳で遭難、連隊旗手ら全員殉職。軍旗は旗棹の一部が折損。

2月19日、木戸内大臣より、前夜の東条首相との会談を聞く。東条は、自らが参謀総長、嶋田《しまだ》繁太郎《しげたろう》海相が軍令部総長となって陸海軍統帥を一元強化すること、親政のため閣議も宮中で開催することを、敵のマーシャル・トラック両島への反攻作戦のため提唱。参謀総長兼任が統帥権の確立に及ぼす影響を問い、東条は弊害なしと答える。東条首相は改めて、統帥と国務の緊密、内閣改造、宮中における閣議開催を求める。

21日、杉山参謀総長は、陸相の参謀総長兼任に反対する。天皇も反対だが、東条が統帥権確立には注意するとのことで安心し、杉山に協力するよう諭す。

東条首相より、関東大震災以前の例に倣い、宮中で閣議を開く旨が伝えられ、東一ノ間、東二ノ間、左廂、化粧二ノ間の使用を許す。

24日、重光葵《しげみつまもる》外相より、日ソ交渉、俘虜問題*を聞く。重光に、中立国人引き揚げに対する日本の態度につき問う。

25日、来攻する敵を撃破して中部太平洋方面の要域を確保し、敵の作戦企図を挫折させるため、東条参謀総長より小畑英良《おばたひでよし》*第31軍司令官に中部太平洋方面作戦に関する陸海中央協定を指示。嶋田軍令部総長より、マリアナ諸島方面の戦況を聞く。

映画『加藤隼戦闘隊』を見る

3月3日、東条首相兼参謀総長より、船舶の徴傭・補塡は決戦戦力と物的国力を慎重勘案する旨を聞く。後宮淳《うしろくじゅん》参謀次長より比島の治安につき聞く。

***俘虜問題**　日本軍は自国兵士に投降を認めなかったこともあり、俘虜への待遇が充分ではなかったため、連合国側は日本に俘虜の人道的扱いを取り決めたジュネーブ条約の適用を求めていた。

***小畑英良**　陸軍中将。1944年2月25日に第31軍司令官となり、同年8月11日にグアム島で自決、大将となる。

4日、今般帰還の南雲忠一らと対面。夜、映画『加藤隼戦闘隊』を見る。

5日、海軍大学校卒業式に臨み、優等者へ長剣または銀時計下賜。千種ノ間にて、大東亜戦争記録絵画32点のうち藤田嗣治『血戦ガダルカナル』などを見る。

8日、東条参謀総長より、南方軍総司令部の比島への移駐などを聞く。

10日、汪精衛《おうせいえい》の見舞いのため、天皇皇后より非公式に小倉庫次《おぐらくらじ》侍従を名古屋帝国大学病院に差遣、新宿御苑の蘭・野菜・鶏卵などを贈る。

柳川平助首班説

3月15日、木戸内大臣を召し、高松宮から聴取した柳川平助*後継首班説を述べる。

17日、*樋口季一郎《ひぐちきいちろう》第5方面軍司令官に、千島列島の防衛および逆上陸の準備を問う。

18日、東条参謀総長より、中部太平洋への今後の兵力増派を聞く。

22日、後宮参謀次長より、台湾軍および第32軍の戦闘序列*などを聞く。大陸命は、渡辺正夫第32軍司令官に海軍と協同して西南諸島を、安藤利吉台湾軍司令官に台湾の防衛を任ずる。

25日、重光外相より、北サガレンの石油および石炭利権の移譲をめぐる交渉成立を聞く。交渉の状況、ドイツ国との関係などを問う。

航空兵器視察

4月1日、青木一男《あおきかずお》大東亜相より、為替率の不変更方針を聞く。

＊柳川平助後継首班説　戦争指導の行きづまりのなかで、近衛文麿は東条英機らの動きを「赤化」とみなし、彼らに代えて真崎甚三郎や柳川平助などかつての皇道派系将官の起用を進言した。しかし、天皇は柳川の力量は方面軍司令官程度として却下した。

＊樋口季一郎　陸軍中将。北方軍司令官としてアッツ島玉砕、キスカ島撤退を指揮。第5方面軍司令官。敗戦後も占守島・樺太でソ連と戦った。

＊戦闘序列　陸軍で戦時に発令される作戦部隊の臨時編成。

7日、重光外相より日ソ関係を聞く。天皇は日ソ交渉の成立をくりかえし嘉賞し、独国の状況、英米両国と中立国への反響を問う。また重光より俘虜・中立国人・敵国人の待遇問題、戦争協力のための日独伊三国一般委員会*開催につき聞く。

10日、陸海軍航空兵器を見るため、多摩陸軍飛行場*へ行幸。

陪食、賜饌の取り止め

4月11日、松平恒雄《まつだいらつねお》宮相より、物資の欠乏甚だしきにより陪食・賜饌の取り止めの件。天皇は、程度を引き下げても存置すべき旨を述べる。

12日、内田信也《うちだのぶや》農商相より、2時間以上にわたり昭和19年度食糧需給計画を聞く。

14日、「初雪」にて、吹上御苑で本年初めての乗馬。

18日、本日未明、第12軍隷下の第32師団などが河南省中牟《ちゅうぼう》で攻撃開始。

20日、陸軍士官学校卒業式臨席、朝香宮鳩彦《あさかのみややすひこ》・牛島満*校長らと対面。「初雪」にて卒業生徒を閲兵*。

21日、ベニグノ・アキノ大使と対面、フィリピン独立と日比同盟締結のラウレルよりの国書を受け、豊明殿にて午餐。

25日、靖国神社*臨時大祭第2日につき行幸。

「あ」号作戦

5月1日、木戸内大臣を召し、海軍の新作戦と士気昂揚につき述べる。

***日独伊三国一般委員会**　日独伊三国同盟は三国間の協議機関として一般・軍事・経済の3部門からなる「日独伊混合専門委員会」が設置され、東京・ベルリン・ローマに3部門の委員会が設けられた。これらの委員会は米英の連合参謀会議のような強い権限はなく、実質的に機能しなかった。

***多摩陸軍飛行場**　現在の横田飛行場。高松宮・三笠宮・梨本宮・朝香宮孚彦・東久邇宮稔彦・李垠と対面した。

***牛島満**　陸軍中将。1942年4月に陸軍士官学校校長となる。44年8月に第32軍司令

2日、大本営会議に臨み、陸海軍両統帥部連合による当面の作戦指導方針の研究を聞く。主決戦地区にて、両軍協同、万策を尽くして敵に大打撃を与え、その進攻企図の破摧《はさい》に努力すべき旨が表明される。

この日、寺内寿一南方軍総司令官に、東部ニューギニアにおける任務を解き、西部ニューギニア以西に転移すべき大陸命。また東条参謀総長より南方軍総司令官に、西部ニューギニアにて確保すべき第一線をヘルビング湾底要域、マノクワリ、ソロン、ハルマヘラ付近の線とし、ビアク島付近の要地を極力長く保持すべき旨を指令。

3日、嶋田軍令部総長は豊田副武《とよだそえむ》連合艦隊司令長官に、概ね5月下旬以降、中部太平洋より比島ならびに濠北にわたる海域にて敵艦隊主力の撃滅を企図する「あ」号作戦を指示。

4日、仏印カムラン湾付近の砂浜に棲息し、現地民が常食とするトカゲ4頭*を見る。

古賀峯一連合艦隊司令長官の殉死発表

5月5日、午後3時、大本営より、古賀連合艦隊司令長官が去る3月に前線にて飛行機搭乗中に殉死した旨が発表される。天皇は本月2日に古賀を元帥府に列する。

6日、内地部隊統帥機構が改変され、航空部隊の一部などを防衛総司令官の隷下に入れ、東久邇宮稔彦《ひがしくにのみやなるひこ》防衛総司令官に海軍と協同の上、本土防衛にあたらせる勅語。バンコク市、中華民国安徽《あんき》省にて敵襲により邦人死者発生につき、天皇皇后より救恤金。

官として沖縄に赴任、45年6月23日に摩文仁洞窟の司令部濠で割腹。戦死後、大将となる。

＊閲兵　今回の観兵式は、士気鼓舞のため、陸軍側の願いにより、式場で初めて天皇旗を下士官が捧持。

＊靖国神社臨時大祭　一昨23日、靖国神社にて満州事変・支那事変・大東亜戦争で死去した軍人・軍属2万5名を合祀。

＊トカゲ4頭　翌日、上野動物園に下賜。

9日、東条首相より、4月の飛行機生産、タンカーの増徴を聞く。坪島武官より、東京都下の航空兵器関係軍需工場の差遣復命。

11日、独国総統ヒトラーより、古賀峯一殉職への弔電、*柏葉付鉄十字勲章贈呈。

12日、*国民服礼装を宮中における男子の通常服に充てる。国民服礼装の肩章と飾緒を除いた服装を宮中の平常服とし、宮内官の着用を定める。

13日、金剛峯寺《こんごうぶじ》にて玉体安穏、敵国降伏の祈願執行につき写真貸し下げ、供料下賜。

16日、東条参謀総長より、ビルマ・濠北・比島方面の作戦、船舶護衛対策を聞く。第5航空軍の戦果、*京漢作戦の戦況を嘉賞。日本鳥類学会会頭の鷹司信輔《たかつかさのぶすけ》公爵らと生物学研究の会話を希望しながら、理事長の山階芳麿《やましなよしまろ》侯爵を除外するのは具合悪く、かつ戦時中につき対面も差し控えると述べる。

17日、石渡荘太郎《いしわたそうたろう》蔵相より、昭和19年度の貯蓄額を聞く。松平宮相を召し、疎開問題につきあくまで宮城に留まる決心を述べる。

19日、昭和19年度第1回*禁闕《きんけつ》防衛連合演習、天皇は終日御文庫で過ごす。

宮城を低空飛行で視察

5月20日、南鳥島空襲に伴う警戒警報、22日予定の皇太后参内は取り止め。

21日、吹上御苑内の観瀑亭・駐春閣・テニスコート方面を散策。散策の際、東久邇宮稔彦防衛総司令官に上空より見た宮城の状況を問い、低空飛行による御文庫付近の

＊柏葉付鉄十字勲章　ドイツの勲章。幸運の樹とされる柏葉を3枚追加したデザイン。日本では山本五十六と古賀峯一が授与された。

＊国民服礼装　礼装は燕尾服、フロックコート、モーニングコートなどの礼服に相当するものとして扱われた。

＊京漢作戦　1号作戦（大陸打通作戦）の前半の作戦で、北京と漢口を結ぶ京漢線を打通する作戦。

＊禁闕防衛連合　皇居防衛の任にある宮内省や近衛師団、警視庁などの連合。

視察を希望する。*

27日、東条参謀総長を召し、河南作戦*成功につき畑俊六《はたしゅんろく》支那派遣軍司令官に勅語。

ノルマンディー上陸

6月1日、尾形健一武官より朝鮮軍および朝鮮の民間軍需品製造工場への差遣復命。

5日、後宮淳《うしろくじゅん》参謀次長に、京漢作戦などにおける第5航空軍の戦果を嘉賞。

6日、中村俊久武官より、欧州における第2戦線形成*を聞く。

8日、木戸内大臣を召し、時局重大につき生物学の研究、日常の散歩を廃止したき旨を告げるも、木戸より「御配慮の要なき旨」を答える。

10日、水田にて愛国、農林1号、17号、太郎兵衛糯の稲苗を手植え。

米軍、サイパン上陸

6月15日、木戸内大臣を召し、米軍がサイパン島に上陸を開始したことを述べる。後宮参謀次長に湘桂方面の作戦の順調な進捗を嘉賞する。小笠原諸島の父島・硫黄島への敵機来襲に伴う警戒警報。近時の物価騰貴に鑑み、皇室と由緒深き仁和寺《にんなじ》ほか43寺に従来の賜金に加え、時局特別賜金を下す。

16日、安藤紀三郎《あんどうきさぶろう》内相より、今晩の北九州への空襲被害を聞く。西部軍*の防空戦闘に対し、東久邇宮防衛司令官に嘉賞の言葉。防空警報発令時の大臣・側近の儀礼にわたらない職務上の服装は、国民服礼装または黒色背広上衣・縞ズボンを許す。

＊**視察を希望**　30日に松平宮相らは防衛総司令部の輸送機で宮城・大宮御所・下総御料牧場を、6月7日に那須・塩原・日光・葉山を上空より視察。

＊**河南作戦**　1号作戦（大陸打通作戦）の第1期。1944年4月18日未明、第12軍隷下の部隊が河南省中牟で攻撃を開始した。

＊**第2戦線形成**　連合軍のノルマンディー上陸。

＊**西部軍**　中国・四国・九州を防衛総司令部が統括した。対米英開戦後に東久邇宮稔彦が防衛司令官となる。

17日、重光葵外相より、欧州戦局、中立国の状況、対独・対ソ交渉を聞き、ソ連と中国問題を問う。木戸内大臣を召し、沿バルト諸国独立承認などの政策につき、独国より協同動作を求められた場合の日本の態度と、そのソ連に与える影響を重光に問うた旨を談話する。後宮参謀次長より、第18軍の西部ニューギニア方面に対する転進の中止*を聞く。夜、サイパン島の築城状況の映画を佐藤治三郎武官の説明で見る。

20日、午後3時、大本営は湖南方面作戦中の日本軍が6月18日夕に長沙《ちょうさ》および醴陵《れいりょう》を攻略したことを発表。午後3時30分、後宮参謀次長に長沙および岳麓山《がくろくざん》攻撃ほかの作戦の順調な進展を嘉賞。

嶋田繁太郎軍令部総長と対面中に、大本営はサイパンに来襲した米軍が6月15日に同島の一角を占めて兵力を増強中であるが日本軍はこれを邀撃《ようげき》し多大な損害を与えつつあること、マリアナ諸島近海の米の大機動部隊に対し日本軍航空隊は連日攻撃を加え戦艦1隻ほかを撃沈したが日本軍船舶、飛行機も相当の損害を生じた旨を発表。

サイパン島失陥

6月22日、木戸内大臣を召し、「戦局いよいよ決戦段階に突入につき、今後の政府の決定方針に関し、場合によっては重臣に諮問したき旨」を希望。

高松宮より、サイパン島を失陥することの重大さ、皇族を相談相手とする気持ちの有無につき問われる。「政治に対する責任の観点から」、皇族を相談相手とすることは

＊転進の中止　この日、第18軍などの部隊に、東部ニューギニアの要域において持久を策する旨の大陸命を発する。

＊戦況　翌23日、大本営は、連合艦隊が米機動部隊とマリアナ諸島西方にて交戦、空母5隻などを撃墜したが決

できないと答える。

嶋田軍令部総長より戦況*を聞く。夜、皇后と観瀑亭・花蔭亭付近で蛍を見る。例年になく多いことに満足し、当直側近陪覧。

24日、両総長より、中部太平洋の爾後の作戦（サイパン島奪回企図の放棄）を聞く。

25日、東一ノ間にて元帥会議。伏見宮博恭《ひろやす》元帥会議議長より「爾後の作戦指導は適当なり」「今次方策の実行は事迅速を要し又陸海両軍の航空兵力の統一運用に努むること緊要なり」との報告を受け、天皇はサイパン島放棄を認可。

26日、高松宮に元帥会議の結果を覆すことはないと述べる。伏見宮博恭より、嶋田海相の更迭案*を聞く。夕刻、後宮参謀次長にインパール作戦につき問う。

28日、小泉親彦厚相に、従業者の健康確保策、結核蔓延防止策、国民の栄養状態などを聞く。夜、観瀑亭、鶴池付近にて蛍観賞。蛍飼育に長年尽力した岡本愛祐《あいすけ》・永積寅彦も陪覧。

皇太子明仁の疎開

7月1日、東条英機参謀総長より、インパール作戦中止、小笠原兵団の任務*の報告を受ける。来る7日より13日までの7日間、石清《いわし》水《みず》八幡宮にて敵国降伏の祈願祭挙行につき祭祀料を下賜。

8日、後宮淳参謀次長より、今晩の北九州への空襲の報告を受ける。


定的打撃を与えるに至らず、日本軍は航空母艦1隻、飛行機50機などを喪失した旨を発表。

＊更迭案　戦局悪化のなかで独裁的な東条英機内閣への批判が高まり、海相と軍令部総長を兼任する側近の嶋田への風当たりも強かった。嶋田は、1944年7月17日、東條内閣倒壊直前に海相を辞任、8月に軍令部総長も辞任する。

＊小笠原兵団の任務　この日、小笠原兵団長に、海軍と協同して来攻する敵を撃破し、小笠原諸島の要域を確保すべき旨の大陸命を発する。

9日、皇太子は、疎開*のため東宮仮御所より日光田母沢《たもざわ》御用邸に滞留。

10日、安藤紀三郎内相より、『中央公論』『改造』の検挙の報告。夕刻、後宮参謀次長に、去る7日、8日の西南支那進攻作戦（1号作戦）における第5航空軍の勇戦奮闘を誉める。

12日、午後、プールにて本年初の水泳。

サイパン島失陥後の東条と木戸の対応

7月13日、午後1時、東条首相は木戸内大臣を訪問し、サイパン島失陥後の時局をめぐり、戦争完遂に邁進するため陸海軍の真の協力一致、大本営の強化、内閣の改造、閣議の刷新、重臣からの協力獲得、翼賛政治会に対する処置などを改革案として挙げ、引き続き東条と嶋田海相が両総長を兼ねる旨を述べる。木戸は、統帥の確立（専任参謀総長の存在）が最も必要であること、海相の更迭なしには国民の信望の繋ぎ止めと海軍の志気昂揚は考えられないこと、内閣による重臣および指導層の抱擁把握の必要があることの3点を述べる。

午後2時10分、木戸を召し、木戸と東条との会談模様を聞く。

午後4時30分、東条参謀総長と嶋田軍令部総長より、陸海軍航空の協同、両作戦部の共同執務などの報告を受ける。嶋田退出後、東条は時局をめぐる自分と木戸の意見を述べ、天皇の判断を聞く。天皇は統帥の確立を考慮すべき旨を命ずる。また、嶋田

***疎開**　翌年7月14日に、学習院学生の夏季錬成に参加の名目で、同御用邸より日光湯元の南間ホテルに疎開し、同年11月7日に帰京。

更迭には部下のみならず伏見宮博恭も動いた事実があることを指摘し、重臣や指導層の包摂は前の2点に比べ問題ではない旨を述べる。7時25分、木戸を召し、東条とのやりとりを伝える。

14日、夕刻、後宮参謀次長に対し第5航空軍の大戦果を誉める。

朝香宮、東久邇宮の進言と天皇の回答

7月17日、軍事参議官の朝香宮鳩彦《やすひこ》より、軍令・軍政の区別、陸海軍統帥一元化実施の必要性、同じく東久邇宮稔彦《ひがしくにのみやなるひこ》より、専任の参謀総長設置、大本営に海軍出身の幕僚長の下に陸海軍部を設けることなどの進言。軍政・軍令の分離は至当、政府は専任総長を置く、また幕僚長案は理想案につきなお研究するが伏見宮博恭の健康が許さないなど適任者がないため、現行制度によらざるを得ないことなどを答える。なお天皇は、海軍が資材をすべてラバウルに投入し、サイパン島の防備を強化しなかったことは作戦上の誤りである旨を述べる。

東条は総辞職を決意

7月18日、木戸より、平沼騏一郎《ひらぬまきいちろう》邸の重臣会合で、難局打開には挙国一致内閣が必要で、内閣の一部改造では役に立たない旨を決定した件を聞く。東条首相は参謀総長辞職を決意して内閣存続のため重臣の入閣を企図するも、阿部信行《あべのぶゆき》を除きいずれも入閣を拒否。東条より辞職を勧告された岸信介国務大臣も、重臣入閣を条件に抵抗し、

重臣入閣なき場合は総辞職の緊急動議を閣議に提出すると表明。藤原銀次郎の軍需大臣就任も重臣の同意を得ず、東条は総辞職を決意。

重臣会議にて後継首班候補に寺内寿一・小磯国昭・畑俊六が挙げられるも、寺内は南方軍総司令官であり敵の反攻苛烈なる際に第一線の総司令官を空けることは不可能、などの東条参謀総長の意見により、天皇は小磯を召す。

午後5時、大本営は、サイパン島の部隊が去る16日までに全員壮烈な戦死を遂げ、また同島の在留邦人も概《おおむ》ね将兵と運命をともにした旨を発表。木戸に、東条の陸相留任の有無を聞く。

小磯・米内連立内閣

7月20日、午前10時55分、木戸より、一部重臣の発意に基づく小磯陸軍大将と米内《よない》光政《みつまさ》海軍大将による連立内閣案を示され、内諾する。午後5時7分、小磯と米内に組閣を命じ、憲法の条章の遵守、大東亜戦争完遂のため対ソ関係の悪化防止に努める旨を伝える。

22日、小磯・米内内閣親任式。東条は予備役*となる。去る7月20日、ドイツ総統ヒトラー遭難（暗殺未遂）につき、見舞い電報を発する。

24日、嶋田軍令部総長、梅津《うめづ》美治郎《よしじろう》参謀総長と対面し、陸海軍爾後の作戦指導大綱を聞く。大綱では、敵の戦力を破摧《はさい》しつつ国防要域を確保し、敵の継戦企図は破摧す

＊予備役　現役軍人の役目を終えて在郷軍人となった東条英機は軍部内での権限も弱まり、軍部大臣現役武官制のもと陸相に復帰することもなくなった。

ることを目的とし、米軍主力の進攻に対して本年8月以降に決戦を指導すること、また決戦方面を本土（情況により小笠原諸島も）、ならびに連絡圏域（南西諸島、台湾、東南支那）、およびフィリピン（地上決戦はおおむね北部フィリピン）と予定する。

この日、寺内寿一南方軍総司令官、安藤利吉台湾軍司令官、樋口季一郎第5方面軍司令官および畑俊六支那派遣軍総司令官に対し、海軍と協同して速やかに決戦準備を整えるべき旨の大陸命が発される。

あくまで神州にあって死守

7月26日、木戸に、自分が帝都を離れる時は、臣民とくに都民に不安の念を起こし、敗戦感を懐かしめる恐れがあるため、統帥部で考慮しても、できる限り最後まで帝都に留まりたく、時期尚早な実行は好まないこと、あるいは大陸への移動を考える者もあろうが、あくまで皇大神宮の鎮座する神州にあって死守しなければならない旨の考えを示す。

8月4日、杉山元《すぎやまはじめ》陸相より南タイ紛争事件*を聞く。本月1日以後の空襲で死傷した防空従事者、不慮の災厄による陸海軍将校以下の負傷者への天皇皇后の菓子料を廃止する。

5日、大本営政府連絡会議を解消し、最高戦争指導会議*を設置。

7日、米内光政海相より、伊予灘にて訓練中に浸水沈没した伊号第33潜水艦の事故

＊南タイ紛争事件　タイの政変に端を発した第29軍によるタイ警察軍の武装解除事件。

＊最高戦争指導会議　小磯国昭内閣成立直後、戦争指導の根本方針の策定、政府・統帥部間の連絡調整の強化、一元的戦争指導のため、従来の大本営政府連絡会議を改称して設置した。しかし、統帥部は政府が作戦指導に介入することを拒み、戦争の一元指導は実現しなかった。

を聞く。杉山陸相より、*鞍山《あんざん》空襲の生産関係に及ぼした影響を聞く。

8日、重光外相より、汪精衛《おうせいえい》の病気不良を聞く。天皇は重慶政権との和平の可否を問う。梅津参謀総長に、衡陽陥落につき「深く満足に思ふ」と嘉賞。及川古志郎《おいかわこしろう》軍令部総長より、*大宮島の最後、硫黄島の戦況を聞く。

米国漫画映画を見る

8月9日、夜、三笠宮参殿、皇后と三笠宮持参の米国漫画映画を見る。

12日、梅津参謀総長より、スマトラ島パレンバンおよび本土への空襲状況を聞く。突撃船艇に関する陸軍映画を5分間にわたり見る。

14日、藤原銀次郎軍需相より飛行機生産状況を聞く。

19日、東一ノ間開催の最高戦争指導会議に臨む、一同と写真を撮り、「世界情勢判断」「今後とるべき戦争指導の大綱」の審議を聞く。議題の決定に際し、「従来決定と実行との齟齬《そご》の例たびたびあり、今回は決定を実施することに努力すべき旨」の言葉あり。

20日、午後8時、大本営より、在支米空軍60機内外がいくつかの梯団となり1時間にわたり九州・中国西部に来襲したため邀撃し、10数機を撃墜、3機は体当たり、落下傘降下した米兵若干名を捕獲、地上に若干の被害との発表。

21日、梅津参謀総長より、昨日来の九州空襲を聞く。杉山陸相より、昨日来の北九州空襲における軍需生産関係の被害を聞く。

＊**鞍山空襲**　7月29日、四川省の成都から発進した60機のB29が満州の鞍山にある昭和製鋼所のコークス炉2基などを爆撃した。八幡製鉄所につぐ生産規模があったが、米軍は生産能力が半減したとみなした。その後も鞍山には8月と9月に計4回の爆撃がある。

＊**大宮島**　1941年から44年までの日本軍占領下のグアム島。

＊**捷号作戦**　サイパン、グアムなどを失った日本軍が、「戦捷」の意

22日、梅津参謀総長より、捷号*作戦準備の進捗状況を聞く。大達茂雄《おおだちしげお》内相より、北九州の空襲状況を聞く。旅順市に造営の関東神宮*に神宝として刀一振（月山貞一作）寄進。

24日、重光外相に、外国人に対する国民一般の態度などを問う。

28日、石渡荘太郎《いしわたそうたろう》蔵相より中華民国国民政府との間の4億円クレジット設定を聞く。

30日、梅津美治郎参謀総長より、今後のビルマの作戦の目的は印支分断による大陸正面の戦略根拠の確立、独立ビルマの掩護、印度支那・タイ方面の安定、パレンバンなどの重要資源要域確保の前哨《ぜんしょう》たらしめることにある旨を聞く。

広田弘毅のソ連派遣案

9月1日、杉山陸相より、台湾の高雄爆撃、汪兆銘《おうちょうめい》の病状などを聞く。

4日、小磯国昭首相より、最高戦争指導会議*構成員会議の対ソ施策を聞く。施策決定の上は広田弘毅元首相を派遣。

5日、重光外相より、独ソ和平、日ソ交渉、仏印問題をめぐるコスム大使*との会談につき聞く。重光は、佐藤尚武駐ソ大使に広田派遣につき至急ソ連政府の査証を取得したき旨を打電。

6日、小磯首相・梅津参謀総長・及川軍令部総長らより、対重慶工作の件を聞く。本工作の方法如何により日本の弱みを曝露することの有無、成功の見込み、現地軍の

味を込めて「捷号」とした。想定する決戦の場により捷1号（フィリピン）、捷2号（台湾、南西諸島）、捷3号（九州、四国、本州）、捷4号（北海道）が計画された。

＊関東神宮　旅順に創建された官幣大社。祭神は天照大神・明治天皇。

＊最高戦争指導会議構成員会議　首相・外相・陸相・海相・参謀総長・軍令部総長の6名の最高戦争指導会議構成員の会議。

＊コスム大使　駐日フランス特命全権大使ヘンリー・コスム。

士気への影響、蔣介石を相手とせずとした近衛声明との関係、南京政府側の意志、日華同盟条約が大東亜諸国との間の条約へ及ぼす影響、日華条約廃棄は御前会議にて決定する必要なきやなどを問う。

7日、梅津参謀総長より、東亜におけるソ連の動静を聞く。木戸を召し、「重慶工作が単なる謀略に堕することなく、国際信義と大義名分に反することなきよう」望む。

9日、杉山陸相より、米軍爆撃機による南満州鞍山の空襲被害、帝国在郷軍人会の現況を聞く。小磯首相および両総長より対重慶工作の件を聞き、「単なる謀略に終わることなく飽くまで正道を」「一時的効果を以て満足することなく」と述べる。

15日、梅津参謀総長より湘桂作戦、パラオ諸島の戦況を聞いた際、過般の第5航空軍による成都攻撃の成果を嘉賞。

16日、ソ連より、日本の特使派遣申し入れを拒否する旨の回答。

18日、山田乙三関東軍総司令官に、ソ連に対しては極力戦争の発生を防止する旨の大陸命が発される。

19日、梅津参謀総長より、ビルマ方面の緬甸《ビルマ》方面軍主力を南緬要域に転移せしめ、この間、印支連絡の封鎖に努めることへの任務変更を聞く。

21日、小磯首相および両総長より、今後採るべき戦争指導の大綱に基づく物的国力運営につき聞く。さらに両総長より、10月下旬以降の比島での決戦を予期し、輸送力などの戦力を捷1号（比島）方面へ徹底集中すべきこと、将兵一丸となり中央・現地一途の方針の下に作戦準備に全力を傾倒する旨を聞く。作戦準備状況を問う。

22日、小磯首相より、比島の対米英参戦に対する声明*につき聞く。米内海相より油の状況を聞く。この日、寺内寿一南方軍総司令官などに、決戦方面を比島と概定し、決戦時期を10月下旬以降とするなどの大陸命を発する。

25日、重光外相より、比島の対米英参戦、フィンランドの対日国交断絶、仏国ヴィシー政府のドイツ国内への移転など聞く。


「和平を実現できざるや」


9月26日、木戸内大臣を召し、「ドイツ屈服等の機会に名誉を維持し、武装解除又は戦争責任問題を除外して和平を実現できざるや、領土は如何でもよい旨」を述べる。また、今日の情勢に対する松岡洋右らの判断につき、木戸の意見を問う。

夕刻、木戸は重光外相に、天皇の和平に対する考えを極秘事項として伝える。

木戸内大臣、朝香宮鳩彦より聞いた杉山陸相の更迭と陸軍の陣容再建を目的とする一部皇族の動きを天皇に伝える。

この日、朝香宮は木戸に、陸軍部内が憂慮すべき状況であり、軍としては最高の布陣にて決戦段階に臨みたいとの立場から、三笠宮・梨本宮・東久邇宮稔彦・賀陽宮恒憲と協議して、部下の信頼のない杉山を元帥府専任とするよう梨本宮から天皇に進言

*声明　23日、フィリピンは対米英宣戦を布告、情報局はフィリピンへの協力援助を惜しまない旨の政府声明を発表。

し、後任陸相に阿南惟幾《あなみこれちか》・山下奉文《ともゆき》が適任とする方針を申し合わせたと伝える。

木戸は陸軍首脳部の意向を度外視した最高人事に関する皇族の進言を天皇が認めることは、統帥上由々しき次第であるので慎むのが筋とし、さらに天皇より指図があったとしても陸軍首脳部はこれを皇族独自ではなく「背後に魔手の動きあり」と解釈するので、皇族の立場は困難となるとした。そして、朝香宮が東久邇宮と協議の上、3長官の一人である梅津参謀総長に相談し、善処するのが望ましいので、梨本宮の参内は延期するように進言し、朝香宮は了解した。

27日、ヒトラーと日独伊三国条約締結4周年の親電交換（後日、ムソリーニより祝電）。

30日、大本営、大宮島およびテニアン島の部隊が9月27日までに全滅したと認める旨を発表。及川軍令部総長より、捷号作戦に関連する連合艦隊司令部の所在など聞く。

ドイツの単独講和の有無

10月1日、皇后と御文庫ベランダにて月見。

2日、小磯国昭首相と、昨28日の最高戦争指導会議で決定の対ソ施策の件。わが国はソ連の中立的態度を維持し、進んで日ソ国交の好転を図ること、ドイツの崩壊または単独和平の場合に対処するため、ソ連を利用して情勢の好転に努めることとなる。

女子の通常服に関する件を公布、簡素にして古来の伝統を参酌《しんしゃく》した新通常服を制定。

6日、梅津参謀総長より、大東亜ならびに欧州の戦況を聞く、その際、第5航空軍の不断の敢闘を誉める。

7日、重光葵外相に、ドイツの単独講和の有無、共同講和申し入れの可否、汪精衛の病状、バー・モウの来朝、チャンドラ・ボースと*光機関との関係などを尋ねる。また俘虜の取扱いにつき注意する。

9日、頭山満死去につき、小倉庫次侍従を勅使として差遣、幣帛《へいはく》・花・祭資を下賜。

10日、梅津参謀総長と50分以上対面し、米英両軍の対日攻勢企図判断につき聞く。

11日、戦地より帰還の*牟田口廉也《むたぐちれんや》より、インパール作戦に関する軍状を聞く。

台湾沖航空戦と大本営発表

10月13日、午前10時、及川古志郎軍令部総長より、昨12日の敵機動部隊による台湾全島への空襲と我が軍の戦果を聞く。午前11時30分、大本営は、我が航空部隊が昨12日夜台湾東方海面にて敵機動部隊を捕捉し、反復攻撃の結果、航空母艦1隻撃沈など発表。ついで午後3時30分、昨12日台湾各地に来襲の敵機1100機のうち約110機を撃墜なお交戦中、などと発表。

14日、及川軍令部総長より、敵機動部隊の台湾空襲と我が軍の戦果を聞く。帰着した搭乗員に調査した結果、少なくとも6隻以上轟沈または炎上せしめた模様の旨を聞く。午後5時、大本営は敵機動部隊を猛攻中で、航空母艦3隻ほかを撃破したと発表。

＊光機関　インドの対英独立工作を担った特務機関で、1941年、インド国民軍の編成などにあたる。その後、組織が拡大されて岩畔豪雄機関長の岩畔機関となり、さらに光機関となる。43年にドイツに亡命していたチャンドラ・ボースを迎えて自由インド仮政府国家主席とした。

＊牟田口廉也　陸軍中将。盧溝橋事件では支那駐屯軍歩兵第1連隊の連隊長として、対米英開戦では第18師団長としてマレー作戦、シンガポール攻略戦を指揮。44年にはインパール作戦を敢行し、失敗。

6時30分、台湾各地上空で約160機の敵機撃墜の発表。

フィリピン国独立1周年につき、ホセ・ラウレル大統領に祝電。大統領への親翰と勲章は一昨12日、台北で敵機の空襲で焼失につき後日再送される。

15日、午後3時、大本営は、敵機動部隊が敗走中で我が部隊が反復猛攻を加え戦果拡大中、航空母艦7隻、駆逐艦1隻を轟撃沈、航空母艦2隻、戦艦1隻、巡洋艦1隻、艦種不祥11隻を撃破したと発表。

16日、木戸内大臣を召し、台湾沖での大戦果への勅語の下賜、台湾島民への同情伝達を希望する。午後3時、大本営は、潰走中の敵機動部隊を追撃中にして、現時点までに航空母艦10隻、戦艦2隻、巡洋艦3隻、駆逐艦1隻を轟撃沈、航空母艦3隻、戦艦1隻、巡洋艦4隻、艦種不祥11隻を撃破させたと発表。3時7分、小磯首相、台湾大戦果を報告。

捷1号作戦発動

10月18日、及川・梅津両総長より、国軍の決戦要域を比島方面とする捷1号作戦発動を聞く。天皇は「皇国の興廃がかかる重大な一戦につき、陸海軍協力、現地軍・中央一体となり、万遺漏なきを期し、邁進すべき旨」を述べる。大海指*をもって、及川軍令部総長より豊田副武《とよだそえむ》連合艦隊司令長官に、捷号作戦実施は比島方面と指示される。

19日、午前、杉山陸相より、去る10日から14日までの沖縄・台湾における軍関係の

＊**大海指**　軍令部総長が天皇の命令を海軍の指揮官に発する「大海令」の細部事項は、天皇の委任を受けた軍令部総長の「大海指」で指示された。陸軍は参謀総長の「大陸指」。

＊**震洋隊**　震洋は、艇首に炸薬を搭載して搭乗員が体当たり攻撃を行う小型のベニヤ板製モーターボート。搭乗員には学徒兵や海軍飛

空襲被害などを聞く。午後4時、及川軍令部総長より比島方面の戦況、捷1号作戦の発動状況を聞く。昨18日午後5時32分、連合艦隊は捷1号作戦を下令。

戦艦武蔵撃沈と神風特別攻撃隊

10月23日、午前、奥にて震洋隊《しんようたい》*(海軍特別攻撃隊)などに関する海軍映画を見る。

靖国神社臨時大祭ならびに例大祭*。

25日、午後1時30分、及川軍令部総長より、比島方面の戦況に関し、戦艦「武蔵」の撃沈(本日午前1時30分)の模様、レイテ湾突入の第2戦隊の潰滅、第2遊撃部隊の戦場離脱などの報告を受ける。午後4時、大本営は我が艦隊の攻撃で現在までに航空母艦4隻、巡洋艦2隻、駆逐艦1隻および輸送船4隻以上を撃沈、航空母艦2隻、戦艦1隻、巡洋艦2隻を撃破し、我が方では巡洋艦2隻、駆逐艦1隻が沈没した旨を発表。

この日、大陸指をもって参謀総長より気球連隊長に、米国内部擾乱《じょうらん》を目的として11月初旬より米国本土への特殊攻撃(富号試験*)を実施すべき旨を命ずる。

各地よりの引揚民を保護指導する目的で設立の、に奨励金を下賜。

26日、坪島文雄武官の説明で、米兵所持の鹵獲品《ろかくひん》を見る。靖国神社拝礼。午後4時、及川軍令部総長より比島の戦況、神風特別攻撃隊敷島隊*などの突撃戦果について聞く。

28日、及川軍令部総長より比島の戦況、連合艦隊司令長官の当面の作戦指導方針、

行予科練習生らもおり、2500名以上が戦死した。

***例大祭**　昨22日に満州事変・支那事変・大東亜戦争において死没した軍人・軍属で合祀未済の合計2万197名を合祀する招魂祭。

***富号試験**　アメリカ本土を風船爆弾で攻撃するために陸軍が開発した作戦。秘匿のため「富号兵器」「富号試験」と称された。

***敷島隊**　関行雄海軍大尉(死後、中佐)を隊長とし、レイテ沖海戦でアメリカ海軍の護衛空母セント・ローを撃沈させる。

神風特攻隊の編成ならびに戦果などの報告を受ける。

30日、島田俊雄農商相より、昭和19年第1回米収穫予想高を聞く。梅津参謀総長より、戦力恢復のため在作戦地飛行部隊の内地・台湾・朝鮮および満州招致命令の件を聞く。

31日、及川軍令部総長より、神風特攻隊の戦果をふくむ比島方面の戦況を聞く。

天皇皇后は常時御文庫で過ごす

11月2日、杉山陸相より比島方面に対する飛行機の補給および操縦者の補充を聞く。

4日、大達内相より、台湾・沖縄の敵襲被害、復旧状況を聞く。小磯首相より、軍人援護強化、戦没軍人遺児育英の国家負担などを聞く。

爾今、首相・大臣・両総長の拝謁は御文庫とする。また6日の侍従会議にて、天皇皇后はやむを得ない行事以外は御文庫で過ごし、帰還将官の拝謁、軍旗親授式、親任式、親補式は宮殿内の従来どおりの場所を用い、警報発令の場合は延期と定める。

6日、来日の自由印度仮政府首班スバス・チャンドラ・ボースと対面。緒方竹虎《おがたたけとら》国務相より宣伝戦*の実情を聞く。及川軍令部総長より、比島・昭南・硫黄島そのほかの戦況を聞く。南洋群島よりの引揚民への援護事業団体へ2万円下賜。

7日、野津高光侯爵ほか36名の華族と対面。空襲警報にて皇后と御文庫地下室に避難、敵機2機が帝都上空に進入するが投弾なく通過。

＊**宣伝戦**　戦争遂行のための大義名分の普及や内外の世論形成、思想取締などのためにおこなった情報戦争。新聞・ラジオ・ポスターなどが動員され、人びとの意識を支配した。元朝日新聞副社長で国務大臣の緒方竹虎が情報局総裁であった。

8日、及川軍令部総長より、比島方面への航空兵力増強を聞く。蓮沼蕃《はすぬましげる》武官長より、高射砲断片などが宮城内に落下したことへの陸海軍の詫びなどを聞く。天皇、防御戦闘は必要であり断片落下の責任者の処罰や謝罪の要はない旨を述べる。

10日、軍旗親授式、今後は空襲を考慮して、正殿ではなく宮内省第2期庁舎拝謁ノ間とする。及川参謀総長より比島などの戦況を聞く。汪精衛死去。

11日、梅津参謀総長より、第11軍が桂林・柳州《りゅうしゅう》を完全占領したことを聞き、迅速な攻略とその全般の作戦へ及ぼした好影響を嘉賞。梅津より、桂林攻略の詳細、北九州への敵機来襲状況を聞く。溥儀《ふぎ》より桂林・柳州占領の祝電。御文庫で服部広太郎を相手に生物学研究、以後、本年は生物学研究所に出ず御文庫で研究。

万朶隊の戦果を嘉賞

11月13日、梅津参謀総長に、昨日のレイテ湾における陸軍特別攻撃隊万朶隊《ばんだたい》*の戦果を嘉賞。

14日、及川軍令部総長より比島方面などの戦況を聞く。梅津参謀総長より比島方面の補給状況を聞く。第5航空軍の健闘*を嘉賞。

15日、重光外相より、汪精衛遺骸見送りの状況、チャンドラ・ボース訪日の根本問題などを聞く。

16日、ビルマ国家代表バー・モウらと対面。高松宮をモウに紹介する。

＊万朶隊　99式双発軽爆撃機による日本陸軍航空隊初の特別攻撃隊。1944年10月21日に編成され、11月12日にレイテ湾へ初出撃した。

＊第5航空軍の健闘　大陸打通作戦のため第5航空軍を編成し支那派遣軍に編入、支那派遣軍は蔣介石軍に一定の戦果を挙げつつも中国戦線で釘付けになり、航空兵力もアメリカ側に押されはじめた。日本側は9月に4式戦闘機（疾風）を装備した飛行第22戦隊を投入するなどして戦況の好転につとめた。

17日、大東亜戦争勃発以来、敵国ならびに断交国に抑留中死去した同胞の慰霊のため、天皇皇后より香華料を下賜。

20日、及川軍令部総長より、特攻機および回天（人間魚雷）による攻撃のほか、中比以北に対する敵の新たな上陸に対応するため、内地の練習航空隊の教官・教員を以て新たに特別攻撃隊を編成する必要を聞く。

21日、梅津参謀総長に、北九州に来襲した敵機編隊に対する戦果を嘉賞。また独国の対ソ和平への意向が日独両国の戦争遂行上に及ぼす影響につき問う。

22日、重光外相より、日本を侵略国と規定したソ連首相スターリンの演説をめぐる佐藤駐ソ大使とモロトフ外相との会談を聞き、大島浩駐独大使とゲッペルス独国宣伝相との独ソ和平をめぐる会談につき問う。

帝都空襲

11月24日、風邪にて12月1日まで仮床。警戒警報、米軍爆撃機約70機が帝都周辺に侵入、爆弾・焼夷弾投下。昭和17年4月18日以来の帝都空襲にして中島飛行機武蔵製作所および周辺に被害。天皇皇后は御文庫地下室へ避難。

25日、杉山陸相より空襲被害を聞く。溥儀より東京空襲の見舞電報。

27日、空襲警報、40機内外の米軍爆撃機が分散して関東・東海道・近畿南部に来襲。

28日、ハンガリー政変、矢十字党*党首サラシーが国家元首となり日本政府も承認。

＊**矢十字党**　「国民の意志党」を母体として、結成されたハンガリー王国のファシズム政党。

30日、帝都に対する最初の夜間空襲が2回。神田・日本橋など各所に火災。

日光の皇太子の動静の映画

12月1日、被害が誇大視され国内外の反響が大きくなるので、都下空襲罹災地への侍従差遣はしないことを、大達内相の意見を聴取した藤田《ふじた》尚徳《ひさのり》侍従長より聞く。

3日、70機の米軍爆撃機が帝都などを爆撃。

4日、梅津参謀総長に、昨日の空襲に際して敵機約15機を撃墜したことを嘉賞。

5日、山県武官より、気球連隊・海上挺身隊への差遣復命。

6日、重光外相より、汪精衛死後の南京政情、対重慶工作、駐日独国大使スターマーとの会談内容、米国国務長官・国務次官の人事などを聞く。

7日、及川軍令部総長より、比島方面の捷1号作戦を日米の決戦と位置づけ、レイテ島の完全占領を企図する米を陸海軍協同して掃滅することなどを聞く。また、内地・昭南間航路の一貫護衛のため、新たに第1護衛艦隊を編成したき旨を聞く。

梅津参謀総長に、教導航空軍*特別攻撃隊によるサイパン島攻撃を嘉賞。

11日、日独伊国間協定締結3周年につき、ヒトラー、ムッソリーニと親電交換。

12日、大本営（御文庫拝謁室）にて、今般帰還の揚田《あげた》清猪《きよお》海軍大佐（第15潜水隊司令）より回天特別攻撃隊菊水隊*の作戦を聞く。この夜より御文庫地下室に就寝。

レイテ作戦の続行

＊教導航空軍　戦局が悪化した1944年6月、戦力不足を補うため飛行学校や航空整備学校を軍隊化し、教導飛行師団が編成された。11月以後、マリアナ方面のアメリカ軍飛行場破壊のため、航空総監は浜松教導飛行師団にサイパン島やテニアン島を攻撃させた。

＊菊水隊　回天特攻のさきがけとなった攻撃隊。1944年11月8日に母艦潜水艦に各4基ずつ搭載された計12基で西カロリン諸島のウルシー泊地などに向かったのが初陣。

12月14日、御文庫地下室就寝となるも、気温が華氏70度（摂氏21・1度）前後に上るため、昨13日より暫時地上、警報発令あれば地下室となる。及川軍令部総長より、レイテ作戦を既定方針どおり続行することを聞く。杉山陸相より、昨13日の東海・名古屋の空襲被害を聞く。

18日、木戸内大臣より、内閣改造問題*を聞く。去る7月8日、内南洋《うちなんよう》*にて戦死の南雲忠一海軍中将（大将に進級）に対し、祭資・幣帛。

19日、西溜ノ間にて、翌日卒業の陸大59期生らと対面。昨月頃より帝都に対する敵機来襲が漸次増加し、本月には連日となる。よって恒例の行幸、帰途の大本営陸軍部への立ち寄りを取り止める。今期卒業生は近く戦地に赴くため暇乞《いとまご》いの意味。

23日、尾形武官の説明により、サイパン・テニアン両島における米軍飛行場の整備状況に関する空中写真を見る。夜、皇后と映画「陸軍」を見る。

御文庫地下室に避難

12月24日、午前2時より警戒警報、敵機1機が3回にわたり関東地方に進入、皇后と地下室に避難。

26日、第86回帝国議会開院式に行幸、「朕が戦線の陸海将兵は決死敢闘随所に勁敵《けいてき》を撃破し朕が銃後の一億臣民は勇躍奮励戦力を生産に増強し連年万難を克服して以て今日に迨《およ》べり而《しこう》して大東亜の建設日に進み友邦との締盟亦益々固し朕深く之を懌《よろこ》ぶ」

＊**内閣改造問題**　藤原銀次郎軍需相の辞意に端を発し、首相が専任大東亜相の設置を提議したことに対して、同相を兼任する重光が外交一元化の立場から回答を保留したことで紛糾した。

＊**内南洋**　第1次世界大戦後に日本の統治領となり南洋庁が管轄した南洋群島。その外側に位置したフィリピン、ニューギニアなどは外南洋と称された。

との勅語。杉山陸相より、帝国陸軍の人的戦力に関する件を聞く。

27日、空襲警報にて皇后と地下室に避難、米軍爆撃機約50機により帝都西北部に爆弾・焼夷弾の投下。両総長より今後の作戦指導を聞く。今後は捷1号作戦の指導をレイテ島に限定せず比島全域に拡大し、敵の侵攻企図を抑圧する。及川軍令部総長より、主要水上艦艇の使用方針を聞く。

敵襲により関東地方、中華民国山西省に邦人死者発生につき、天皇皇后より救恤金。

28日、蓮沼武官長に、レイテ島の固守、海軍による同島への支援、ルソン島決戦に際する兵力増強の可否を問う。

敵機の帝都進入により日本軍の高射砲が発射され、皇后と地下室に避難。

29日、杉山陸相より1時間にわたり、陸軍の物的戦力の実情、将来の対策を聞く。

30日午前1時、警戒警報、皇后と地下室に避難。

31日、節折《よおり》の儀、大祓の儀。午後9時42分警戒警報、地下室に避難。

絶望的防戦（１９４５・１～８）

元日の空襲

１９４５年１月１日、御文庫にて新年。午前零時５分および４時50分、警戒警報にて皇后と御文庫地下室に避難。解除後、軍装にて御文庫前庭に真薦《まこも》を敷き屏風４隻で囲んだ仮設にて四方拝。午前８時、皇后と兵食野戦必勝料理、海軍野戦兵食の晴御膳。

６日、御文庫にて服部広太郎《はっとりひろたろう》相手に本年最初の生物学の研究。以後、主に土曜日に研究。木戸幸一《きどこういち》内大臣を召し、比島戦況の結果如何により重臣等から意向を聴取することの要否を問う。木戸は数日の推移を見ることを提言。及川古志郎《おいかわこしろう》軍令部総長より、比島・スマトラ島・台湾方面の戦況、航空艦隊再編の件を聞く。

８日、陸軍始観兵式。防空上の見地から式場を宮城前外苑に変更、開始時間を繰り上げ、短縮する。閲兵を取りやめ、御料馬「初雪」にて在京部隊の分列のみを見る。

重臣からの意見聴取の必要

１月13日、比島の戦況、敵機動部隊の仏印沿岸攻撃などの様子をふまえ、重臣からの意見聴取の必要を木戸に述べる。

14日、大達茂雄《おおだちしげお》内相より、この日午後の＊豊受《とようけ》大神宮の空襲被害を聞く。

＊**豊受大神宮**　伊勢神宮の外宮。内宮の皇大神宮とともに正宮を構成する。

＊**講書始**　国書は瀧精一「僧空海の書論と芸術」、漢書は矢野仁一「礼を尊重する支那の文化の特色に就て」、洋書は八木秀次「電波兵器の発達」。

＊**歌会始**　題は「社頭寒梅」。詠進歌は皇族をふくめ２万417首。

15日、小磯国昭《こいそくにあき》首相らより、昨日の豊受大神宮の爆撃被害の詫びを受ける。

18日、*講書始。

22日、*歌会始。及川軍令部総長より、台湾・比島・南西諸島方面の戦況を聞く。

27日、梅津《うめづ》美治郎《よしじろう》参謀総長より戦況報告、その際、*南部粤漢作戦における現地各部隊の戦果を誉める。この日、参謀総長より、寺内寿一南方軍総司令官に対し、来攻する敵を撃破して要域を確保し、本土または中国大陸方面に向かう敵の進行を制扼《せいやく》して、全軍作戦を容易ならしむるべき旨の大陸命が伝えられる。

29日、木戸を召し、戦争に関する皇太后の心境などにつき種々談話。

重臣の天機奉伺

2月1日、午後、木戸内大臣より、重臣の天機《てんき》奉伺《ほうし》の機会に時局に関する意見を述べさせる件を聞く。

2日、夜、警戒警報、ついで高射砲射撃開始につき、皇后と御文庫地下室に避難。

3日、小磯首相より、本月1日の最高戦争指導会議決定の「情勢の変化に応ずる仏印処理に関する件」を聞き、裁可。午後、重光外相より、ドイツ国の危機的状況、米英ソ*三国首脳会談の議題、ソ連の政策、スペイン・ポルトガル両中立国の態度、仏印処理問題、*対中新経済政策の発展などを聞く。

梅津参謀総長より、安藤利吉第10方面軍司令官に対し、来攻する敵を撃破して台湾・

＊南部粤漢作戦　1号作戦（大陸打通作戦）の末期。漢口・貴州さらに広州（粤）にいたる南部粤漢打通作戦を行い、多数のアメリカ軍航空基地を占領した。

＊三国首脳会談　2月4日から11日にかけて開かれるヤルタ会談。ソ連の対日参戦、国際連合設立のほか、ドイツなど東欧州の米ソ利害の調整がはかられた。

＊対中新経済政策　親日的な汪兆銘政権の連合国への参戦を契機に、大東亜省主催のもと中国において直接事業関係を有する経済界の代表間で対華経済新政策が進められていた。

南西諸島を確保し、本土を中核とする要域における全般作業を容易ならしむるべき旨の大陸命が伝えられる。

6日、梅津参謀総長より、防衛司令官は本土、第17方面軍司令官は朝鮮の確保にそれぞれ任ずるべき旨の大陸命が伝えられる。

7日、重臣の天機奉伺の初回として、平沼騏《ひらぬまき》一郎《いちろう》は、ミッドウェー海戦以後、諸方面で緊急の対応が必要であったが、「手遅れなりし感あり」と述べ、国土防衛・軍需生産・国内治安維持に重点を集中し、＊官吏の国民に対する態度の改善などを提言する。

9日、重臣の広田《ひろた》弘毅《こうき》は、「ロシアは戦局有利となるに連れて自由の立場をとりたしとの気持が強くなり、其《そ》の有利の時に於《お》いて過去の失地失権の回復、国内疲弊の復旧に対する考は当然に起る」ので、ロシアは英米に傾き、日本には強硬態度になると指摘。さらに広田は、天皇より外交上の方策を問われ、「支那に対しては如何なる方策を講ずるも蒋は身動き出来ぬ」、佐《さ》藤尚武《とうなおたけ》大使を「瑞西《スイス》に遣はし自由に手腕を揮《ふる》はしめ、必要な方面に接触せしむる」「蘇《ソ》と更に戦争を起こすことは不可なり、腹背に敵を造ること今日の独逸《ドイツ》の如くなりては心配」と答えた。

近衛文麿の粛軍論

2月14日、重臣の近衛《このえ》文麿《ふみまろ》は、「最悪なる事態（敗戦）は遺憾ながら最早必至」「国体護持の立場より最も憂ふべきは、最悪なる事態よりも之に伴ふて起ることあるべき

＊**官吏の国民に対する態度の改善**　平沼騏一郎は、下級官吏に慈愛がないと国民の怨恨を招くので、末端の官吏の訓練が必要であると主張した。

共産革命なり」と進言した。そして「少壮軍人の多数は我国体と共産主義は両立するものなりと信じ居るものの如く、軍部内革新論の基調も亦《また》ここにあり。皇族方の中にも此主張に耳を傾けられる方ありと仄聞《そくぶん》す」と、満州事変以来の軍部革新派*を批判し、その一掃による戦争終結を提言した。天皇は、「今一度戦果を挙げなければ粛軍の実現は困難」との感想を述べた。

16日、重光外相より、「ドイツの情勢、対ソ問題、帝国今日の危局、今後の対策」など聞く。

若槻礼次郎・牧野伸顕・岡田啓介の進言

2月19日、午前、重臣の若槻礼次郎《わかつきれいじろう》は、「勝敗なしの状態」で戦争を終結させることを目標とし、焦土と化すまで戦うのも大事だが国家の将来も成り行きにしないことなどを述べる。若槻に成案の有無を問うが、若槻は前言のくりかえしに止まる。

午後、重臣の牧野《まきの》伸顕《のぶあき》は、クリミア会談*に注目し、反共国家の米国がスターリンの膝元なるクリミアで会談したことは、米国はソ連を期待しているとみなせると指摘。また、会談でデモクラシーの文字が多用されるが、第一次大戦の講和では軍国主義根絶の合言葉であり、当時より一層進んだ形であるなどと論じた。天皇は、ソ連および延安*への米国の近時の態度が一時の便宜主義か否かを問う。牧野は、米国の反共理念には変化なしと答える。そのさなか空襲警報、天皇は地下室に避難。

＊軍部革新派　国家改造を掲げて政治運動を展開してきた軍部内の革新的勢力。皇道派に対し、国家機構を合法的に変革しようとした統制派系統の軍人たちを意味し、とりわけ近衛文麿は東条英機内閣の全体主義的傾向に共産主義思想の影響を感じていた。

＊クリミア会談　クリミア半島の保養地ヤルタで開かれた会談。ヤルタ会談とも。

＊延安　中国陝西省北部の都市。１９３７年から47年まで、毛沢東率いる中国共産党の本拠地となった。

20日、昨日撃墜されたＢ29の破片、搭乗員の携帯品などを皇后と見る。

23日、重臣の岡田啓介《おかだけいすけ》は、「有利なる時機を捉へて戦争を止めることも考ふべきことなり。只之《ただこれ》は容易に口外すべからざることにして、これにより思想の分裂混乱を来すの虞《おそれ》あり」、「特攻隊や生産挺身隊は「皆純真にして全てを国に捧げんとなしつつあり。此の純真なる気持ちは充分に活用せらるべく」」などと述べた。

25日、午前7時40分、空襲警報。目覚め直後より10時40分まで地下室に避難。午後2時15分、再び空襲警報。午後の空襲により秩父宮邸庭園*、大宮御所守衛隊本館に爆弾が落下、宮城内女官官舎など火災。翌日、溥儀《ふぎ》より見舞電報。

東条英機の見通し

2月26日、重臣の東条英機《とうじょうひでき》は、クリミヤの三巨頭会談が今後の政戦両略*の基礎たるべし、日ソ中立条約の廃否を決する4月25日までに対日政戦両略に手を打ち日本を立てなくする状態を造るだろう、「台湾・琉球・上海等へ手を伸し、日本は遂に手も足も出ずと云ふことを世界に誇示することあるべし」などと述べる。天皇がソ連の対日参戦の有無を問うと、東条は「五分」と答えた。

27日、午前8時35分、警戒警報中、敵機1機が帝都上空に侵入。午後、木戸より統帥一元化*につき聞く。

東京大空襲で宮城内に火災発生

＊**秩父宮邸庭園**　秩父宮邸は、現在の赤坂御用地内の秋篠宮邸の場所にあった。

＊**政戦両略**　政略と戦略を合わせ持つ方針。

＊**統帥一元化**　満州事変以後、軍隊の統率や指揮の権限が分立し、陸軍省と参謀本部、海軍省と軍令部、上級将校と中堅層、中央と現地など多様に分散していた。戦局悪化のなかで、多極化した統帥を一元化することの必要が求められた。

3月2日、高松宮・三笠宮・賀陽宮恒憲《かやのみやつねのり》・朝香宮鳩彦《あさかのみややすひこ》・東久邇宮稔彦《ひがしくにのみやなるひこ》を招き、皇后と午餐。高松宮の木戸内大臣への提案で、国家非常の際、皇族より意見言上の機会を作ることを目的として催される。

3日、木戸内大臣より、鳩彦が木戸に力説した統帥一元化の必要につき説明を聞く。米内光政《よないみつまさ》海相・杉山元《すぎやまはじめ》陸相に陸海軍統合につき尋ねる。米内は戦局の不利を理由とする統合は適当でない旨、杉山は改編は適当でないが大本営陸海軍部の統合問題は統帥部と協議する旨をそれぞれ答える。

7日、皇后と『陸軍特別攻撃隊』などの映画を見る。

8日、前庭に陳列の、宮城・大宮御所に落下した焼夷弾の断片を見る。

9日、木戸内大臣は戦争終結などを考慮した場合の国内体勢などを述べ、「事態はいよいよ重大となりつつあり、万一の場合の御覚悟」を願い出る。

10日、午前零時15分に空襲警報発令につき皇后と御文庫地下室に避難。この日、B29の攻撃により帝都各地に被害。宮城では主馬寮《しゆめりよう》事務所全焼、広芝一帯など火災発生。賀陽宮邸全焼につき宮城に避難。山階宮《やましなのみや》・東久邇宮邸なども罹災、宮相官邸も焼失。

午前2時、大本営が仏印当局への不信から、単独での仏印防衛を発表。午前9時、臨時閣議で仏印処理に関する帝国政府声明を決定。午前9時53分、梅津美治郎参謀総長より、仏印当局が共同防衛を拒否したため武力発動した報告を聞く。

午後、大本営は本日午前零時よりB29約130機が帝都に来襲して盲爆し、各所に火災を生じたが、8時ごろ鎮火した旨を発表。午後4時、大達茂雄《おおだちしげお》内相より、東京の被害状況を聞く。

名古屋、大阪への空襲

3月11日、賀陽宮恒憲と対話し、無条件降伏と戦争責任者の処罰以外は戦争終結の条件として考えられる旨を述べる。

12日、午後4時30分、大本営は本日午前零時過ぎのB29約130機による名古屋空襲、熱田神宮火災を発表（翌13日、熱田神宮被弾に対し満州国皇帝溥儀より見舞電報）。

13日、夕刻、梅津参謀総長より、本土作戦に関する件を聞く。

14日、正午、大本営は昨日午後11時30分ごろよりのB29約90機による大阪空襲と、制空部隊による敵機撃破を発表。午後、大達内相より名古屋と大阪の空襲被害を聞く。

16日、首相が大本営会議に列する件の報告を受ける。最高戦争指導会議を如何にするや、統帥と外交との協調に支障なきやを問う。

17日、最高戦争指導会議は4月中旬に第2次大東亜会議*開催の件を決定するも、3月29日に至り延期と決定。

18日、去る10日の東京都内の空襲被災地のうち、深川などを自動車で巡視。車中にて藤田尚徳《ふじたひさのり》侍従長に、焦土と化した東京を嘆き、「関東大震災後の巡視の際よりも今

＊第2次大東亜会議　第1次大東亜会議はアジア地域の首脳を招き1943年11月に東京で開催。その後、第2次会議を開催する計画だったが、戦局悪化で困難となり、代わって45年5月に駐日の大使や代表による「大東亜大使会議」が開かれた。

＊繆斌　中華民国の政治家。盧溝橋事件後に北京の親日政権に参加、石原莞爾と「東亜連盟運動」を推進した。南

回の方が遥かに無惨であり、一段と胸が痛む」との感想を述べる。

19日、藤田侍従長に、「東京都の被害の大きいことが敵に知れ渡り、本日未明の名古屋への空襲を招来したにあらずや」と問う。午後2時30分、大本営は、本日午前2時ごろよりのB29の名古屋空襲を発表。

硫黄島「玉砕」と天一号作戦発動

3月21日、午後零時、大本営は、硫黄島より「全員壮烈なる総攻撃を敢行す」との打電があり爾後通信が絶えたことなどを発表。

22日、木戸内大臣は昨夜、小磯首相より、予想される敵の内地上陸に対する国家最高機関のさらなる強化の必要、帝国議会終了後の進退などを聞き、天皇に伝える。高松宮が天皇名代として神宮参拝を申し出た件につき、木戸内大臣の意見を求める。

26日、本月21日の最高戦争指導会議構成員会議の席上、陸海外3相は*繆斌《みょうひん》を通じた重慶工作に反対。この日、重光葵《しげみつまもる》外相に重慶工作について問う。

午前11時2分、豊田連合艦隊司令長官は*天一号作戦（沖縄方面航空作戦）を発動。

27日、米内光政海相より、陸海軍統合問題は政治的には若干の効果あるべきも、軍事上は従来通りで支障なしとの旨を聞く。

28日、夕刻、梅津参謀総長より南西諸島方面の戦況を聞き、その際、沖縄方面緒戦の戦果を誉める。「天一号作戦は帝国の安危の決するところ、挙軍奮励、その目的達

京国民政府の幹部となるも、重慶国民政府とも接触。1945年に重慶の密命を受けて訪日し、南京政権解消と交換に日本軍の中国撤退、満州国認知などを条件とする和平案を小磯国昭内閣に提案していた（重慶工作）。

***天一号作戦**　天号作戦は、九州方面へのアメリカ軍の来襲を受けて、連合国軍の進攻に打撃を与えるため、航空兵力を主体とした東シナ海・南西諸島方面での作戦。このうち天一号作戦は沖縄方面での航空作戦で、天二号は台湾、天三号は南支沿岸、天四号は仏印・海南島方面であった。

成に違算なからしめるべき」旨を述べ、比島の戦況、九州方面の築城、関東軍の兵器生産などを問う。

30日、夕刻、梅津参謀総長より、国土作戦に基づく統帥組織・兵力運用などを聞く。杉山陸相より、津野田事件*（東条英機暗殺未遂）につき聞く。

繆斌工作の中止

4月2日、このころ天皇は梅津参謀総長に、「沖縄作戦が不利になれば、陸海軍は国民の信頼を失い、今後の戦局も憂慮すべきものがある」旨を述べ、さらに現地軍が攻勢に出ない理由を尋ね、「兵力不足ならば逆上陸を敢行しては如何」と提案する。夕刻、小磯首相に、繆斌工作に深入りしないように諭す。

3日、陸海両相および重光外相より、外交一元化・大義名分の点から繆斌工作を不可とする旨の返答。

4日、小磯首相に繆斌の速やかな帰国を指示。木戸より、首相が内閣総辞職を決意し、明朝辞表を出す旨を聞く。

5日、小磯首相より辞表を受け、木戸に後継内閣首班につき問う。藤田侍従長に重臣会議開催を命ずる。午後8時48分、重臣会議は鈴木《すずき》貫太郎《かんたろう》の組閣を奉答。

6日、午後、重光外相より、ソ連より日ソ中立条約満了後の不延長通告を聞く。天皇はスターマー駐日独大使の態度、大島浩駐独大使からの報告の有無を問う。

＊**津野田事件**　津野田知重陸軍歩兵少佐が石原莞爾の賛同のもとに計画した東条英機暗殺計画。実行前に東条内閣が崩壊して未遂に終わったが、詳細を事前に聞かされていた三笠宮崇仁が憲兵に通報し、津野田は逮捕されて軍法会議で有罪となった。

戦艦「大和」沈没

4月7日、空襲警報につき皇后と御文庫地下室に避難。午後3時、及川古志郎軍令部総長へ沖縄突入の「大和」沈没などの電信が届く。

8日、皇后とともに、陸軍省より献納の川端龍子『洛陽攻略』、宮本三郎『万朶隊比島沖に奮戦す』、藤田嗣治『サイパン島同胞臣節を全うす』など、大東亜戦争記録絵画23点を見る。

13日、松平恒雄《まつだいらつねお》宮相より、米国大統領フランクリン・ルーズベルトの死去を聞く。

14日、空襲にて宮城内賢所参集所焼失、山階宮邸、明治神宮本殿・拝殿など全焼。皇后と内庭内の焼夷弾落下の現場など見る。梅津参謀総長に、沖縄方面の作戦などを問う。15日、空襲にて東久邇宮邸全焼。

18日、阿南惟幾《あなみこれちか》陸相より、ビルマ国防軍の背反などを聞く。広幡忠隆皇后宮大夫に、皇太子の教育方針、殊《こと》に東宮《とうぐう》御学問所につき説明を聞く。この日、梅津参謀総長より支那派遣軍総司令官に対し、対米ソ情勢の推移に鑑み、在支一部部隊を中北支の要域に集結待機せしめるべき旨の大陸命が伝えられる。

23日、御文庫前庭にて、レンゲツツジ・ヤマボウシの手植え。

24日、梅津参謀総長より、第5航空軍などの天号航空作戦の実施状況を聞き、その戦果を誉める。夕刻、御文庫ホールにて、去る13日の東京空襲の際に鹵獲したB29搭載の不時着救護用無線機・レーダー写真などを見る。

ドイツの崩壊と早期和平の希望

４月25日、東久邇宮稔彦と対面し、政治・軍事・外交に関して意見を述べる。

28日、靖国神社参拝*。梅津参謀総長より、ソ連を中心とする今後の大陸方面の戦略情勢を聞く。

29日、天長節。ドイツ国総統からの祝電は到着なく、電話連絡も途絶状態。

30日、東郷茂徳《とうごうしげのり》外相より、ドイツ国の崩壊とその原因、および我が国としては戦争続行が不可能である点を重視し今後の措置を考えるべきこと等につき、詳細な報告を受ける。「早期終戦を希望する旨」を述べる。最高戦争指導会議は「独屈服の場合に於ける措置要綱」*を決定する。

ドイツ国総統の死去

５月１日、木戸内大臣と、ドイツの現状を中心に談話。藤田侍従長より、本日のドイツ国祭日の祝電見合わせの報告。

２日、東郷外相の依頼で、木戸内大臣はドイツ国総統死去などの情報に伴う内閣の方針を報告。

３日、阿南陸相より、ビルマ国軍反乱の件を聞く。

９日、梅津参謀総長に、タラカン島の我が部隊の奮戦を誉める。また朝鮮軍を関東

＊靖国神社参拝　去る24・25両日、同社において満州事変・支那事変および大東亜戦争に勤務して死没の軍人・軍属等４万１３１８名を合祀。

＊独屈服の場合に於ける措置要綱　同盟国ドイツの戦局悪化にともないドイツが屈服した場合の選択肢がシミュレーションされた。ドイツの屈服が確定的になると、45年４月30日、防共協定や三国同盟の破棄、ソ連を刺激しないこと、国内の動揺を抑えて団結することなどを示した要綱が決定された。

軍隷下に入れる件、第5方面軍の対ソ静謐の必要などを述べる。この日、梅津参謀総長は関係指揮官に、第5方面軍は敵の北東方面に対する空海基地を破摧《はさい》し、日本海に対する敵の策動を防遏《ぼうあつ》するに努め、本土決戦を容易ならしむべき旨の大陸命を伝える。

鈴木首相より、ドイツ国の連合国への無条件降伏に伴い、午後4時の臨時閣議で決定した帝国政府声明案を聞く。7時30分、「欧州戦局の急変は帝国の戦争目的に寸毫《すんごう》の変化を与ふるものに非ず」との声明が発表される。

12日、全国の官国幣社以下の神社において、7日間の*寇敵撃攘《こうてきげきじょう》の祈願執行につき幣帛料など奉納。

ソ連参戦防止から対ソ開戦準備へ

5月15日、東郷外相より、去る11、12、14日の最高戦争指導会議構成員会議の結果、①ソ連の参戦防止、②ソ連の好意的中立の獲得、③戦争の終結に関して我が方に有利な仲介をなさしめる目的をもって日ソ間の協議を開始することに合意した報告を受ける。ただし、③は当分見合わせる。

18日、梅津参謀総長より、日独伊軍事同盟の失効につき聞く。

20日、閑院宮載仁《ことひと》薨去。国葬なるも簡素となす。溥儀より弔電。御文庫と御文庫付属室との間の連絡用隧道完成。

23日、及川軍令部総長より、対米英中作戦中に対ソ開戦の場合における当面の海軍

*寇敵撃攘の祈願　5月12日、勅令にて「寇敵撃攘必勝祈願の為官国幣社以下神社に於て行ふ祭祀に関する件」が公布され、大祭として「寇敵撃攘」祈願の祭祀を各神社で行うことが定められた。

作戦方針など聞く。及川は「我より求めて対英米中作戦中に対ソ開戦をおこなうものではなく、情況真に已むを得ない時に限り発動する」こととし、天皇の認可を得る。この日、軍令部総長より海軍総司令長官に対し、ソ連と開戦する場合に準拠すべき作戦方針、ソ連との間に事端の発生なきよう対ソ警戒をすべき旨の大海令が伝えられる。

宮殿炎上

5月24日、空襲で伏見宮・東久邇宮・北白川宮など罹災。皇后と駐春閣の焼け跡など吹上御苑内の焼夷弾落下箇所を見る。溥儀より宮城などの被害への親電。

25日、阿南陸相より、国民義勇戦闘隊*の編成制度につき聞く。

26日、米軍爆撃機が帝都に大挙来襲、爆弾ならびに焼夷弾を投下し甚大な被害をもたらす。午前1時ごろ飛び火により正殿も出火。5時ごろ宮殿は静養室を残して灰燼に帰す。大宮御所、秩父宮ほか各宮邸も罹災。

27日、皇后と宮殿の焼け跡を見る。

28日、宮殿・大宮御所罹災に対して阿南陸相は辞表を提出するも、天皇は「国家存亡の時につき」留まるよう鈴木首相に指示。夕刻、広芝にて塩原産の野草を植える。

29日、宮殿焼失により諸儀などは表拝謁の間で行う。側近奉仕者間においては、第2期庁舎と第1期庁舎の一部をふくめ漸次「内廷庁舎」と通称する。

30日、安倍《あべ》源基《げんき》内相より、横浜市の空襲被害につき聞く。梅津参謀総長より、満州

＊国民義勇戦闘隊　防空や空襲被害の復旧作業に全国民を動員するために組織された国民義勇隊に基づく民兵組織。6月22日に「義勇兵役法」が公布施行され、国民義勇隊小隊を戦隊と称するなど「一億総玉砕」の本土決戦用に改組された。

朝鮮方面や支那派遣軍の対ソ作戦準備の報告を聞く。梅津参謀総長は山田乙三関東軍総司令官・岡村寧次《おかむらやすじ》支那派遣軍総司令官に、来攻する米軍の撃滅と対ソ作戦の準備を命ずる大陸命を伝える。

31日、松平宮相は木戸内大臣に、宮城・大宮御所焼失の責任から辞意を述べる。

「沖縄県民斯ク戦ヘリ」

6月1日、皇后と宮殿の焼け跡を見る。陸軍省による御文庫付属室補強工事につき聞く。夕刻、河辺虎四郎《かわべとらしろう》参謀次長より沖縄の戦況を聞く。

2日、木戸内大臣より、石渡荘太郎《いしわたそうたろう》を松平宮相の後任にする件を聞く。天皇は石渡を内大臣にして木戸を宮相にする可否を問うも、木戸は不可とする。

4日、石渡を宮相とする。

5日、元首相広田弘毅は、一昨3日、東郷外相の委嘱を受けて箱根強羅ホテルに駐日ソ連大使のマリクを訪問し、交渉を開始する。

7日、豊田副武《とよだそえむ》軍令部総長より、昨日夕刻に*大田実《おおたみのる》沖縄方面根拠地司令官より最後的電報が発され、本日午前2時30分以降通信が途絶した模様との報告を聞く。電報には、「沖縄県民のうち青壮年はすべて防衛のために召集され、若き婦人も率先して軍に身を捧げ、看護、煮炊き、砲弾運搬等に従事し、残る老幼婦女子は砲爆撃により家屋・財産を焼却されて避難しつつある状況」が記され、「沖縄県民斯ク戦《か》ヘリ、県民

＊**大田実**　海軍少将。ミッドウェー島上陸部隊の海軍指揮官。沖縄方面根拠地隊司令官としてアメリカ軍上陸に抗するもおよばず自決、戦死後に中将となる。

ニ対シ後世特別ノ御高配ヲ賜ランコトヲ」と結ばれる。

天皇、戦争の早期終結を希望する

6月8日、御前会議にて「国力の現状」「世界情勢判断」が朗読され、「今後採るべき戦争指導の基本大綱」が審議され、「速かに皇土戦場態勢を強化し皇軍の主戦力を之に集中す」などの要領が決定される。天皇は木戸内大臣に御前会議の模様を話し、木戸は時局収拾の対策試案を起草する。

9日、木戸より、時局収拾の対策試案につき詳細な報告を聞く。木戸は、首陸海外各相と協議することを願い出、天皇は速やかに着手すべき旨を述べる。

11日、木戸内大臣を召し、梅津参謀総長より報告された支那派遣軍の装備の不足につき話す。

13日、木戸内大臣は鈴木首相に時局収拾対策を話し、首相より同憂の心境を聞く。

沖縄戦と対ソ交渉開始

6月20日、昨夜の豊橋市の空爆につき、在職中の*賀《か》陽宮《やのみや》邦寿《くになが》の消息を問う。午後、木戸を召し、時局収拾策のその後の経過を聞く。木戸は、一昨18日の最高戦争指導会議構成員会議にて、陸相・両総長が本土決戦の機会に挙げ得る戦果の上に平和交渉を行うべきことを論じたものの、平和への機会獲得に努力することに異存はなく、一同が一致した旨を述べる。

＊賀陽宮邦寿　皇族。陸軍大尉。当時、豊橋第1陸軍予備士官学校教官として精神訓話と戦術の講義を担当していた。

午後3時、東郷外相より、一昨18日の会議で申し合わせの戦争の終結に関して我が方に有利な仲介をなさしめる目的をもって日ソ間に協議を開始する件を聞く。天皇は「戦争の早期終結を希望する旨」を述べる。

夕刻、梅津参謀総長に、牛島満第32軍司令官の最終電報に関し、その奮闘を称える。夜、皇后と観瀑亭・丸池付近で1時間にわたり蛍を見る。

22日、最高戦争指導会議構成員との懇談会。天皇は「戦争の終結についても速やかに具体的研究を遂げ、その実現に努力することを望む旨」を述べる。米内海相より我が方に有利な仲介をなさしめる目的で日ソ協議を開始すべきこと、東郷外相よりソ連に対する代償・講和条件は相当の覚悟を要すべきこと、梅津参謀総長より対ソ交渉に異存はないが慎重を要することなどの意見が出される。天皇は梅津に「慎重を要するあまり時期を失することなきや」と尋ね、梅津は「速やかな交渉の実施を要する」と答える。夕刻、鈴木首相は沖縄の将兵および官民への詔勅を願うも、翌23日、木戸の意見にて思い止める。

23日、東郷外相は、広田元首相に対ソ交渉の至急促進を要請する。午後、稲の手植え。夕刻、梅津参謀総長より、東京防衛軍の戦闘序列を聞く。この日、義勇兵役法が公布され、午後7時25分に阿南陸相がラジオで全国に放送。

25日、大本営は、牛島満沖縄方面最高司令官が6月20日に敵主力に対して最後の攻勢を実施した旨を発表。

26日、午後4時、情報局より「沖縄本島に於ける作戦に依り敵に与へたる損害は甚大にして啻《ただ》に敵の作戦遂行に齟齬を来さしめたるのみならず、其の精神上に与へたる打撃を思へば我が今後の戦争遂行を有利に導きたるもの誠に大」などの内閣告諭が発表される。午後7時20分、鈴木首相の「沖縄戦局に関して」*と題するラジオ放送。

28日、滞日中のフィリピン大統領ホセ・ラウレルと会見。一昨日誕生日の皇太后が本年初の参内。初めて御文庫にて天皇皇后と対面し、宮殿の焼け跡を見る。

近衛文麿を対ソ特使に派遣する案

7月2日、去る6月29日に広田元首相は駐日ソ連大使を訪問、東亜における平和維持に関する相互支持ならびに両国の不可侵協定の締結、満州国の中立化、石油の対日供給を条件とする漁業権の解消などを提案し、大至急回答方を申し入れる。

3日、木戸内大臣欠勤につき、藤田侍従長に対ソ方針、重慶工作の経過などに関する政府側の報告につき問う。

7日、鈴木首相に対ソ交渉の進捗状況を問う。「時期を失することなく、ソ連邦に対して率直に和平の仲介を依頼し、特使に親書を携帯させて派遣しては如何」と提案。梅津参謀総長より、九州および朝鮮方面の軍状を聞く。

9日、米内海相より、ドイツ国敗戦に伴う同国の艦船および軍人等に対する措置を

＊**沖縄戦局に関して**　情報局の内閣告諭は鈴木貫太郎首相の名で発され、同日のラジオ放送でも同趣旨が述べられた。翌27日の『東京朝日新聞』朝刊には「帝国存亡決するの秋　一切の行動戦勝へ」として内閣告諭が掲載された。

聞く。午後、木戸内大臣を召す。木戸は午前に有田八郎元外相より、重慶政権・ソ連・延安を通じた外交工作に望みはなく、天皇が本土決戦を前に決断をもって「皇国の危急を救われたき旨」の天皇への取り次ぎを依頼される。夜、天皇は皇后と観瀑亭付近まで散策し蛍を見る。

11日、鈴木首相より、去る7日の対ソ交渉促進に関する天皇の提案に対し、昨10日の最高戦争指導会議構成員会議にてソ連への特使派遣を決定した旨を聞く。午後3時5分、望嶽台を経て御文庫付属室の補強工事現場へ行き、作業を見る。

12日、天皇は近衛文麿に、対ソ特使を委任するやもしれないため心得置く旨を話す。

13日、鈴木首相に、近衛を対ソ特派大使とした旨を述べる。大東亜戦争勃発以来、敵国に在留する同胞の救恤・激励に当たる敵国在留同胞対策委員会に5万円下賜。

14日、阿南陸相より、去る3月11日に独立を宣言した安南帝国（ベトナム）の旧領土の同国への復帰、敵機動部隊へ一撃を与える必要などを聞く。夕刻、正倉院御物の疎開準備。豊田副武軍令部長より、敵機動部隊による青函連絡船2隻の沈没、釜石付近の艦砲射撃につき聞く。

15日、尾形健一武官より、昨日来、敵機動部隊が東北・北海道に来襲し、青函連絡船を大部分撃沈した旨を聞く。

ポツダム会談

7月18日午前、東郷外相より、昨17日にポツダムにおいて開催の米英ソ三国会談、ならびにソ連に対する施策の件を聞く。ソ連への特使派遣の申し入れがソ連首脳部に届いたや否やを問う。東郷は、スターリンおよびモロトフに届いたことは明瞭と答える。「その結果如何は相手次第」だが、「ポツダム会談前に我が方の申し出を先方に間に合うよう伝え得たことは誠に結構である旨」を述べる。

20日午前、佐藤尚武駐ソ大使は去る18日にソ連外務人民委員代理のロゾフスキーより、天皇のメッセージは「何等具体的提議」がないこと、「近衛公爵の使命が何にあるやも亦不明瞭」との書翰を受けとり、東郷外相に伝える。

午後6時より、旅行中の陸相をのぞく首相・海相・両総長が参集して対策を慎重審議、天皇のメッセージは大東亜戦争終了の斡旋をスターリンに依頼し、近衛はその斡旋依頼についてスターリンと懇談することの2点を明瞭にし、電報を送ることとする。

21日、東郷外相より佐藤駐ソ大使に、近衛特派の使命が戦争終結の斡旋依頼にあるとの電報を送る。電報は遅延し、ソ連への伝達は7月25日となる。

25日、木戸内大臣と戦争終結につき種々談話。木戸は「陸軍の本土決戦論は信用し得ず、万一失敗すれば皇室も国体も護持し得ないため、難を忍んで和を講じることが緊急の要務であると信じる旨」を述べる。

ポツダム宣言入手

7月27日、午前6時、サンフランシスコよりのラジオ放送により、外務省は米英中三国宣言（ポツダム宣言）の全文を入手する。

午前11時10分、東郷外相より、対ソ交渉の経過、英国総選挙の結果など聞く。また、ポツダム宣言の詳細な内容や取り扱いは慎重を要すること、「殊に宣言の受諾を拒否する如き意思の表示は重大な結果を惹起する懸念」があること、戦争の終結についてはソ連との交渉を見定めた上で措置することなどの意見を受ける。

午後2時よりの閣議は、対ソ交渉中につき宣言には意思表示をせず事態の推移を注視すること、国民の戦意低下が憂慮される文句を削除して宣言を発表し政府の公式見解は発表しないこと、新聞にはなるべく小さく調子を下げて取り扱うよう指導することなどを申し合わせる。

午後7時、ニュースにてポツダム宣言の内容が発表される（翌28日の各紙朝刊に宣言の要約が掲載される）。

28日、午後4時の定例記者会見で、軍部の強い要請を受けた鈴木首相は、「同宣言がカイロ宣言の焼き直しであり、政府としては何ら重大な価値あるものとは考えず、ただ黙殺するのみにして、戦争完遂にあくまでも邁進する旨」を回答する。

土曜定例の夕餐相伴後、特攻隊が主題の菊池寛原作の映画『最後の帰郷』を見る。

清水谷《しみずだに》公揖《きんおさ》掌典を宇佐神社・香椎神社に差遣のところ中部地区への空襲で遅延。今回は両宮への祭文中に別の言葉を添え、「由々しき戦局を御奉告」し、「敵国の撃破と神州の禍患の祓除を祈念」する。

31日、御文庫付属室強化工事完成。午後、木戸内大臣を召し、神宮・熱田神宮の神器守護についての考えを述べ、神器移動の時期・場所は宮相と相談し政府と協議して決定するように希望する。なお、岐阜県の水無神社*が候補地とされる。

広島市への原爆投下

8月6日、午後7時過ぎ、海軍省より電話で侍従武官府に対し、呉《くれ》鎮守府の情報として本日午前8時頃、広島市上空に来襲の米軍爆撃機より特殊爆弾攻撃を受け、市街の大半が倒潰《とうかい》、第2総軍*参謀李鍝公をふくむ軍関係者が死傷するなど、被害甚大である旨の通報あり。また、侍従武官府は第1総軍*より、大爆発に続いて市内に大火災が発生し、午後2時現在、なお延焼中との情報を入手（なお翌7日午前1時30分頃、同盟通信社*は、米国大統領および英国首相の声明として、8月6日に広島に原子爆弾を投下した旨の米英両国の放送を傍受する）。

7日、午後3時30分、大本営は、昨8月6日広島市が敵B29少数機の攻撃により相当の被害を生じたこと、敵は攻撃に際して新型爆弾を使用したもののごときも、詳細は目下調査中である旨を発表。

速やかに戦争を終結せしめるよう希望

＊水無神社　飛騨国一宮水無神社。岐阜県高山市。8月22日から9月19日まで、熱田神宮の神器である天叢雲剣が一時移動した。「水無」は「みなし」のほか「みずなし」「すいむ」とも。

＊第2総軍　本土防衛のため従来の防衛総司令部を廃止し、本土を鈴鹿山系で二分して東部を第1総軍、西部を第2総軍に担当させた。第2総軍司令部は広島におかれ、原爆の被害を受けた。

＊第1総軍　東日本などを作戦地域とし、関東平野を重点地域とした。司令官は杉山元元

8月8日、木戸幸一内大臣は拝謁前、前外相の重光葵と時局収拾につき懇談し、対ソ特使派遣等は間に合わず、よって日本の態度および天皇の思召《おぼしめ》しを国内外に示し得る環境を作るため、皇族を煩わすべきこと等を申し合わせる。下村宏*情報局総裁は、「今や帝国存亡の秋《とき》に直面し、いたるところから聞かれる大号令という声には、和戦いずれにしても聖断を仰ぐべき時なりとする一億国民の心持ちが窺われる旨」を述べる。

午後4時40分、御文庫付属室にて東郷茂徳外相は、昨7日傍受の新型爆弾に関する敵側の発表、および新型爆弾の投下を転機として戦争終結を決すべき旨を伝える。この種の兵器の使用により戦争継続はいよいよ不可能にして、有利な条件を獲得のため戦争終結の時機を逸するは不可につき、なるべく速やかに戦争を終結せしめるよう希望する。

ソ連の対日宣戦と長崎への新型爆弾投下

8月9日、昨8日午後11時（モスクワ時間8日午後5時）、ソ連外務人民委員のモロトフは、佐藤尚武駐ソ大使と会見し、対日宣戦布告書を手交。本9日午前零時頃、ソ連軍が満州国への進攻を開始し、日満両軍は応戦。午前9時55分、木戸幸一内大臣に、ソ連と交戦状態突入につき、速やかに戦局の収拾を研究・決定する必要があると思うため、首相と十分懇談するよう命ずる。

午後1時45分より2時5分まで阿南惟幾陸相と対面、阿南は2時30分開会の閣議に

帥陸軍大将で、戦争終結後の9月12日に司令部にて拳銃で自決。

＊同盟通信社　戦時中は南京やシンガポールなどにも支局を持ち、ニュース映画なども製作した。戦後は自主解散し、共同通信社と時事通信社となった。

＊下村宏　朝日新聞社副社長、日本放送協会会長。1945年に内閣情報局総裁となり、ポツダム宣言受諾に尽力。

て本日午前11時30分、長崎に新型爆弾が投下されたことを報告。午後2時45分、西部軍管区司令部より、本日午前11時ごろ、敵大型機2機が長崎に新型爆弾らしきものを使用したこと、詳細は目下調査中なるも、被害は比較的僅少の見込みとの発表あり。

条件付きポツダム宣言受諾の可否

8月9日午後1時30分、鈴木貫太郎首相は木戸幸一内大臣に、午前10時30分から午後1時にかけての最高戦争指導会議構成員会議にて、天皇の国法上の地位存続、日本軍の自主的撤兵および内地における武装解除、戦争責任者の自国における処理、保障占領*の拒否を条件に、ポツダム宣言を受諾することを決定した旨を告げる。近衛文麿らを経由して情報を聞いた高松宮は、電話にて木戸に条件緩和の必要を示唆する。木戸は天皇に高松宮の懸念を伝える。4時には近衛経由で前外相の重光葵が木戸に、現在の条件では交渉決裂は必至にして、天皇の聖断により条件を決することを切望し、木戸も諾す。4時43分、木戸は天皇に謁す。

午後5時、大本営はソ連軍の一部が満ソ国境を越えて攻撃を開始したこと、航空部隊が北満および朝鮮北部に分散来襲したこと、日満両軍が交戦中であることを発表。

重光葵は東郷茂徳外相に、ポツダム宣言受諾の条件緩和の尽力を依頼。午後6時ごろより再開の閣議にて、外相は4条件を緩和して、天皇の国法上の地位存続のみを提議。これに反対する阿南陸相と議論の応酬があり、多数の閣僚は外相に賛成するも結

*保障占領　国際協定の実行を保障するためになされる占領。一般に軍政を敷かず、現地機関を利用する間接統治が行われる。ポツダム宣言には、連合国が指定する日本領土内の諸地点は、軍国主義を駆逐し、好戦勢力が壊滅したと明確に証明できるまで保障占領するとある。

論にいたらず、9時に一旦散会する。午後10時50分、天皇はポツダム宣言受諾の条件をめぐる議事の経過を聞く。鈴木首相は、最高戦争会議への天皇の臨席を願う。内閣は、平沼騏一郎枢府議長の参列を願い、許される。

ポツダム宣言の受諾

8月10日午前零時3分、御文庫付属室に開催の最高戦争指導会議に臨席。出席者は鈴木首相、平沼枢府議長、米内光政海相、阿南陸相、東郷外相、梅津参謀総長、豊田軍令部総長、吉積正雄《よしづみまさお》（陸軍）、保科善四郎《ほしなぜんしろう》（海軍）両軍務局長、池田純久《いけだすみひさ》総合計画局長官、迫水久常《さこみずひさつね》内閣書記官長のほか、蓮沼蕃《はすぬましげる》侍従武官長が陪席。会議ではポツダム宣言受諾につき、天皇の国法上の地位保全のみを条件とする東郷外相案（原案）と、4条件とする阿南陸相案が対立し、午前2時過ぎ、議長の鈴木首相が聖断を仰ぐ。

天皇は外相案を採用。その理由として、従来勝利獲得の自信ありと聞くも計画と実行が一致しないこと、防備ならびに兵器の不足を鑑みれば機械力を誇る米英軍に勝てる見込みはないことをあげる。ついで、股肱《ここう》の軍人から武器をとりあげ、臣下を戦争責任者として引き渡すことは忍びないが、大局上、三国干渉*時の明治天皇の決断の例に倣い、人民を破局より救い、世界人類の幸福のために外相案で受諾することを決心したと述べる。天皇は午前3時に御格子（就寝）。なお、決定案は平沼枢府議長の主張で「天皇の国法上の地位」は「天皇の国家統治の大権」と修正されて、午前3時の

＊三国干渉　日清戦争後の下関条約で、日本に割譲された遼東半島を清に返還するように求めた仏・独・ロシアの列強3国の勧告。日本はこれに忍従し、臥薪嘗胆のスローガンのもと、次なる戦争に備えた。

閣議で正式決定する。

　午前9時、東郷外相よりスイス、スウェーデン各国駐劄の日本公使に対し、「条件中には天皇の国家統治の大権を変更するの要求を包含し居らざることの了解の下に帝国政府は右宣言を受諾す」と緊急電報が発され、スイスから米国と中国、スウェーデンから英国とソ連に伝達された。

　11日、「断乎神州護持の聖戦を戦ひ抜かんのみ」との陸軍大臣訓示が阿南陸相に無断で各新聞社に配布され、各紙朝刊に掲載される。午前、阿南陸相は「今次の戦争終結については国体護持に大いなる不安がある」と奏上するも、天皇は陸相を諭す。

　夕刻、木戸内大臣は、天皇自らラジオを通じて戦争終結の詔書を放送されることを願う。天皇は「何時にても実施すべき旨」を述べる。

　12日、日曜日午前零時12分、空襲警報とともに新型爆弾搭載のB29侵入の情報があり、皇后と御文庫付属室に避難。

両総長はバーンズ回答を拒否

　8月12日、未明、米国のラジオ放送を通じて、ポツダム宣言受諾に対する米英ソ中4国政府の回答が、バーンズ米国国務長官から在米スイス公使宛て書翰の形式で発表される（バーンズ回答*）。外務省ラジオ室はサンフランシスコ放送を傍受し、バーンズ回答の邦訳を作成（正式な回答文はスイス経由で午後6時40分に外務省に到着）。

＊**バーンズ回答**　バーンズは「日本の政体は日本国民が自由に表明する意思のもとに決定される」「降伏の時より、天皇及び日本国政府の国家統治の権限は（中略）連合国最高司令官に〝subject to〟する」と伝えた。外務省は「〝subject to〟」を「制限下に置かれる」、軍部は「隷属する」と解釈し、意見が分かれた。

午前8時40分、梅津参謀総長と豊田軍令部総長は、バーンズ回答を拒否。理由は、降伏の瞬間より天皇および日本政府が連合国最高司令官に従属すること（第1項）、全陸海軍の武装解除（第2項）、国民の自由意思に従う政体の樹立（第4項）、日本国内における連合軍の駐屯（第5項）にある。しかし、天皇は東郷外相に、回答どおり応諾することを命ずる。

午後2時15分、鈴木首相より、平沼枢府議長と阿南陸相がバーンズ回答の第1項と第4項に異存がある旨を伝えられる。また首相は、本日3時よりの閣僚懇談会でバーンズ回答の受諾論と再照会論が対立した場合、再照会論を表明するも、東郷外相より、正式回答文が到着していないので議論を翌日に持ち越す旨が提案される。

平沼枢府議長は木戸内大臣に、バーンズ回答中の第4項の「国民の自由意思に従う政体の樹立」に反対意見を述べる。木戸は現状のまま進むべき旨を説く。

皇族にポツダム受諾を説明

8月12日午後3時20分、御文庫付属室に高松宮・三笠宮ほか各皇族男子を召し、ポツダム宣言受諾とその理由を説明する。梨本宮守正《なしもとのみやもりまさ》は皇族を代表して、「一致協力して聖旨を輔翼《ほよく》」することを述べる。なお、皇族らを招く前に、天皇は木戸に、「話題が＊朝鮮処分問題に及んだ場合、李王垠《ウン》以下の処遇につき如何に回答すべきや」と尋ねる。木戸は別問題につき、他日に譲るよう願う。

＊朝鮮処分問題　8月10日、日本がポツダム宣言を受諾して連合国に無条件降伏することとなったため、日露戦争後に領有した朝鮮の独立を想定した。そのため準皇族の地位にあった李垠ら旧朝鮮王家出身の王公族の処遇が課題となった。

13日、梅津参謀総長と豊田軍令部総長を召し、ポツダム宣言をめぐって外交交渉中につき航空進攻作戦を控えるように希望する。昨12日、バーンズ回答の正式文が外務省に届き、13日午前9時より最高戦争指導会議構成員会議が開かれ、第1項と第4項をめぐって、外相・首相・海相の即時受諾論と、陸相・両総長の再照会論が対立する。天皇は外相の主張を支持。

戦争終結への固い決意

8月14日、木戸に、米軍機がバーンズ回答の翻訳文を伝単（宣伝ビラ）として散布しつつありとの情報により、この状況で日を経ることは国内が混乱すると述べ、「戦争終結への極めて固い御決意」を示す。

午前7時、阿南陸相は梅津参謀総長に、侍従武官長をして天皇を居間に案内させ、他者を監禁するクーデター計画決行の同意を求める（前夜、阿南陸相は陸軍将校らよりクーデター決行を聞く）が、梅津は宮城内に兵を動かすことを非難し、全面的に反対する。

午前10時20分、元帥陸軍大将の杉山元《すぎやまはじめ》、同畑俊六《はたしゅんろく》、元帥海軍大将の永野修身《ながのおさみ》を召し、終戦の決心を示し、3名の所見を聞く。永野・杉山は「それぞれ国軍はなお余力を有し、志気旺盛につき、抗戦して上陸する米軍を断乎撃攘《げきじょう》すべき旨」、畑は「遺憾ながら敵を撃攘し得る確信はなく」「極力交渉により、少なくとも10師団を親衛隊として残置できるよう努力すべき旨」を答える。天皇は、戦争終結は深慮の末の決定につき、その実行に元帥も協力すべき旨を述べる。

「玉音放送」の録音

8月14日、午前11時2分、御文庫付属室にて御前会議、最高戦争指導会議構成員はじめ閣僚ほかが列席。席上、改めて無条件受諾に反対する意見やバーンズ回答への再照会論を聞いた上で、天皇は「国内外の現状、彼我国力・戦力から判断して自ら戦争終結を決意したものにして、変わりはないこと」「我が国体については外相の見解どおり先方も認めていると解釈すること」「敵の保障占領には一抹の不安なしとしないが、戦争を継続すれば国体も国家の将来もなくなること」「即時停戦すれば将来発展の根基は残ること」「武装解除・戦争犯罪人の差し出しは堪え難きも、国家と国民の幸福のためには、三国干渉時の明治天皇の御決断に倣い、決心した旨」を述べ、各員の賛成を求めた。

また、陸海軍の統制の困難を予想して、自らラジオにて放送することを述べた。

戦争終結にあたり「帝国の方針に関する件」と「大東亜戦争終結に関する詔書」が審議され、裁可される。詔書は午後11時、官報号外にて発せられるが、国内向けの公表は、陸相の要望により翌15日正午まで延期し、同時刻に「玉音放送」と新聞発表を行うことが閣議決定される。

警戒警報発令中の午後11時25分、放送用録音盤作成のため、内廷庁舎政務室にて、日本放送協会が設営したマイクを使用して「大東亜戦争終結に関する詔書」を2回朗読する。石渡宮相らが陪席。録音盤（正［第2回録音］6枚、副［第1回録音］6枚）は、徳川義寛《とくがわよしひろ》侍従により階下の侍従職事務官室の軽金庫に保管される。録音終了後、15日午前零時5分、天皇は御文庫に戻り、同50分御格子（就寝）。

宮城占拠クーデター事件

8月15日、一部の陸軍将校は、ポツダム宣言受諾の聖断撤回のため、近衛師団をもって宮城と外部との交通通信を遮断し、東部軍の兵力をもって要人を拘束、放送局などを占拠するクーデター計画を立案し、実行する。首謀者*らは昨14日夜半、森赳《もりたけし》近衛第1師団長を殺害し、師団命令を偽造して隷下の各部隊に発する。近衛歩兵第2連隊主力の2大隊が午前2時に坂下門を閉鎖、要所を占拠し、御文庫を包囲する。宮城に乱入した将兵は、放送用録音盤・御璽・内大臣を捜索する。

3時過ぎ、事件発生の報を受けた侍従の案内で、石渡宮相・木戸内大臣は内廷庁舎金庫室に避難。徳川義寛侍従らは御文庫に行き、当直侍従の入江相政《いりえすけまさ》らに録音盤・宮相・内大臣の無事を連絡。4時30分、侍従武官より短波無線電話機にて海軍省に事態が通報され、5時15分ごろ田中静壹*《たなかしずいち》東部軍管区司令官が宮城に入り反乱将校を説得。5時30分、阿南陸相が陸相官邸にて自刃。

＊首謀者　陸軍の井出正孝中佐、椎崎二郎中佐、畑中健二少佐、航空士官学校の上原重太郎ら。

＊田中静壹　陸軍大将。本間雅晴の後任としてフィリピンの第14軍司令官となる。１９４５年、第12方面軍司令官兼東部軍管区司令官となり、宮城占拠事件の鎮圧に尽力。川口放送所占拠事件収束後に、拳銃自決。

「玉音放送」を聞く

8月15日、午前6時40分に起床した天皇は事件発生を聞き、嘆いた。録音盤は午前11時過ぎに内幸町の放送会館に運ばれる。11時20分、枢密院会議に臨御。11時50分、会議を中断し会議場に隣接する休所に移り、正午、昨夜録音の「大東亜戦争終結に関する詔書」のラジオ放送を聞く。

午後6時30分、後継首班の選定を命ぜられた木戸は、交通連絡困難のため重臣を集めることなく、平沼と協議して東久邇宮稔彦を後継内閣首班候補とし、近衛文麿に補佐せしめることを、天皇に奉答。

おわりに

昭和に続く平成が終わろうとしている。今上天皇がみずから生前の退位を希望し、国民の賛意を得て、政府がこれを認めたからである。

なにゆえ今上天皇は生前の退位を希望したのだろうか。表面では目立たなかったが、今上天皇と現政権では、理想とする世界観や歩もうとする未来像が違いすぎていた。ひとつには先の戦争への理解と対応である。今上天皇は、先の戦争について先帝である昭和天皇が負った重い道義的責任を継承し、その克服につとめてきた。サイパンなどの激戦地に慰霊の旅に出たのはその一環であった。

今上天皇も皇后も、学童疎開世代であり、かつ戦後の物資不足の時代の中を生きてきた。ふたたび世界が戦争の惨禍を受けないことが、天皇皇后の切実な祈りでもあった。対して、現政権は平和憲法の根幹となる第9条を改正しようとやっきになっている。

こうした今上天皇と現政権との歴史観の齟齬《そご》が広がるなかで、『昭和天皇実録』が編纂され献上された。

おそらく今上天皇は、本巻が収録した昭和戦前期の記事をとりわけ丁寧に読んだだろう。皇太子時代に世界平和を祈念した昭和天皇が、なにゆえに世界戦争を指揮し、かつ敗北による責任を負う結果になったのか、その理由を知ろうとしただろう。そして、かつて元首であり、大元帥であり、現人神《あらひとがみ》であった天皇ですら、憲法や法律のシステム上の問題から、本音を公言できないまま、望まぬ方向へと事態が進んでしまったことを知ったであろう。

退位の希望を決定づけたのは、高齢によること、多すぎる公務を誠心誠意行えなくなったことなどが直接の理由であろうが、その深層には、父である昭和天皇がかつて味わった苦渋を、今上天皇も味わいはじめたこともあったのではないか。

本巻に綴られた昭和天皇の苦渋を読み取ることは、退位を希望した今上天皇の心理を理解することでもある。

小田部雄次

小田部 雄次（おたべ・ゆうじ）1952年、東京都生まれ。静岡福祉大学教授。専門は日本近現代皇室史。皇族や華族などにかかわる一次史料を発掘しながら、近現代皇室を政治・経済・外交・軍事・文化・社会の諸側面から分析しつづけている。主著書に『梨本宮伊都子妃の日記』（小学館、1991年）、『四代の天皇と女性たち』（文春新書、2002年）、『華族』（中公新書、2006年）、『李方子』（ミネルヴァ書房、2007年）、『皇族』（中公新書、2009年）、『天皇と宮家』（新人物往来社、2010年）、『昭和天皇と弟宮』（角川選書、2011年）、『近現代の皇室と皇族』（敬文舎、2013年）、『昭和天皇実録評解　1』（同、2015年）、『大元帥と皇族軍人　明治編』『同　大正・昭和編』（吉川弘文館、2016年）、『49人の皇族軍人』（洋泉社、2016年）などがある。

昭和天皇実録評解❷
――大元帥・昭和天皇はいかに戦ったか――

2017年3月1日　第1版 第1刷発行

著　者　小田部 雄次
発行者　柳町 敬直
発行所　株式会社 敬文舎
〒160-0023　東京都新宿区西新宿3-3-23
ファミール西新宿405号
電話　03-6302-0699（編集・販売）
URL　http://k-bun.co.jp
印刷・製本　中央精版印刷株式会社

造本には十分注意をしておりますが、万一、乱丁、落丁本などがございましたら、小社宛てにお送りください。送料小社負担にてお取替えいたします。

JCOPY 〈㈳出版者著作権管理機構　委託出版物〉本書の無断複写は著作権法上での例外を除き禁じられています。複写される場合は、そのつど事前に、㈳出版者著作権管理機構（電話：03-3513-6969、FAX：03-3513-6979、e-mail：info@jcopy.or.jp）の許諾を得てください。

©Yuuji Otabe 2017

Printed in Japan ISBN978-4-906822-71-3